초등학생을 위한
표준 한국어
교사용 지도서

학습 도구

5~6학년

초등학생을 위한

표준 한국어

국립국어원 기획 · **이병규** 외 집필

학습 도구

5~6학년

마리북

발간사

국립국어원에서는 교육부 2012년 '한국어 교육과정' 고시에 따라 교육과정을 반영한 학교급별 교재 개발을 진행하였습니다. 이어서 2017년 9월에 '한국어 교육과정'이 개정·고시(교육부 고시 제2017-131호)됨에 따라 2017년에 한국어(KSL) 교재 개발 기초 연구를 수행하였고, 연구 결과를 바탕으로 초등학교 교재 11권, 중고등학교 교재 6권을 개발하여 2019년 2월에 출판하였습니다.

교재에 더하여 학교 현장에서 다문화가정 학생들의 한국어 의사소통 능력 및 학습 능력 함양에 보탬이 되고자 익힘책을 개발하게 되었습니다. 교재와의 연계성을 높인 내용으로 구성하여 말 그대로 익힘책을 통해 한국어를 더 잘 익힐 수 있도록 노력하였습니다. 더불어 익힘책의 내용을 추가 반영한 지도서를 함께 출판하여 현장에서 애쓰시는 일선 학교 담당자들과 선생님들에게도 교재 사용의 길라잡이를 제공하고자 하였습니다.

'다문화'라는 말이 더 이상 낯설지 않은 한국 사회에서 다문화가정 학생들이 한국 사회 구성원으로서의 정체성 함양에 밑거름이 되는 한국어 능력을 기르는 데《초등학생을 위한 표준 한국어》가 도움이 되기를 바랍니다. 국립국어원에서는 이제껏 그래왔듯이 교재 개발 결과가 현장에서 보다 잘 활용될 수 있도록 돕기 위하여 교재 개발은 물론 교원 연수 등을 통해 지속적으로 다문화가정 학생들의 한국어 능력 향상을 위해 노력하겠습니다.

끝으로 3년간《초등학생을 위한 표준 한국어》교재와 익힘책, 지도서 개발과 발간을 위해 애써 주신 교재 개발진과 출판사에 깊은 감사의 말씀을 드립니다.

2020년 2월
국립국어원장 소강춘

머리말

2012년 '한국어(KSL) 교육과정'이 고시되면서 초등 및 중등 학습자를 위한 한국어(KSL) 교육은 공교육의 체제 속에서 전개되어 왔습니다. 모어 배경과 문화, 생활 경험과 언어적 환경 등에서 매우 다양한 한국어(KSL) 학습자들은 '한국어(KSL) 교육과정'이 적용된《초등학생을 위한 표준 한국어》를 배워 왔고 일상생활과 학교생활에 필요한 한국어 능력을 길러 왔습니다. 이제 학교에서의 한국어(KSL) 교육은 새로운 도약을 목전에 두고 있다고 할 수 있습니다. 지난 2017년에 '한국어(KSL) 교육과정'이 개정되면서, 새로운 교육과정이 적용된《초등학생을 위한 표준 한국어》11권이 2019년에 출간되었습니다. 그리고 올해는《초등학생을 위한 표준 한국어 익힘책》11권이 세상에 빛을 보게 되었기 때문입니다.

새 교육과정에 따라 편찬한《초등학생을 위한 표준 한국어》와《초등학생을 위한 표준 한국어 익힘책》은 세 가지 원칙을 분명히 하였습니다. 첫째, 개정된 교육과정의 관점과 내용 체계, 교재 개발을 위한 기초 연구의 성과 등을 충실히 반영하는 것입니다. 〈의사소통 한국어〉 교재와 〈학습 도구 한국어〉 교재를 분권하고, 학령의 특수성을 고려한 저학년용, 고학년용 교재의 구분 등도 이러한 맥락에서 실행되었습니다.

둘째, 초등학교 한국어(KSL) 학습자와 교육 현장을 충분히 이해하고 고려하는 것입니다. 이를 위해 연구 집필진은 초등학생 한국어 학습자의 언어 환경, 한국어 학습의 조건과 요구 등을 파악하는 데 많은 노력을 기울였습니다.

셋째,《초등학생을 위한 표준 한국어》와《초등학생을 위한 표준 한국어 익힘책》을 긴밀히 연계하여 교수·학습의 효과와 효율성을 높이고자 하였습니다. 본책에서 목표 어휘와 목표 문법에 대한 부족한 활동을 익힘책에서 반복·수행하여 익힐 수 있도록 연계하였습니다.

이 교사용 지도서는 위와 같은 원칙하에 개발된《초등학생을 위한 표준 한국어》와《초등학생을 위한 표준 한국어 익힘책》을 교수·학습 상황에 효과적으로 연계하여 활용할 수 있도록 했습니다. 한국어 교육 경험이 많지 않은 선생님도 이 지도서를 참고하여 교재 연구를 하면 수업 설계를 잘 할 수 있을 것입니다. 특히, 교수·학습의 절차와 교육 내용 등을 교사 언어와 함께 구체적으로 기술하여 수업을 설계하는 데 편의를 도모하고자 하였습니다.

이뿐만 아니라, 이 지도서는 교수·학습 내용에 대한 배경지식과 참고 정보를 풍부하게 제시하고 있으며, 교수 방안에 대한 아이디어 또한 다양하게 제시하고 있습니다. 이를 참고하면 초등학교 한국어 학습자의 특성을 고려한 교수·학습을 수행하는 데 도움이 될 수 있을 것입니다.

초등학교 한국어 교육 현장에 적합한 교육을 설계하고 구현하기 위하여 개발한 교사용 지도서는 많은 분들의 지원과 노력으로 완성되었습니다. 우선 새로운 방식의 지도서가 편찬될 수 있도록 지원을 아끼지 않은 교육부와 국립국어원 관계자 여러분께 깊이 감사드립니다. 그리고 고된 작업 일정과 어려운 여건 속에서도 진심과 열정으로 임해 주셨던 연구 집필진 선생님들께, 그리고 마리북스출판사에도 깊은 감사의 마음을 전합니다.

이 지도서가 선생님들이 한국어(KSL) 교수·학습을 운영하는 데 올바른 지침이 될 수 있기를 바랍니다. 이렇게 이루어진 한국어 수업을 통하여 초등학교 한국어 학습자들이 학교생활에 잘 적응할 뿐만 아니라, 교과 학습의 기초와 기반을 다지질 수 있는 한국어 능력을 갖게 되길 희망합니다.

2020년 2월
저자 대표 이병규

일러두기

1 지도서 소개

《초등학생을 위한 표준 한국어 학습 도구 교사용 지도서》는 한국어(KSL) 교재의 교육 목표를 현장에 충분히 구현할 수 있도록 하는 데 목적을 두고 구성하였다. 본 지도서의 특징은 다음과 같다.

교사 중심의 교사용 지도서

- 교육 절차와 교육 내용 등을 상세하고 구체적으로 기술하여 한국어(KSL) 교육 경험이 많지 않은 교사도 본 지도서를 참고하여 양질의 수업을 진행할 수 있도록 함.
- 교사가 알고 있어야 하는 관련 지식과 다양한 활동을 기반으로 한 교수·학습 지침, 유의점 등을 상세하고 구체적으로 기술함.
- 단원별로 수행 과제로 부과할 만한 교육 활동을 제공하거나 여건에 따라 익힘책 활동을 과제로 전환할 수 있도록 유도하여 교사들의 편의를 도모함.
- 다양한 유형의 지도서 사용자들을 고려해 단계에 맞는 교사 언어를 제공함.

다양한 교육 현장에서의 활용을 고려한 지도서

- 교재의 단원 구성 원리와 교수 절차에 맞춰 개발함으로써 실제 사용상의 효율성을 높임.
- 단원별로 8~10차시를 적절한 교육 시수로 설정하였으나, 교육 현장의 상황이나 여건에 맞춰 선택적 사용이 가능하도록 내용을 구성함.
- 교재와 익힘책의 긴밀성을 확보하는 방향으로 지도서의 내용을 구성함.

초등 학습자의 특성을 고려한 교수 방안

- 성인 학습자에 비해 경험의 폭이 한정되어 있고 학습 동기의 양상도 다른 초등 학습자를 배려한 교수·학습 방안을 개발함.
- 교사로 하여금 《초등학생을 위한 표준 한국어》에 반영되어 있는 초등 학습자의 관심사와 학습 흥미를 이끌어 낼 수 있게 도와주고, 학습자가 간접 경험의 기회를 많이 가질 수 있도록 하는 데에 도움을 주는 장치를 다수 마련함.
- 초등학생들이 경험하는 일상생활과 학교생활을 고려한 교수·학습 방안을 개발함.
- 초등학생에게 필요한 학습 어휘와 학습 주제를 활용하는 방안을 제시하여 교사가 현장에서 바로 적용하여 사용할 수 있도록 함.

수업 전반의 진행 방식 및 각 단계의 진행 방식의 구체적 방법을 제시하는 지도서

- '어휘 지식' 등과 같은 보충적 설명을 통해 사전에 교사가 숙지해야 할 내용을 제공하여 지도서가 교사 재교육에 일조할 수 있도록 함.
- 각 활동을 설명하는 '교사 언어'를 제공하여 활동에 대한 교사와 학습자의 이해도를 높일 수 있도록 개발함.

2 지도서의 단원 구성

《초등학생을 위한 표준 한국어 학습 도구 교사용 지도서》의 단원은 다음과 같은 순서로 구성된다.

단원명 ⇨ 단원의 개관 ⇨ 단원의 목표와 내용 ⇨ 차시 전개 과정
⇨ 단원 지도상의 유의점 ⇨ 차시별 교수·학습 방법 제시

3 지도서의 단원별 내용 구성

지도서의 내용 구성과 제시의 특징은 다음과 같다.

① 단원의 개관

- 단원의 주제가 되는 학습 도구 기능과 이 단원과 연계된 〈의사소통 한국어〉의 단원 정보를 제시함.
- 차시별 학습 주제와 학습 활동에 대해 간략하게 제시함.

② 단원의 목표와 내용

- 단원의 목표에서는 단원의 중요 학습 목표를 명확하게 제시함.
- 단원의 주요 내용에서는 학습 주제와 학습 도구 어휘 내용과 관련된 활동 정보를 간략하게 제시함.

③ 차시 전개 과정

- 차시의 흐름에서는 차시별 학습 주제와 학습 내용, 교재와 익힘책 쪽수 정보를 제시함.
- 차시별 교수·학습 활동에서는 차시별 주요 활동에 관한 설명을 제시함.

④ 단원 지도상의 유의점

- 단원 지도에서 전반적으로 고려되어야 하는 유의점에 관한 설명을 제시함.

⑤ 차시별 교수·학습 방법 제시

- 수업 과정에 따라 차시별로 교수·학습 방법을 제공하여 교사의 지도 방향을 구체화시켜 줌.
- '어휘 지식' 항목을 설정하여 단원에서 학습해야 하는 학습 도구 어휘와 관련된 전문 지식을 제시함.
- 유의점(유)을 통해 수업을 원활하게 진행하는 데 필요한 전문 지식을 적절한 양과 수준으로 제시하고, 교재와 익힘책의 연계 정보, 익힘책 활동에 관한 안내, 활동별 유의점을 제공함.
- 교사 언어(선)를 제공하여 실제 수업에서 교사가 교육 내용을 어떻게 발화해야 하는지를 구체적으로 제시해 줌.

4 단계별 지도서 세부 사항

① 단원의 시작

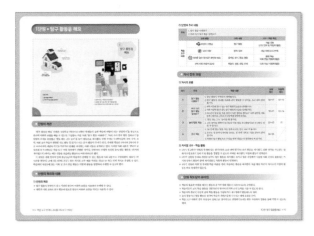

- 해당 단원의 학습 목표와 학습 도구 기능, 주제 등 전체 내용을 조망하고 확인할 수 있도록 구성함.
- 해당 단원의 〈의사소통 한국어〉 교재와의 연계성을 설명함.
- 단원명, 단원의 개관, 단원의 목표와 내용, 차시 전개 과정의 순으로 구성함.

② 1, 2차시(의사소통 필수 차시와 연계할 경우 5, 6차시)

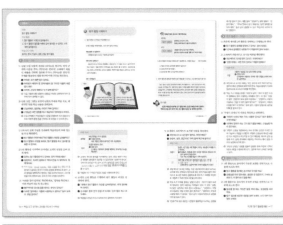

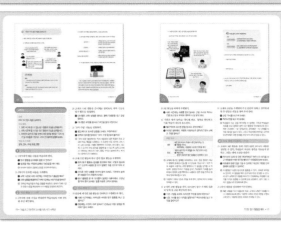

- 1차시의 도입은 〈의사소통 한국어〉의 주제와 배운 내용을 확인하도록 하여 〈의사소통 한국어〉와의 연계성을 높임.
- 2차시의 도입은 1차시에서 배운 내용을 확인하도록 구성함.
- 해당 차시에서 학습하는 학습 도구 어휘의 정의와 추가 예시 문장, 문법 정보를 제공함.
- 유의점(유)을 통해 활동 시 유의점, 학습 도구 어휘 관련 문법 정보, 관련된 익힘책 활동 정보를 제공함.
- 차시의 정리 활동은 해당 차시에서 배운 학습 도구 어휘나 학습 도구 기능을 복습할 수 있는 활동으로 구성함.

③ 3차시(의사소통 필수 차시와 연계할 경우 7차시)

- 3차시는 해당 단원의 학습 도구 어휘나 학습 도구 기능을 활용할 수 있는 놀이/협동 차시로서, 도입은 1, 2차시에 배운 내용을 확인하고 놀이 활동과 단원 주제와의 연관성을 이해시킬 수 있는 교사 발화를 제공함.
- 놀이/협동 활동의 방법과 구체적인 설명을 제시하고, 놀이/협동 활동의 방법을 설명할 때 필요한 교사 발화를 제공함.
- 유의점(유)을 통해 놀이/협동 활동 시 유의점, 관련된 익힘책 활동 정보를 제공함.
- 차시의 정리 활동은 놀이/협동 활동을 하면서 사용한 학습 도구 어휘나 학습 도구 기능을 복습할 수 있는 활동으로 구성함.

④ 4차시(의사소통 필수 차시와 연계할 경우 8차시)

- 4차시는 해당 단원의 복습 활동으로서, 도입은 마지막 차시의 성격을 설명하고 복습 활동의 대상이 되는 내용을 설명하는 데 도움을 줄 수 있는 교사 발화로 제시함.
- 첫 번째 활동은 해당 단원의 학습 도구 어휘에 관한 복습 활동으로 추가 연습이 필요한 어휘를 확인하도록 안내하는 교사 발화를 제시함.
- 두 번째 활동은 해당 단원의 학습 도구 기능에 관한 복습 활동으로 앞서 배웠던 학습 도구 기능을 다시 떠올리며 활용해 보도록 안내하는 교사 발화를 제시함.
- 정리 활동은 단원을 공부하며 든 느낌이나 생각을 이야기해 보거나 해당 단원에서 배운 내용을 정리해 볼 수 있는 활동으로 구성함.

1단원 • 탐구 활동을 해요

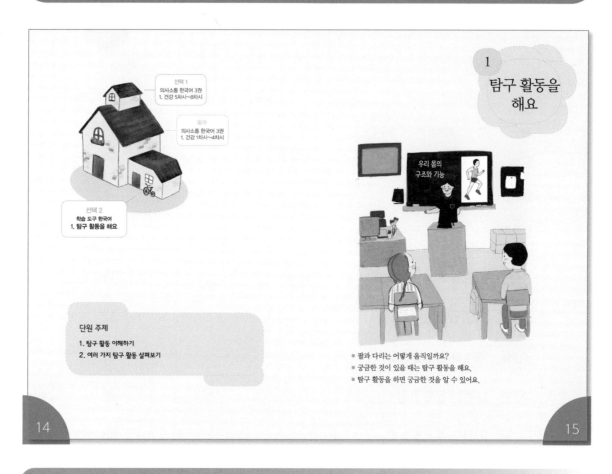

단원 주제

1. 탐구 활동 이해하기
2. 여러 가지 탐구 활동 살펴보기

1
탐구 활동을
해요

● 팔과 다리는 어떻게 움직일까요?
● 궁금한 것이 있을 때는 탐구 활동을 해요.
● 탐구 활동을 하면 궁금한 것을 알 수 있어요.

14   15

단원의 개관

　'탐구 활동을 해요' 단원은 초등학교 5학년이나 6학년 학생들이 교과 학습에 바탕이 되는 '관찰하기'를 중심으로 한국어 어휘와 표현을 배울 수 있도록 구성했다. 이를 위해 '탐구 활동 이해하기', '여러 가지 탐구 활동 살펴보기'를 단원의 주제로 설정했고 '말로 하는 고누 놀이'를 놀이 활동으로 제시했다. 단원 주제는 5~6학년군의 국어, 수학, 과학, 사회 교과 학습과 관련된 사고 활동 및 읽거나 쓰는 문식 활동의 주제가 된다. 주제별 학습은 1차시와 2차시에 주로 이루어지며 개념과 지식을 다루거나 용례를 제시하는 어휘 내용을 포함하고 있다. 이러한 어휘 내용은 '한국어 교육과정'의 5~6학년군 학습 도구 어휘 목록에서 선별된 것이다. 단원마다 주제와 관련된 놀이/협동 활동을 3차시에 제시했으며 4차시는 배운 내용을 복습하는 활동으로 마무리하도록 했다.

　이 단원은 생활 한국어 능력 중급(3급)의 학습자가 선택할 수 있는 활동과 어휘 내용으로 구성되었다. 따라서 〈의사소통 한국어〉 교재 3권 1단원('건강') 필수 차시를 모두 배운 학생을 대상으로 하는 선택 차시로 운영될 수 있다. 학습자의 숙달도에 맞는 어휘 및 쓰기 연습 활동은 익힘책 활동을 병행하여 수행할 수 있도록 했다.

단원의 목표와 내용

1) 단원의 목표

◆ 탐구 활동이 무엇인지 알고 적절한 한국어 어휘와 표현을 사용하여 수행할 수 있다.
◆ 과학과 사회 교과의 탐구 활동에 필요한 한국어 어휘와 표현을 익히고 사용할 수 있다.

2) 단원의 주요 내용

주제	1. 탐구 활동 이해하기 2. 여러 가지 탐구 활동 살펴보기		
	교재 활동	**어휘 내용**	**교수·학습 특성**
학습 도구 어휘	🦉 부엉이 선생님	탐구 활동	개념 이해 (교과 연계 및 익힘책 활용)
	✏️ 꼬마 수업	용액, 입자	개념 이해 (교과 연계)
	💬 어려운 말이 있어요? 확인해 봐요.	움직임, 방식, 환경, 영향	용례 학습 어휘 연습 (익힘책 활용)
	선택 어휘 (파란색 표시)	번갈다, 설명, 관찰, 주제	어휘 연습 (익힘책 활용)

● 차시 전개 과정

1) 차시의 흐름

차시	주제	학습 내용	교재 쪽수	익힘책 쪽수
1	탐구 활동 이해하기	1. 탐구 활동이 무엇인지 알아봅시다. 2. 탐구 활동의 결과를 아래와 같이 발표할 수 있어요. 소리 내어 읽어 봅시다.	16~17	10~12
2	여러 가지 탐구 활동 살펴보기	1. 과학 시간에 할 수 있는 탐구 활동의 모습을 살펴봅시다. 2. 사회 시간에 할 수 있는 탐구 활동의 모습을 살펴봅시다. 3. 타이선이 알게 된 것을 보면서 어떤 생각을 했어요? '나의 생각'을 자유 롭게 그림으로 그리고 친구들에게 설명해 보세요.	18~21	13~14
3	놀이/협동 학습	1. '말로 하는 고누' 놀이를 해 봅시다. 2. 고누 놀이를 하면서 친구들과 어떤 말을 주고받았어요? 주고받은 말 을 써 봅시다.	22~23	15
4	정리 학습	1. 〈보기〉에 있는 말을 아는 말과 모르는 말로 나눠 써 봅시다. 2. 모르는 말 중에서 하나를 골라요. 몇 쪽에 나와요? 말을 찾아서 읽어 봅시다. 3. 아래의 탐구 활동으로 무엇을 알게 되었는지 정리해서 써 봅시다.	24~25	

2) 차시별 교수·학습 활동

◆ 1차시 및 2차시: 단원의 주제에 맞는 읽기(특히 소리 내어 읽기)나 쓰기 활동을 제시했다. 또한 생각을 주고받는 말
  하기나 발표하기 등의 수업 활동을 경험할 수 있도록 과제를 제시했다. 익힘책 활동이 연계된다.

◆ 3차시: 단원의 주제와 관련된 놀이나 협동 활동을 제시했다. 놀이나 협동 과정에서 사용한 어휘, 문장을 활용하는 쓰
  기와 말하기 활동이 함께 제시되었다. 익힘책 활동이 연계된다.

◆ 4차시: 단원의 어휘 및 주제별 학습 내용을 정리, 복습하는 활동을 제시했다. 복습 활동 위주의 차시로서 익힘책 활
  동은 따로 연계되지 않는다.

● 단원 지도상의 유의점

◆ 학습에 필요한 어휘를 배우는 활동과 문식력 강화 활동이 이루어지도록 운영한다.
◆ 학습자들이 교과 학습 활동을 경험하면서 한국어 읽기와 쓰기 능력을 기를 수 있도록 한다.
◆ 학습자의 한국어 수준에 맞춰 학습 활동을 가감하거나 재구성하여 활용하도록 한다.
◆ 놀이 활동이나 협동 활동은 한국어 학습과 자연스럽게 이어지는 데에 초점을 둔다.
◆ 학습 도구 어휘의 경우 추상성이 강하므로 명시적으로 설명하기보다는 활동 과정에서 경험을 통해 익힐 수 있도록
  한다.

주제

탐구 활동 이해하기

주요 활동

1. 탐구 활동이 무엇인지 알아봅시다.
2. 탐구 활동의 결과를 아래와 같이 발표할 수 있어요. 소리 내어 읽어봅시다.

학습 도구 어휘

움직임, 방식, 번갈다, 설명, 관찰, 탐구 활동

1 도입 - 5분

1) 단원 도입 모듈에 제시된 〈의사소통 한국어〉 연계 단원의 이름을 본다. 〈의사소통 한국어〉 교재에서 배웠던 내용을 간략히 정리해 주거나, 〈의사소통 한국어〉 주제를 활용하여 생활 한국어 이해 수준을 확인한다.

- 🔵 여러분, 여기 예쁜 집이 있어요.
- 🔵 여러분이 배워야 할 한국어들이 잘 모이면 이렇게 예쁜 집이 돼요.
- 🔵 여러분, 건강이 뭐예요? 누가 말해 볼까요?
- 🟢 도입 모듈에 대한 설명이나 활동은 최대한 간략하게 하며 경우에 따라 생략할 수 있다.

2) 단원 도입 그림을 보면서 단원의 주제와 학습 목표, 대략적인 단원 학습 내용을 살펴본다.

- 🔵 교실이에요. 칠판에는 무엇이 적혀 있어요?
- 🔵 선생님은 어떤 설명을 하고 계실까요? 함께 읽어 보세요.
- 🟢 도입 단계에서 학습자들의 수준을 판별하여 차시 활동이나 추후 익힘책 활동 등을 선택적으로 운영할 수 있도록 한다.

2 주요 활동 I - 20분

1) 1차시의 전체 구성을 안내하며 학습자들의 이해 정도를 우선 확인한다.

- 🔵 탐구 활동이 무엇이에요? 탐구 활동의 과정을 살펴볼까요?
- 🔵 탐구 활동의 과정을 보세요. 탐구 활동을 하고 결과를 발표할 수 있어요.

2) 1번 활동을 시작하며 순서대로 교재의 설명을 읽어 보게 한다.

- 🔵 장위는 탐구 활동을 하고 있어요. 먼저 무엇을 해요?
- 🔵 질문하고, 자세히 살펴보고 백과사전을 더 찾아봐요. 함께 읽어요.
- 🟢 과학적 탐구 활동을 경험하는 데에 초점을 두고 특히 이 과정에서 사용되는 한국어 어휘와 표현에 주목하도록 한다. 교과 활동을 정확하게 수행하는 것을 강조하기보다는 교과 활동을 미리 경험해 보는 것과 한국어 사용을 강조한다.

3) '어려운 말이 있어요? 확인해 봐요.' 항목을 확인하고 어휘 학습이 되도록 유도한다.

- 🔵 빨간색으로 표시된 말을 찾아요. 무엇이 있어요?
- 🔵 어려운 말이에요. 어떻게 사용하는지 볼까요? 읽어 보세요. 뜻을 알아요?

🔵 탐구 활동 이해하기

1. 탐구 활동이 무엇인지 알아봅시다.

1) 탐구 활동 과정이에요. 소리 내어 읽어 보세요.

❶ 궁금한 것 질문하기

사람들의 팔과 다리는 어떻게 움직일까?

❷ 자세히 살펴보기

운동선수의 움직임을 관찰했다. 운동선수는 두 팔을 번갈아 움직이면서 뛰고 있었다. 입을 벌리고 크게 숨을 쉬는 모습도 볼 수 있었다. 오르막길에서는 점차 느리게 뛰는 선수도 있었다. 뛰면서 팔을 번갈아 움직이는 방식은 모두 비슷했다.

❸ 더 찾아보기

아하!

사람들이 팔을 움직일 때는 근육도 함께 움직인다. 뼈에 붙어 있는 근육이 늘어나거나 줄어드는 것이다. 팔을 펴면 근육이 늘어나고 팔을 굽히면 근육은 줄어든다.

16

어휘 지식	
움직임	어떤 목적을 가지고 활동함. 예 사람의 움직임. 새로 개발된 로봇의 움직임은 더욱 세심해졌다.
방식	일정한 방법이나 형식. 예 대응 방식. 김 대리는 회의에서 문제를 해결하는 효과적인 방식을 제안했다.

- 🟢 교재에 제시된 용례를 어려워하는 경우, 문장 형태가 아닌 구 형태의 용례로서 접근할 수 있으며(예: '달팽이의 움직임', '강아지의 움직임') 이 경우 교사가 동작으로 보여 주거나 인터넷에서 찾을 수 있는 사진 자료 등을 제시하며 이해를 도울 수 있다.

- 🟢 익힘책 10~11쪽의 1번과 2번을 수행하도록 한다.

4) 교재의 2)번 활동을 수행하며 탐구 활동의 과정을 정리하게 한다.

- 🔵 1번에서 탐구 활동의 과정을 살펴보았어요. 이제 정리해 써 보세요.
- 🔵 순서대로 괄호 안의 말을 써 보세요. 먼저 말로 하고 써 보세요.
- 🟢 학생들의 한글 쓰기나 띄어쓰기가 정확한지 지도한다.

🗨 어려운 말이 있어요? 확인해 봐요.

움직임

> 이렇게 사용해요
>
> 달팽이는 움직임이 느리다.
> 장위는 강아지의 움직임을 자주 관찰한다.

방식

> 이렇게 사용해요
>
> 사람들이 웃는 방식은 여러 가지이다.
> 살아가는 모습이나 형식을 '생활 방식'이라고 부른다.

2) 탐구 활동의 과정을 아래와 같이 정리했어요. 알맞은 말을 ( )에 써 보세요.

① 팔과 다리의 움직임에 대해서 질문하기
② 운동선수의 움직임을 (   )
③ 움직임에 대한 설명을 백과사전에서 (   )

2. 탐구 활동의 결과를 아래와 같이 발표할 수 있어요. 소리 내어 읽어 봅시다.

> 저는 팔과 다리의 움직임에 대해서 탐구했습니다. 먼저 운동선수의 뛰는 모습을 관찰했습니다. 운동선수는 팔과 다리를 굽혔다 펴면서 번갈아 움직이고 있었습니다. 그다음에는 백과사전을 찾아서 움직임에 대한 설명을 읽었습니다. 팔과 다리를 움직일 때는 뼈에 붙어 있는 근육이 늘어나거나 줄어들게 된다는 사실을 알았습니다.

🦉 탐구 활동

> 궁금한 내용을 알아볼 때는 탐구 활동을 해요. 궁금한 내용을 자세히 관찰하고 백과사전 등을 찾아 읽어야 해요. 탐구 활동의 결과는 잘 정리해서 발표해요.

1. 탐구 활동을 해요 • 17

17

---

5) 교재에서 파란색으로 표시된 어휘를 확인한다.

> 🗨 파란색으로 표시된 말이 있어요. 무엇이에요?
>
> 🗨 번갈아, 설명, 찾았어요? 우리 함께 확인해 볼까요?

어휘 지식

번갈다	일정한 시간 동안 어떤 행동이 미치는 대상들이 차례로 자꾸 바뀌다. 예 학생들은 선생님을 따라 허리를 오른쪽과 왼쪽으로 번갈아 굽히며 운동을 했다. 나는 가방 세 개를 번갈아 가며 사용한다.
설명	어떤 것을 남에게 알기 쉽게 풀어 말함. 또는 그런 말. 예 설명이 쉽다. 선생님께서는 질문에 대해 자세히 설명을 해 주셨다.

> 🟡 파란색으로 표시된 어휘는 모든 경우에 따로 배우기보다는 경우에 따라 선택하여 배우도록 한다. 먼저 학습자들이 파란색으로 표시된 어휘에 집중하도록 유도하고 이해를 확인한 후 익힘책 11쪽의 3번과 4번을 쓰게 한다.
>
> 🟡 학습 도구 어휘들 중에는 '설명'과 같이 '-하다'가 붙은 파생어 형태로도 많이 사용되는 어휘들이 있다. 이 경우 "설명, 이 말은 '설명하다'로도 많이 사용돼요.", "설명하다, 이렇게 사용하는 것을 더 많이 들어 봤지요?", "설명하다, 이렇게 사용할 때가 더 많아요." 등과 같이 사용의 방법으로 설명을 더해 줄 필요가 있다.
>
> 🟡 '번갈다'와 같은 용언은 기본형과 활용형을 비교하는 설명을

제시할 필요가 있다. 예를 들어 "'번갈아'는 원래 형태가 '번갈다'예요.", "국어사전에서 찾기 위해서는 원래 형태를 알아야 해요." 등과 같이 설명할 수 있다. 학습자의 수준에 따라 진행한다.

❸ 주요 활동 II – 10분

1) 본문에 제시된 2번 활동을 안내하고 수행하도록 한다.

> 🗨 탐구 활동의 결과를 발표하고 있어요. 읽어 보세요.
>
> 🗨 1번에서 살펴봤던 내용을 다시 떠올리며 읽어 보세요.

2) 교재에서 파란색으로 표시된 어휘를 확인한다.

> 🗨 파란색으로 표시된 말이 있어요. 무엇이에요?
>
> 🗨 '관찰'이에요. 어떤 뜻이 있어요? 어떻게 말해요?

어휘 지식

관찰	사물이나 현상을 주의 깊게 자세히 살펴봄. 예 관찰 보고서. 인터넷에서 사용되는 언어에 대한 관찰을 토대로 해서 쓴 논문이에요.

> 🟡 파란색으로 표시된 어휘는 모든 경우에 따로 배우기보다는 경우에 따라 선택하여 배우도록 한다. 학습자들에게 어휘에 집중하도록 유도하고 이해를 확인한다.
>
> 🟡 학습 도구 어휘들 중에는 '관찰'과 같이 '-하다'가 붙은 파생어 형태로도 많이 사용되는 어휘들이 있다. 이 경우 "관찰, 이 말은 '관찰하다'로도 많이 사용돼요.", "관찰하다, 이렇게 사용하는 것을 더 많이 들어 봤지요?", "관찰하다, 이렇게 사용할 때가 더 많아요." 등과 같이 사용의 방법으로 설명을 더해 줄 필요가 있다.

3) '부엉이 선생님'의 내용을 확인하고 설명한다.

> 🗨 '부엉이 선생님'에는 무슨 내용이 있어요? 탐구 활동이 무엇이에요?
>
> 🗨 1번에서 장위가 하는 것이 탐구 활동이에요. 선생님을 따라 읽으세요.
>
> 🟡 '부엉이 선생님' 활동에서는 차시 주제와 관련된 주요한 언어 기능이나 개념을 소개한다. 부엉이 선생님에 제시된 내용은 다소 어렵거나 추상적일 수 있기 때문에, 되도록 쉽게 설명해 주고, 실제 교과에서 사용되는 이미지나 예시 등을 가지고 설명해 주도록 한다.
>
> 🟡 '부엉이 선생님' 내용을 충분히 설명한 후에 익힘채 12쪽의 5번과 6번을 수행하도록 한다. 경우에 따라 과제로 부여할 수 있다.

❹ 정리 – 5분

1) 1번 활동으로 돌아가서 주요한 표현을 반복적으로 사용해 보도록 한다.

> 🗨 탐구 활동을 할 때는 순서대로 무엇을 해요?
>
> 🗨 선생님을 따라 말하세요. 궁금한 것 질문하기, 자세히 살펴보기, 더 찾아보기 등을 해요.

2) 2번 활동으로 돌아가서 주요한 표현을 반복적으로 사용해 보도록 한다.

> 🗨 발표를 할 때는 적당한 말을 써야 해요. 높임말을 써야 해요.
>
> 🗨 탐구 결과를 발표한 내용을 읽어 보세요. 소리 내어 다시 읽어 보세요.

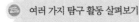

여러 가지 탐구 활동 살펴보기

1. 과학 시간에 할 수 있는 탐구 활동의 모습을 살펴봅시다.

1) 선생님과 다니엘의 말을 잘 들어 보세요.

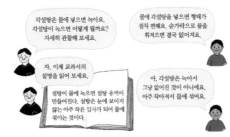

각설탕을 물에 넣으면 녹아요. 각설탕이 녹으면 어떻게 될까요? 자세히 관찰해 보세요.

물에 각설탕을 넣으면 형태가 점차 변해요, 숟가락으로 물을 휘저으면 결국 없어져요.

자, 이제 교과서의 설명을 읽어 보세요.

아, 각설탕은 녹아서 그냥 없어진 것이 아니에요. 아주 작아져서 물에 섞여요.

설탕이 물에 녹으면 설탕 용액이 만들어진다. 설탕은 눈에 보이지 않는 아주 작은 입자가 되어 물에 섞이는 것이다.

📝 꼬마 수업

용액
여러 물질이 녹아서 잘 섞여 있는 액체가 '용액'이에요. 무엇이 잘 녹아서 물에 섞여 있는 것을 의미해요.

입자
어떤 물질을 이루는 아주 작은 알갱이를 '입자'라고 말해요. '모래의 입자', '설탕의 입자' 등을 예로 들 수 있어요.

2) 다니엘이 탐구 활동 결과를 발표하는 모습을 살펴보세요.

① 탐구 활동 과정을 정리했어요. 활동 과정과 내용을 선으로 이어 보세요.

질문하기	각설탕은 없어지는 것이 아니라 눈에 안 보이는 아주 작은 입자가 되어 물에 섞인다는 것을 알게 되었다.
관찰하기	각설탕이 물에 녹으면 어떻게 될까?
교과서의 설명 읽기	각설탕은 물속에서 형태가 변하다가 결국 없어졌다.
알게 된 내용 정리하기	설탕이 녹으면 작은 입자가 되어 물에 섞이면서 설탕 용액이 만들어진다.

② 다니엘이 발표하고 있어요. 밑줄 그은 부분을 바르게 고쳐서 말해 보세요.

저는 각설탕이 물에 녹으면 어떻게 되는지 탐구했습니다. 각설탕은 물속에서 형태가 변하다가 결국 없어지는 것을 볼 수 있었다. 교과서를 보면 설탕이 녹으면 작은 입자가 되어 물에 섞이면서 설탕 용액이 된다고 한다. 각설탕이 물속에서 녹아 없어지는 것이 아니라 눈에 안 보이는 작은 입자가 되어 섞인다는 것을 알게 되었다.

2차시

주제
여러 가지 탐구 활동 살펴보기

주요 활동
1. 과학 시간에 할 수 있는 탐구 활동의 모습을 살펴봅시다.
2. 사회 시간에 할 수 있는 탐구 활동의 모습을 살펴봅시다.
3. 타이선이 알게 된 것을 보면서 어떤 생각을 했어요? '나의 생각'을 자유롭게 그림으로 그리고 친구들에게 설명해 보세요.

학습 도구 어휘
용액, 입자, 주제, 환경, 영향

1 도입 - 5분

1) 1차시에서 배운 내용을 떠올리게 한다.
- 🔴 탐구 활동을 순서대로 말할 수 있어요?
- 🔴 발표할 때는 어떻게 말해요? 높임말을 써야 해요.
- 🟡 한국어 어휘와 표현에 초점을 두도록 유도한다.

2) 2차시의 주요한 내용을 소개한다.
- 🔴 과학 시간과 사회 시간에는 어떠한 탐구 활동을 해요?
- 🔴 과학 실험을 해 봤어요? 사회 시간에는 어떤 자료를 읽어요?
- 🟡 고학년 학습자들의 학습 경험을 확인하고, 한국어 이해 수준과 표현 수준을 확인하여 차시 내용을 운영하도록 한다.

2 주요 활동 I - 15분

1) 2차시의 전체 구성을 안내하며 학습자들의 이해 정도를 우선 확인한다.

2) 교재의 1)번 내용을 순서대로 살펴보며, 과학 시간의 탐구 활동을 설명한다.
- 🔴 다니엘은 과학 실험을 했어요. 물에 각설탕을 넣고 관찰했어요.
- 🔴 다니엘은 무엇을 봤어요? 무엇을 알게 되었어요?

3) '꼬마 수업' 내용을 설명한다.
- 🔴 빨간색으로 표시된 낱말을 보세요. 무엇이에요?
- 🔴 용액과 입자를 알아요? '꼬마 수업'을 읽어 볼까요?
- 🟡 '꼬마 수업' 활동에서는 차시 내용에서 다룬 특정한 주요 교과의 학습 개념을 소개한다. 그 교과의 수업 시간(예: 과학 시간, 사회 시간)을 그대로 재현하며 지도하는 것이 좋다. 되도록 그 교과의 수업 장면을 경험해 볼 수 있도록 실제 교과에서 사용되는 이미지나 예시 등을 가지고 설명해 준다. 학생의 수준에 따라 진행한다.

4) 교재 2)번 활동의 탐구 결과 발표 활동을 수행한다.
- 🔴 먼저 탐구 활동의 결과를 정리해야 해요. 어떻게 정리해요? ①번의 내용을 잘 보고 알맞은 것을 선으로 이어 보세요.
- 🔴 선으로 이은 내용을 이어서 읽어 보세요. 1)번에서 살펴본 내용을 다시 떠올려 보세요.
- 🔴 탐구 활동을 한 후 다니엘이 발표한 내용이에요. 선생님을 따라 읽어 보세요. 밑줄 부분은 고쳐서 읽어요.

3 주요 활동 II - 10분

1) 본문에 제시된 2번 활동을 안내하고 수행하도록 한다.
- 🔴 사회 시간이에요. 타이선은 어떠한 탐구 활동을 하고 있을까요?
- 🔴 칠판에는 무엇이 쓰여 있어요? 선생님은 어떤 설명을 하세요? 읽어 보세요.

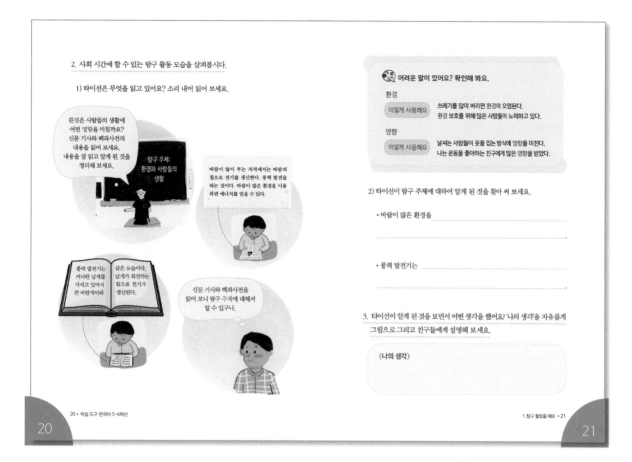

(pages 20–21, inside image):

2. 사회 시간에 할 수 있는 탐구 활동 모습을 살펴봅시다.

1) 타이선은 무엇을 읽고 있어요? 소리 내어 읽어 보세요.

환경은 사람들의 생활에 어떤 영향을 미칠까요? 신문 기사와 백과사전의 내용을 읽어 보세요. 내용을 잘 알게 된 것을 정리해 보세요.

탐구 주제: 환경과 사람들의 생활

바람이 많이 부는 지역에서는 바람의 힘으로 전기를 생산한다. 풍력 발전을 하는 것이다. 바람이 많은 환경을 이용하면 에너지를 얻을 수 있다.

풍력 발전기는 커다란 날개를 가지고 있어서 큰 바람개비와 같은 모습이다. 날개가 회전하는 힘으로 전기가 생산된다.

신문 기사와 백과사전을 읽어 보니 탐구 주제에 대해서 알 수 있구나.

어려운 말이 있어요? 확인해 봐요.

환경

이렇게 사용해요 | 쓰레기를 많이 버리면 환경이 오염된다. 환경 보호를 위해 많은 사람들이 노력하고 있다.

영향

이렇게 사용해요 | 날씨는 사람들이 옷을 입는 방식에 영향을 미친다. 나는 운동을 좋아하는 친구에게 많은 영향을 받았다.

2) 타이선이 탐구 주제에 대하여 알게 된 것을 찾아 써 보세요.

• 바람이 많은 환경을 _____

• 풍력 발전기는 _____

3. 타이선이 알게 된 것을 보면서 어떤 생각을 했어요? '나의 생각'을 자유롭게 그림으로 그리고 친구들에게 설명해 보세요.

〈나의 생각〉

---

2) 2번 활동을 이어서 수행한다.

- 📗 사회 시간에는 자료를 많이 읽어요. 신문 기사와 백과사전을 읽고 탐구 주제에 대하여 더 잘 알게 돼요.

3) '어려운 말이 있어요? 확인해 봐요.' 항목을 확인하고 어휘 학습이 되도록 유도한다.

- 📗 빨간색으로 표시된 말을 찾아요. 무엇이에요?
- 📗 어려운 말이에요. 어떻게 사용하는지 볼까요? 읽어 보세요. 뜻을 알아요?

어휘 지식	
영향	어떤 것의 효과나 작용이 다른 것에 미치는 것. 📝 영향을 끼치다. 대중 매체는 사람들의 사고에 큰 영향을 준다.
환경	생물이 살아가는 데 영향을 주는 자연 상태나 조건. 📝 해양 환경. 환경이 파괴되어 많은 생물들이 괴로워하고 있다.

- 📘 교재에 제시된 용례를 어려워하는 경우, 문장 형태가 아닌 구 형태의 용례로서 접근할 수 있다(예: '환경 보호'). 또한 자주 어울려 사용되는 표현 형태로서 그 용법을 강조할 수 있다(예: '영향을 미치다', '영향을 받다'). 학생들의 이해를 돕기 위해서 관련된 상황 맥락이나 사용되는 장면 등을 인터넷 등에서 찾아 제시할 수 있다.

- 📘 익힘책 13쪽의 1번과 2번을 쓰게 한다. 경우에 따라 과제로 부여할 수 있다.

4) 교재의 2)번 활동을 한다. 타이선이 탐구 주제에 대하여 알게 된 것을 확인하게 한다.

- 📗 1)번 그림을 보세요. 타이선은 무엇을 알게 되었어요?
- 📗 신문 기사를 읽고 무엇을 알았어요? 백과사전을 읽고 무엇을 알았어요?

5) 교재의 2)번을 수행하며 우선 충분히 말하고 생각하게 한 후 알맞은 내용을 찾아 쓰게 한다.

- 📗 신문 기사를 보고 써 보세요.
- 📗 백과사전을 보고 써 보세요.
- 📘 학생들이 쓰는 것을 어려워할 수 있지만, 고학년 학생들은 자료를 보고 정확히 찾아 쓰는 활동에 익숙해지도록 한다. 또한 구어체인 '~요' 문체보다는 문어체인 '~다' 문체를 보기로 제시할 필요가 있다. 그러나 학습자에 따라서는 구어체와 문어체의 구분 문제를 크게 부각시키지 않을 수 있다.

4 주요 활동 III(정리) - 10분

1) 교재의 3번 활동을 통해 자연스럽게 2차시의 내용을 정리할 수 있다. 학생들이 자신의 생각을 자유롭게 말하고 그리는 데에 초점을 맞춘다.

- 📗 타이선이 알게 된 것은 무엇이에요? 타이선의 생각을 보고 여러분은 어떤 생각을 했어요? 자유롭게 말해 보세요.
- 📗 자유롭게 말한 것을 그릴 수 있어요? 자신의 그림을 친구들에게 설명할 수 있어요?
- 📘 이 활동은 다양한 방식으로 활용될 수 있다. 과제로 부여할 수 있으며, 이 활동을 특히 강조하여 따로 운영할 수 있다. 이 경우 교재의 본 내용을 따라가기 어려워하는 학생들이 흥미를 가지고 집중할 수 있도록 말로 표현하기, 생각 그림 그리기 활동으로 운영하도록 한다.

2) 2차시 내용을 정리하며 마무리한다.

- 📘 배운 내용을 다시 떠올리게 하고, 교재에 나왔던 어휘를 다시 사용해 보도록 한다. 익힘책 14쪽의 3번과 4번을 수행하도록 한다. 익힘책 문항은 과제로 부여할 수 있다.

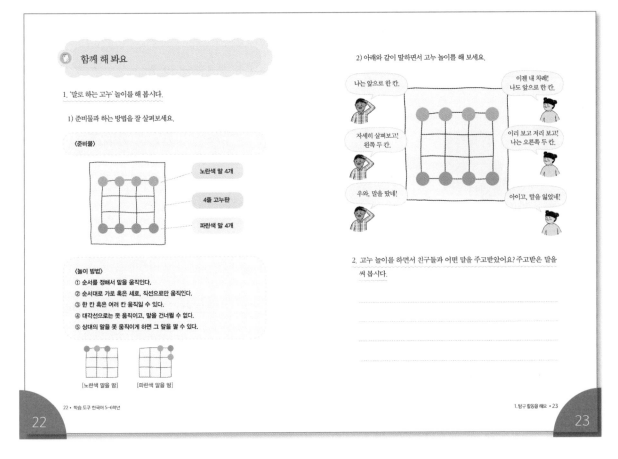

3차시

1 도입 – 5분

1) 3차시는 놀이 활동임을 환기시킨다. 또한 놀이에 알맞은 자리 배치나 학생 현황을 파악한다. 준비물을 미리 나눠 준다.

   🔵 놀이 활동을 시작하기 전 학생들의 어휘 수준을 확인하고, 잘 모르는 어휘를 설명해 준다.

2) 단원의 주제와 놀이 활동의 연관성을 설명한다.

   🔴 친구와 내가 서로 말을 움직여야 해요. 잘 관찰해서 움직여야 해요.

   🔴 자세히 살펴보고, 집중해서 봐야 하는 놀이를 해 볼까요?

   🔵 놀이 활동과 단원의 주제인 '관찰하기'를 연결시켜 설명하되, 학습자의 수준에 따라 추상적 설명은 생략할 수 있다. 놀이에 흥미를 지니고 관련된 한국어 어휘와 표현을 익히고 사용해 보는 것을 우선 강조하여 지도한다.

2 놀이 설명 – 10분

1) 고누 놀이에 대하여 설명한다.

   🔴 고누는 한국의 전통 놀이예요. 친구들과 대화를 주고받으면서 고누 놀이를 해요.

   > 고누: 고누는 땅이나 판에 그린 밭에 말을 옮겨서 남의 말을 떼거나 가두는 놀이이다. 밭은 바위나 종이에도 그리며, 말도 잔돌이나 나뭇가지도 쓰는 까닭에 어린이뿐 아니라 어른들도 즐겼다.
   > (출처: 네이버 지식백과 '고누두기')

2) 놀이 방법을 확인한다.

   🔴 교재의 고누판을 잘 보세요. 종이에 그려 보세요.

   🔴 둘씩 짝을 지어요. 한 사람은 하얀 말을, 다른 한 사람은 검은 말을 잡아요.

   🔵 인터넷에서 '고누 놀이'를 검색하여 찾은 놀이 동영상 자료를 활용할 수 있다.

   🔵 정확하게 한국어를 말하지 못해도 학생의 수준에 맞도록 자유롭게 말하면서 놀이에 참여하도록 한다. 지나치게 교정하지 않는다.

3 놀이하기(활동하기) 및 정리 – 25분

1) '말로 하는 고누' 놀이를 해 본다.

   🔴 놀이 방법을 잘 보세요. 선생님이 천천히 읽어 줄게요. 모두 이해했어요?

   🔴 말을 어떻게 움직여요? 누가 이겨요?

2) 놀이를 하면서 사용한 말들을 떠올려서 말해 본다.

   🔴 고누 놀이를 하면서 어떤 말을 주고받았어요?

   🔴 말을 써 보세요. 쓰기 어려우면 말로 해 보세요.

   🔵 쓰기 시간을 내기 어려우면 과제로 부여하거나 말하기를 위주로 하는 활동으로 지도할 수 있다.

3) 놀이 활동을 정리한다.

   🔴 누가 말을 많이 땄어요? 말을 따기 어려워요?

   🔴 어떤 말을 주고받았어요? 어떤 말이 어려워요?

   🔵 정리 활동으로서 익힘책 15쪽의 1번과 2번을 쓰게 한다.

되돌아보기

1. 보기에 있는 말을 아는 말과 모르는 말로 나눠 써 봅시다.

보기

탐구 활동   움직임   방식   영향   환경
번갈아   설명   관찰   주제

2. 모르는 말 중에서 하나를 골라요. 몇 쪽에 나와요? 말을 찾아서 읽어 봅시다.

---

3. 아래의 탐구 활동으로 무엇을 알게 되었는지 정리해서 써 봅시다.

❶ 궁금한 것 질문하기

사람들의 팔과 다리는 어떻게 움직일까?

❷ 자세히 살펴보기 [운동선수가 뛰는 모습 관찰]

운동선수는 두 팔을 번갈아 움직이면서 뛰고 있었다. 입을 벌리고 크게 숨을 쉬는 모습도 볼 수 있었다. 오르막길에서는 점차 느리게 뛰는 선수도 있었다. 뛰면서 팔을 번갈아 움직이는 방식은 모두 비슷했다.

❸ 더 찾아보기 [백과사전 읽기]

사람들이 팔을 움직일 때는 근육도 함께 움직인다. 뼈에 붙어 있는 근육이 늘어나거나 줄어드는 것이다. 팔을 펴면 근육이 늘어나고 팔을 굽히면 근육은 줄어든다.

4차시

1 도입 – 5분

1) 되돌아보기 차시의 성격을 설명하고 복습 활동의 대상이 되는 내용을 간략히 설명한다.

- 🔵 1번을 보세요. 〈보기〉에는 많은 말이 나와요. 배운 말이에요. 읽어 보세요.
- 🔵 3번을 보세요. 탐구 활동으로 무엇을 알게 돼요?

2) 이미 배운 교재 내용을 다시 보도록 안내하거나 바로 본 차시 활동을 시작하게 할 수 있다.

2 되돌아보기 I – 10분

1) 1번 복습 활동을 수행한다. 〈보기〉의 어휘를 읽고 아는 어휘와 모르는 어휘를 찾게 한다.

- 🔵 알아요, 어떤 말을 써요? 몰라요, 어떤 말을 써요?
- 🔵 아는 말이 많아요, 모르는 말이 많아요? 제일 어려운 말은 무엇이에요?

2) 2번 활동을 하면서 모르는 어휘의 뜻을 다시 확인하도록 한다.

- 🔵 모르는 말은 다시 설명해 줄게요. 교재의 몇 쪽에 나오는지 볼까요?
- 🔵 여러분이 먼저 교재를 찾아보세요. 몇 쪽에 나와요? 찾아서 읽어 보세요.

3 되돌아보기 II – 20분

1) 3번 복습 활동을 수행한다. 순서대로 읽어 본다.

- 🔵 순서대로 보세요. 차례대로 읽어 보세요.
- 🔵 과학 시간에 어떠한 탐구 활동을 했어요? 생각해 보세요.

2) 생각한 내용을 쓸 수 있도록 한다.

- 🔵 번호대로 읽어 보면 무엇을 알 수 있어요?
- 🔵 궁금한 것을 잘 생각해 보세요. 자세히 관찰한 것과 더 찾아본 것을 생각해 보세요.
- 🟡 쓰기를 어려워할 수 있으므로 교사가 칠판에 보기로 써 주는 것이 좋다. 또한 구어체인 '~요' 문체보다는 문어체인 '~다' 문체를 보기로 제시할 필요가 있다. 그러나 학습자에 따라서는 구어체와 문어체의 구분 문제를 크게 부각시키지 않을 수 있다.

4 정리 – 5분

1) 단원을 공부하며 든 느낌이나 생각을 이야기한다.

2) 배운 한국어 어휘와 표현에 초점을 두고 떠올릴 수 있도록 유도한다.

2단원 • 이럴 땐 이런 생각

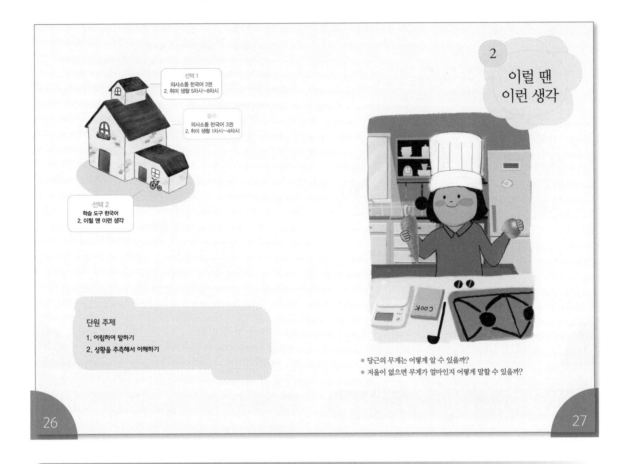

선택 1
의사소통 한국어 3권
2. 취미 생활 5차시~8차시

필수
의사소통 한국어 3권
2. 취미 생활 1차시~4차시

선택 2
학습 도구 한국어
2. 이럴 땐 이런 생각

2
이럴 땐
이런 생각

단원 주제

1. 어림하여 말하기
2. 상황을 추측해서 이해하기

● 당근의 무게는 어떻게 알 수 있을까?
● 저울이 없으면 무게가 얼마인지 어떻게 말할 수 있을까?

26   27

● 단원의 개관

　'이럴 땐 이런 생각' 단원은 초등학교 5학년이나 6학년 학생들이 교과 학습에 바탕이 되는 '추론하기'를 중심으로 한국어 어휘와 표현을 배울 수 있도록 구성했다. 이를 위해 '어림하여 말하기', '상황을 추측해서 이해하기'를 단원의 주제로 설정했고 '숫자를 찾아요'를 놀이 활동으로 제시했다. 단원 주제는 5~6학년군의 국어, 수학, 과학, 사회 교과 학습과 관련된 사고 활동 및 읽거나 쓰는 문식 활동의 주제가 된다. 주제별 학습은 1차시와 2차시에 주로 이루어지며 개념과 지식을 다루거나 용례를 제시하는 어휘 내용을 포함하고 있다. 이러한 어휘 내용은 '한국어 교육과정'의 5~6학년군 학습 도구 어휘 목록에서 선별된 것이다. 단원마다 주제와 관련된 놀이/협동 활동을 3차시에 제시했으며 4차시는 배운 내용을 복습하는 활동으로 마무리하도록 했다.

　이 단원은 생활 한국어 능력 중급(3급)의 학습자가 선택할 수 있는 활동과 어휘 내용으로 구성되었다. 따라서 〈의사소통 한국어〉 교재 3권 2단원('취미 생활') 필수 차시를 모두 배운 학생을 대상으로 하는 선택 차시로 운영될 수 있다. 학습자의 숙달도에 맞는 어휘 및 쓰기 연습 활동은 익힘책 활동을 병행하여 수행할 수 있도록 했다.

● 단원의 목표와 내용

1) 단원의 목표

◆ 무게와 길이를 어림하고 적절한 한국어 어휘와 표현을 사용하여 말할 수 있다.
◆ 한국어 어휘와 표현을 보고 대화 상황을 추측해서 이해할 수 있다.

2) 단원의 주요 내용

주제	1. 어림하여 말하기 2. 상황을 추측해서 이해하기		
	교재 활동	어휘 내용	교수 · 학습 특성
학습 도구 어휘	부엉이 선생님	어림	개념 이해 (교과 연계 및 익힘책 활용)
	꼬마 수업	관용구	개념 이해 (교과 연계)
	어려운 말이 있어요? 확인해 봐요.	재다, 측정, 추측, 단서, 짐작	용례 학습 어휘 연습 (익힘책 활용)
	선택 어휘 (파란색 표시)	표시, 정확히, 의미, 상황	어휘 연습 (익힘책 활용)

● 차시 전개 과정

1) 차시의 흐름

차시	주제	학습 내용	교재 쪽수	익힘책 쪽수
1	어림하여 말하기	1. 무게를 어림해서 말하는 모습을 살펴봅시다. 2. 길이를 어림하는 모습을 살펴봅시다.	28~29	16~18
2	상황을 추측해서 이해하기	1. 말의 의미를 생각하며 대화의 상황을 살펴봅시다. 2. 관용구의 의미를 생각하며 대화의 상황을 추측해 봅시다. 3. 오딜이 좋아하는 이야기책의 내용입니다. 함께 읽고 물음에 답해 봅시다.	30~33	19~20
3	놀이/협동 학습	1. '숫자를 찾아요' 놀이를 해 봅시다. 2. 여러분은 어떻게 숫자를 찾았어요? 숫자를 찾은 방법을 말해 봅시다.	34~35	21
4	정리 학습	1. 〈보기〉에 있는 말을 아는 말과 모르는 말로 나눠 써 봅시다. 2. 모르는 말 중에서 하나를 골라요. 몇 쪽에 나와요? 말을 찾아서 읽어 봅시다. 3. 어림하거나 추측해서 생각해 봅시다.	36~37	

2) 차시별 교수 · 학습 활동

◆ 1차시 및 2차시: 단원의 주제에 맞는 읽기(특히 소리 내어 읽기)나 쓰기 활동을 제시했다. 또한 생각을 주고받는 말하기나 발표하기 등의 수업 활동을 경험할 수 있도록 과제를 제시했다. 익힘책 활동이 연계된다.

◆ 3차시: 단원의 주제와 관련된 놀이나 협동 활동을 제시했다. 놀이나 협동 과정에서 사용한 어휘, 문장을 활용하는 쓰기와 말하기 활동이 함께 제시되었다. 익힘책 활동이 연계된다.

◆ 4차시: 단원의 어휘 및 주제별 학습 내용을 정리, 복습하는 활동을 제시했다. 복습 활동 위주의 차시로서 익힘책 활동은 따로 연계되지 않는다.

● 단원 지도상의 유의점

◆ 학습에 필요한 어휘를 배우는 활동과 문식력 강화 활동이 이루어지도록 운영한다.

◆ 학습자들이 교과 학습 활동을 경험하면서도 한국어 읽기와 쓰기 능력을 기를 수 있도록 한다.

◆ 학습자의 한국어 수준에 맞춰 학습 활동을 가감하거나 재구성하여 활용하도록 한다.

◆ 놀이 활동이나 협동 활동은 한국어 학습과 자연스럽게 이어지는 데에 초점을 둔다.

◆ 학습 도구 어휘의 경우 추상성이 강하므로 명시적으로 설명하기보다는 활동 과정에서 경험을 통해 익힐 수 있도록 한다.

1차시

> **주제**
> 어림하여 말하기
>
> **주요 활동**
> 1. 무게를 어림해서 말하는 모습을 살펴봅시다.
> 2. 길이를 어림하는 모습을 살펴봅시다.
>
> **학습 도구 어휘**
> 어림, 재다, 측정, 표시, 정확히

1 도입 - 5분

1) 단원 도입 모듈에 제시된 〈의사소통 한국어〉 연계 단원 이름을 본다. 〈의사소통 한국어〉 교재에서 배웠던 내용을 간략히 정리해 주거나, 〈의사소통 한국어〉 주제를 활용하여 생활 한국어 이해 수준을 확인한다.

> ⓤ 도입 모듈에 대한 설명이나 활동은 최대한 간략하게 하며, 경우에 따라 생략할 수 있다.

2) 단원 도입 그림을 보면서 단원의 주제와 학습 목표, 대략적인 단원 학습 내용을 살펴본다.

> ⓢ 무엇을 하고 있어요? 무엇이 궁금해요?

> ⓢ 요리를 하려면 당근과 양파의 무게를 알아야 해요. 저울이 없으면 무게가 얼마인지 어떻게 말할 수 있어요?

> ⓤ 도입 단계에서 학습자들의 수준을 판별하여 차시 활동이나 익힘책 활동 등을 선택적으로 운영할 수 있도록 한다.

2 주요 활동 I - 15분

1) 1차시의 전체 구성을 안내하며 학습자들의 이해 정도를 우선 확인한다.

> ⓢ 엠마가 당근과 양파의 무게를 어림해서 말하고 있어요. 그림을 먼저 보세요.

> ⓢ 파 조각의 길이를 어림하는 모습이에요. 2번 그림을 보세요.

2) 1번 활동을 수행하며 무게를 어림해서 말하는 방법을 살펴보도록 한다.

> ⓢ 1)번을 읽어 볼까요? 엠마는 당근의 무게를 어떻게 어림해요?

> ⓢ 양파의 무게는 어떻게 어림해요?

3) 교재 2)번 활동을 수행하며 무게를 어림하는 방법을 정리한다.

> ⓢ 당근 한 개의 무게는 어떻게 어림해요? 한 개의 무게를 알아요? 밑줄 부분에 써 보세요.

> ⓢ 양파 한 개의 무게는 어떻게 어림해요? 한 개의 무게를 알아요? 밑줄 부분에 써 보세요.

> ⓤ 무게 단위에 대하여 판서하며 간략히 설명해 줄 수 있다.

4) '부엉이 선생님'의 내용을 확인하고 설명한다.

> ⓢ '부엉이 선생님'에는 무슨 내용이 있어요? 어림이 무엇이에요?

> ⓢ 엠마가 당근과 양파의 무게를 생각하는 것이 어림이에요. 선생님을 따라 읽으세요.

어림하여 말하기

1. 무게를 어림해서 말하는 모습을 살펴봅시다.

1) 엠마의 말을 소리 내어 읽어 보세요.

> 당근 한 개의 무게를 어림할 수 있어.
> 당근 한 봉지의 무게가 400g이고
> 한 봉지 안에는 당근이 두 개 들어 있어.
> 따라서 전체 무게를 둘로 나누어 생각하면 돼.

당근 (400g)

양파 (1kg)

> 양파 한 개의 무게를 어림할 수 있어.
> 양파 한 봉지의 무게가 1kg이고 한 봉지 안에는
> 양파가 네 개 들어 있어. 따라서 전체 무게를
> 넷으로 나누어 생각하면 돼.

2) 엠마가 되어 아래와 같이 무게를 어림해서 말해 보세요.

① "당근 한 개의 무게는 _____ 일 거야."
② "양파 한 개의 무게는 _____ 일 거야."

 어림

무게나 길이 등이 어떠한지 짐작해 보는 것이 '어림'이에요. 수학 시간에 많이 사용하는 말이고 '어림하다'라는 표현도 써요.

28 • 학습 도구 한국어 5~6학년

28

> ⓤ '부엉이 선생님'은 단원의 주요한 학습 도구적 기능을 소개하는 학습 도우미이다. 부엉이 선생님에 제시된 내용은 다소 어렵거나 추상적일 수 있기 때문에, 되도록 쉽게 설명해 주고, 교재의 내용이나 활동과 충분히 연계시킨다.

> ⓤ 익힘책 16쪽의 1번과 2번을 쓰게 한다. 과제로 부여할 수 있다.

3 주요 활동 II - 15분

1) 본문에 제시된 2번 활동을 안내하고 수행하도록 한다.

> ⓢ 그림을 보세요. 무엇을 하고 있어요? 길이를 어림하는 모습을 살펴봐요.

> ⓢ 그림과 설명을 함께 보세요. 선생님을 따라 읽어요.

2) 교사가 교재의 내용을 읽어 주고 이해를 확인한다. 2)번 활동으로 가서 알맞은 말을 쓰게 한다.

> ⓢ 괄호에 맞는 말이 뭐예요? 말해 보세요. 써 보세요.

> ⓢ 손가락으로 파 조각의 길이를 어림할 수 있어요? 누가 설명해 볼까요?

3) '어려운 말이 있어요? 확인해 봐요.' 항목을 확인하고 어휘 학습이 되도록 유도한다.

24 • 학습 도구 한국어 교사용 지도서 5~6학년

2. 길이를 어림하는 모습을 살펴봅시다.

1) 그림과 설명을 잘 보고 파 조각의 길이를 어림하는 방법을 말해 보세요.

길이를 잴 때는 자를 이용한다. 자에 표시된 눈금을 읽으면서 길이를 측정할 수 있다. 자가 없어서 길이를 정확히 측정할 수 없으면 다른 방법을 사용하여 길이를 어림할 수 있다. 예를 들어 옆의 그림과 같이 손가락 한 마디의 길이가 2cm라면 손가락 마디와 파 조각을 나란히 두고 보면서 길이를 어림하는 것이다.

2) 파 조각의 길이를 어림하는 말이에요. 알맞은 말을 써 보세요.

"파 조각은 손가락 세 마디와 길이가 같다. 손가락 한 마디의 길이는 2cm이기 때문에 파 조각의 길이는 _____일 것이다."

⟨ 어려운 말이 있어요? 확인해 봐요.

잴(재다)

[이렇게 사용해요] 체중계로 몸무게를 쟀다.
자를 이용하여 지우개의 길이를 재 보았다.

측정

[이렇게 사용해요] 온도계를 이용하여 방 안 온도를 측정했다.
강아지가 움직인 거리를 측정해 보니 3m였다.

2. 이럴 땐 이런 생각 • 29

29

 빨간색으로 표시된 말이 있어요. 무엇이에요?

 어려운 말이에요. 어떻게 사용하는지 읽어 볼까요? 뜻을 알아요?

어휘 지식	
재다	도구나 방법을 써서 길이, 크기, 양 등의 정도를 알아보다. ⑩ 간호사는 체온계로 환자의 체온을 쟀다. 신체검사를 하는 날에는 키를 잰다.
측정	일정한 양을 기준으로 하여 같은 종류의 다른 양의 크기를 잼. ⑩ 삼십 년 전 만든 먼지 측정 기준은 요즘 환경과 맞지 않았다. 의사가 피 검사를 통해 환자의 건강 상태를 측정했다.

 학습 도구 어휘들 중에는 '측정'과 같이 '-하다'가 붙은 파생어 형태로도 많이 사용되는 어휘들이 있다. 이 경우 "측정, 이 말은 '측정하다'로도 많이 사용돼요.", "측정하다, 이렇게 사용하는 것을 더 많이 들어 봤지요?", "측정하다, 이렇게 사용할 때가 더 많아요." 등과 같이 사용의 방법으로 설명을 더해 줄 필요가 있다.

 익힘책 17쪽의 3번과 4번을 수행하도록 한다.

4) 교재에서 파란색으로 표시된 어휘를 확인한다.

 파란색으로 표시된 말이 있어요. 무엇이에요?

 표시, 정확히, 두 단어예요. 우리 함께 확인해 볼까요?

어휘 지식	
표시	어떤 사항을 알리는 내용을 겉에 드러내 보임. ⑩ 유통 기한 표시. 뚜껑에 파란색 표시가 있는 것부터 사용하면 돼.
정확히 [정:화키]	바르고 확실하게. ⑩ 정확히 기억하다. 면접관들은 지원자들을 정확히 평가하기 위해 심층 면접을 실시했다.

 파란색으로 표시된 어휘는 모든 경우에 따로 배우기보다는 경우에 따라 선택하여 배우도록 한다. 먼저 학습자들이 어휘에 집중하도록 유도하고 이해를 확인한 후 익힘책 18쪽의 5번과 6번을 수행하도록 한다.

 학습 도구 어휘들 중에는 '표시'와 같이 '-하다'가 붙은 파생어 형태로도 많이 사용되는 어휘들이 있다. 이 경우 "표시, 이 말은 '표시하다'로도 많이 사용돼요.", "표시하다, 이렇게 사용하는 것을 더 많이 들어 봤지요?", "표시하다, 이렇게 사용할 때가 더 많아요." 등과 같이 사용의 방법으로 설명을 더해 줄 필요가 있다.

④ 정리 – 5분

1) 주요한 활동을 다시 떠올리며 한국어 표현이나 어휘를 반복적으로 사용해 보도록 한다.

 무게를 어림해서 말할 수 있어요? 엠마는 어떻게 어림했어요?

 길이를 어림해서 말할 수 있어요? 손가락으로 어림해서 말해 보세요.

2) 주요한 표현이나 어휘를 반복적으로 사용해 보도록 한다.

 길이를 재다, 또 무엇을 재요?

 자에는 눈금이 표시되어 있어요. 또 어떤 표시가 있어요?

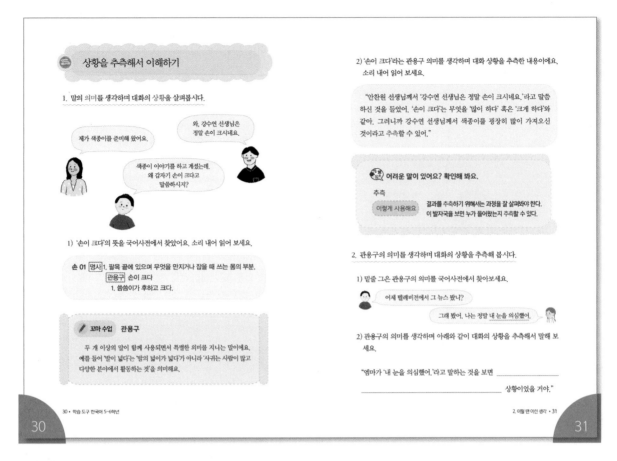

2차시

주제
상황을 추측해서 이해하기

주요 활동
1. 말의 의미를 생각하며 대화의 상황을 살펴봅시다.
2. 관용구의 의미를 생각하며 대화의 상황을 추측해 봅시다.
3. 오딜이 좋아하는 이야기책의 내용입니다. 함께 읽고 물음에 답해 봅시다.

학습 도구 어휘
관용구, 의미, 상황, 추측, 단서, 짐작

1 도입 – 5분

1) 1차시에서 배운 내용을 떠올리게 한다.

2) 2차시의 주요한 내용을 소개한다.

2 주요 활동 I – 10분

1) 1번 활동을 수행한다.

- 🟢 선생님께서 무슨 말을 하세요? 의미를 알아요?
- 🟢 오딜은 무엇이 궁금해요? 손이 크다, 무슨 말이에요?

2) 교재 1)번에 제시된 국어사전의 내용을 읽게 한다.

- 🔵 국어사전을 찾았어요. '손'을 찾으면 돼요.
- 🟢 손이 크다, 무슨 뜻이에요? 함께 읽어요.
- 🟡 국립국어원의 한국어 기초 사전 사이트를 활용한다(https://krdict.korean.go.kr/mainAction). 학습자의 수준에 따

라서는 종이 사전 찾기를 가르칠 수 있다. 사전 찾는 방법을 기계적인 지식으로서 접근하지 않도록 한다.

3) '꼬마 수업'의 내용을 확인하고 설명한다. 예시를 통해 접근한다.

4) '어려운 말이 있어요? 확인해 봐요.' 항목을 확인하고 어휘 학습이 되도록 유도한다.

- 🟢 빨간색으로 표시된 말이 있어요. 무엇이에요?
- 🟢 어떻게 사용하는지 읽어 볼까요? 뜻을 알아요?

어휘 지식	
추측	어떤 사실이나 보이는 것을 통해서 다른 무엇을 미루어 짐작함. 예 추측이 맞다. 이건 내 추측인데, 저 두 사람이 서로 좋아하는 것 같아.

- 🟡 익힘책 활동은 교재 33쪽의 '단서', '짐작'까지 모두 배운 후 진행한다.

5) 교재에서 파란색으로 표시된 어휘를 확인한다.

- 🟢 파란색으로 표시된 말이 있어요. 무엇이에요?
- 🟢 의미, 상황 두 낱말이에요. 우리 함께 확인해 볼까요?

어휘 지식	
의미	말이나 글, 기호 등이 나타내는 뜻. 예 문장의 의미. 책에 나온 단어의 의미가 어렵다.
상황	일이 진행되어 가는 형편이나 모양. 예 주변 상황. 교차로의 교통 상황이 나쁘다는 말을 들었다.

- 🟡 파란색으로 표시된 어휘는 모든 경우에 따로 배우기보다는 경우에 따라 선택하여 배우도록 한다.

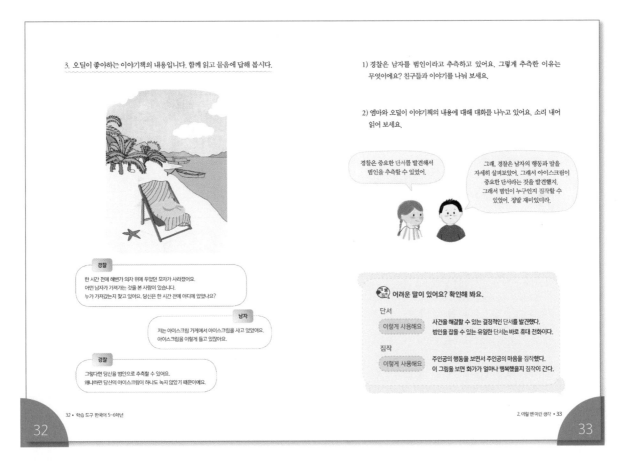

❸ 주요 활동 Ⅱ - 10분

1) 교재의 1번 활동과 연결시켜 설명한다. 관용구를 이해해서 대화의 상황을 추측하도록 한다.

　🔵 관용구가 또 나와요. 어떤 관용구예요? 밑줄 부분을 보세요.

　🔵 국어사전에서 '눈'을 찾아요. '손'을 찾으면서 '손이 크다'를 봤어요. '눈'을 찾으면 '눈을 의심하다'를 찾을 수 있어요.

　🟢 교사는 온라인 국어사전(한국어 기초 사전)을 학생들과 함께 보며 관용구를 찾을 수 있다. 아니면 '손'의 경우처럼 '눈'의 관용구를 칠판에 판서해 줄 수 있다.

> **관용구 눈을 의심하다**
>
> 잘못 보지 않았나 하여 믿지 않거나 이상하게 생각하다.
>
> · 가: 지수가 몰라보게 예뻐졌더라. 처음에 걔를 봤을 때는 지수가 아닌 줄 알았어.
>   나: 그러게 말이야. 나도 처음에는 내 눈을 의심했다니까?
> · 문형 1이 눈을 의심하다

2) 관용구의 의미를 판서나 온라인 사전을 통해 확인하고 함께 읽게 한다. 2)번의 밑줄 부분을 채우며 다시 말하게 할 수 있다.

❹ 주요 활동 Ⅲ - 10분

1) 본문에 제시된 3번 활동을 안내하고 수행하도록 한다.

　🔵 경찰이 남자를 범인으로 추측한 이유는 무엇이에요? 친구들과 이야기해 보세요.

2) 그림과 대화를 충분히 설명한다. 추측한 상황을 쉽게 설명해 준다.

　🔵 남자는 한 시간 전에 아이스크림을 사고 있었다고 말해요. 그런데 그 말은 거짓말이에요. 왜 그럴까요?

　🔵 남자가 한 시간 전에 아이스크림을 샀다면 그 아이스크림은 어떻게 되었을까요? 남자는 거짓말을 하고 있어요.

3) 교재의 2)번 내용을 따라 읽게 하며 범인을 추측하는 과정에서 생각할 수 있는 것을 확인한다.

　🔵 오딜의 말을 보세요. 경찰이 무엇을 했는지 설명하고 있어요.

4) '어려운 말이 있어요? 확인해 봐요.' 항목을 확인하고 어휘 학습이 되도록 유도한다.

어휘 지식	
단서	문제를 해결하는 데 도움이 되는 사실. 예 사건의 단서. 수사를 시작한 지 한 달이 지났지만 아직 아무런 단서도 나오지 않아 답답하다.
짐작	사정이나 형편 등을 어림잡아 생각함. 예 짐작이 맞다. 우리는 그의 말투로 그의 직업을 짐작할 수 있었다.

　🟢 익힘책 19~20쪽의 1번~5번 활동을 수행하도록 한다. 차시 정리 활동으로 활용할 수 있으며, 과제로 부여할 수 있다.

❺ 정리 - 5분

1) 관용구를 이해하거나 여러 가지 단서를 활용해서 상황을 추측하는 활동을 정리한다.

　🔴 관용구를 이해해서 대화 상황을 추측할 수 있어요. 어떤 관용구를 배웠어요?

　🔴 해변에서 모자를 가져간 범인을 어떻게 추측했어요? 경찰은 어떤 단서를 찾았어요?

2) 주요한 표현을 반복적으로 사용해 보도록 한다.

2단원 이럴 땐 이런 생각 • 27

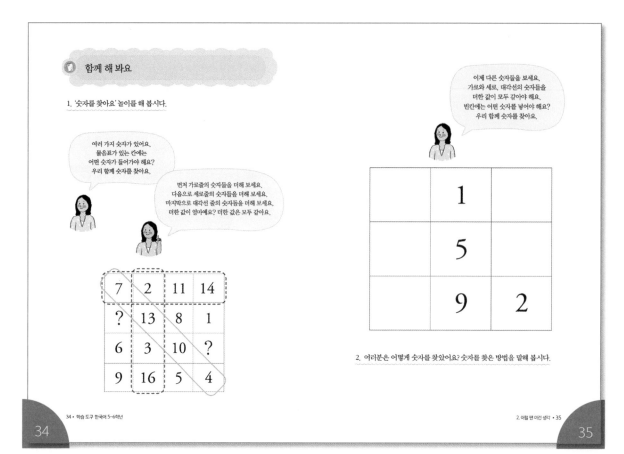

3차시

1 도입 – 5분

1) 3차시는 놀이 활동임을 환기시킨다. 또한 놀이에 알맞은 자리 배치나 학생 현황을 파악한다. 준비물을 미리 나눠 준다.

- 🔵 종이와 색연필을 준비해요. 그리고 둘씩 짝을 지어 앉아 볼까요?
- 🔵 숫자판을 보세요. 어떤 숫자가 있어요?
- 🟢 놀이 활동을 시작하기 전 학생들의 어휘 수준을 확인하고, 잘 모르는 어휘를 설명해 준다.

2) 단원의 주제와 놀이 활동의 연관성을 설명한다.

- 🔵 짐작하고 추리하는 것을 배웠어요. 추리를 하려면 어떤 생각을 해요?
- 🔵 숫자를 찾기 위해서는 어떤 생각을 해야 할까요?
- 🟢 놀이 활동과 단원의 주제인 '추론하기'를 연결시켜 설명하되, 학습자의 수준에 따라 추상적인 설명은 생략할 수 있다. 놀이에 흥미를 지니고 관련된 한국어 어휘와 표현을 익히고 사용해 보는 것을 우선 강조하여 지도한다.

2 놀이 설명 – 10분

1) 숫자판과 선생님의 말풍선 내용을 보며 어떤 놀이를 할지 생각해 본다.

- 🔵 선생님의 설명을 보세요. 함께 읽어 봐요.
- 🔵 두 번째 선생님의 설명을 보세요. 가로줄에는 어떤 숫자가 있어요. 더해 보세요. 세로줄과 대각선의 숫자들도 살펴보세요.

2) 놀이 방법을 확인한다.

- 🔵 이제 숫자를 찾아봐요. 두 번째 선생님의 설명을 보세요.
- 🔵 가로줄에 있는 숫자를 모두 더해요. 얼마예요? 세로줄은 어때요?
- 🟢 정확하게 한국어를 말하지 못해도 학생의 수준에 맞도록 자유롭게 말하면서 놀이에 참여하도록 한다. 지나치게 교정하지 않는다.

3 놀이하기(활동하기) 및 정리 – 25분

1) 숫자판의 숫자를 찾아서 채우도록 해 본다.

- 🔵 숫자를 찾기 시작해요. 가운데 있는 물음표 칸부터 할까요?
- 🔵 놀이를 할 때는 한국어를 사용하도록 노력해요. 할 수 있는 만큼 말해요.
- 🟢 교사는 학생들의 인지 수준에 맞게 놀이 활동을 운영한다. 더한 값이나 숫자 등을 미리 충분히 제시해 줄 수 있다. 아래와 같은 숫자 조합을 기준으로 학생들의 수준에 맞게 운영한다. 숫자를 찾는 데에 너무 집중하기보다는 찾으면서 적절한 한국어를 사용할 수 있도록 유도한다.

8	1	6
3	5	7
4	9	2

2) 놀이를 하면서 사용한 말들을 떠올려서 말해 본다.

- 🔵 가로줄의 숫자를 찾아요. 어떻게 숫자를 찾았어요?
- 🔵 숫자를 찾은 방법을 말할 수 있어요?
- 🟢 익힘책 21쪽의 1번과 2번을 수행하도록 한다.

3) 놀이 활동을 정리한다.

되돌아보기

1. 보기 에 있는 말을 아는 말과 모르는 말로 나눠 써 봅시다.

보기

어림   재다   측정   추측   단서   짐작
표시   정확히   의미   상황

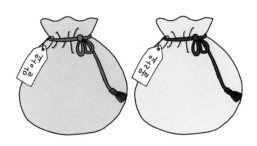

2. 모르는 말 중에서 하나를 골라요. 몇 쪽에 나와요? 말을 찾아서 읽어 봅시다.

3. 어림하거나 추측해서 생각해 봅시다.

1) 밤 한 톨의 무게를 어림해서 써 보세요. 이유를 생각해서 문장으로 써 보세요.

밤 한 톨의 무게는 _____ 일 것이다.

이유: _____

_____

2) 관용구의 의미를 생각하며 대화 상황을 추측해서 친구들과 이야기를 나눠 보세요.

여기 내가 은행잎을 가져왔어.

와, 너는 정말 손이 크구나.

4차시

1 도입 – 5분

1) 되돌아보기 차시의 성격을 설명하고 복습 활동의 대상이 되는 내용을 간략히 설명한다.

- 🅢 1번을 보세요. 보기에는 많은 말이 나와요. 배운 말이에요. 읽어 보세요.
- 🅢 3번을 보세요. 어림하거나 추측해서 말할 수 있어요?

2) 이미 배운 교재 내용을 다시 보도록 안내하거나 바로 본 차시 활동을 시작하게 할 수 있다.

2 되돌아보기 I – 10분

1) 1번 복습 활동을 수행한다. 〈보기〉의 어휘를 읽고 아는 어휘와 모르는 어휘를 찾게 한다.

- 🅢 알아요, 어떤 말을 써요? 몰라요, 어떤 말을 써요?
- 🅢 아는 말이 많아요, 모르는 말이 많아요? 제일 어려운 말은 무엇이에요?

2) 2번 활동을 하면서 모르는 어휘의 뜻을 다시 확인하도록 한다.

- 🅢 모르는 말은 다시 설명해 줄게요. 교재의 몇 쪽에 나오는지 볼까요?
- 🅢 여러분이 먼저 교재를 찾아보세요. 몇 쪽에 나와요? 찾아서 읽어 보세요.

3 되돌아보기 II – 20분

1) 3번 복습 활동을 수행한다. 1)번 활동에서는 어림하거나 추측해서 살펴보게 한다.

- 🅢 밤이에요. 밤은 한 톨, 이렇게 말해요. 한 톨의 무게를 어림할 수 있어요?
- 🅢 이유, 까닭을 말해 보세요. 그리고 써 보세요.

2) 관용구의 의미를 떠올리며 2)번 복습 활동을 수행하게 한다.

- 🅢 관용구가 뭐예요? 어떤 관용구를 배웠어요?
- 🅢 손이 크다, 어떤 뜻이에요?
- 🅢 배웠던 내용을 떠올리며 친구들과 이야기 나눠 보세요.

4 정리 – 5분

1) 단원을 공부하며 든 느낌이나 생각을 이야기한다.

2) 배운 한국어 어휘와 표현에 초점을 두고 떠올릴 수 있도록 유도한다.

3단원 • 계획하고 실행하고

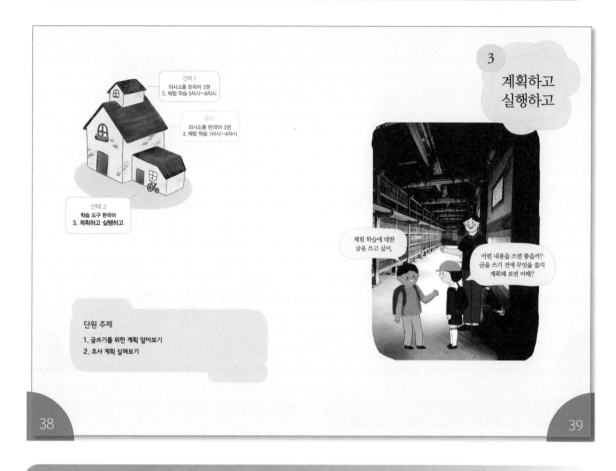

단원의 개관

　'계획하고 실행하고' 단원은 초등학교 5학년이나 6학년 학생들이 교과 학습에 바탕이 되는 '조사하기'를 중심으로 한국어 어휘와 표현을 배울 수 있도록 구성했다. 이를 위해 '글쓰기를 위한 계획 알아보기', '조사 계획 살펴보기'를 단원의 주제로 설정했고 '묻고 답하기 놀이'를 놀이 활동으로서 제시했다. 단원 주제는 5~6학년군의 국어, 수학, 과학, 사회 교과 학습과 관련된 사고 활동 및 읽거나 쓰는 문식 활동의 주제가 된다. 주제별 학습은 1차시와 2차시에 주로 이루어지며 개념과 지식을 다루거나 용례를 제시하는 어휘 내용을 포함하고 있다. 이러한 어휘 내용은 '한국어 교육 과정'의 5~6학년군 학습 도구 어휘 목록에서 단원 주제에 맞게 선별된 것이다. 단원마다 주제와 관련된 놀이/협동 활동을 3차시에 제시했으며 4차시는 배운 내용을 복습하는 활동으로 마무리하도록 했다.

　이 단원은 생활 한국어 능력 중급(3급)의 학습자가 선택할 수 있는 활동과 어휘 내용으로 구성되었다. 따라서 〈의사소통 한국어〉 교재 3권 3단원('체험 학습') 필수 차시를 모두 배운 학생을 대상으로 하는 선택 차시로 운영될 수 있다. 학습자의 숙달도에 맞는 어휘 및 쓰기 연습 활동은 익힘책 활동을 병행하여 수행할 수 있도록 했다.

단원의 목표와 내용

1) 단원의 목표

◆ 글쓰기를 위한 계획을 알고 한국어 어휘와 표현을 사용하여 수행해 볼 수 있다.

◆ 조사 계획표에 들어갈 내용을 알고 한국어 어휘와 표현을 사용하여 수행해 볼 수 있다.

2) 단원의 주요 내용

주제	1. 글쓰기를 위한 계획 알아보기 2. 조사 계획 살펴보기		
	교재 활동	**어휘 내용**	**교수·학습 특성**
학습 도구 어휘	🦉 부엉이 선생님	글쓰기 계획	개념 이해 (교과 연계 및 익힘책 활용)
	✏️ 꼬마 수업	꽃과 열매	개념 이해 (교과 연계)
	💬 어려운 말이 있어요? 확인해 봐요.	계획, 개요, 보존, 조사, 실행, 파악	용례 학습 어휘 연습 (익힘책 활용)
	선택 어휘 (파란색 표시)	내용, 글의 짜임, 자료, 알아보다, 드러나다	어휘 연습 (익힘책 활용)

● 차시 전개 과정

1) 차시의 흐름

차시	주제	학습 내용	교재 쪽수	익힘책 쪽수
1	글쓰기를 위한 계획 알아보기	1. 아래의 글을 읽고 물음에 답해 봅시다. 2. 빈칸에 들어갈 알맞은 문장을 〈보기〉에서 골라 개요를 완성해 봅시다.	40~41	22~23
2	조사 계획 살펴보기	1. 그림을 살펴보고 물음에 답해 봅시다. 2. 조사 계획표를 살펴보고 물음에 답해 봅시다. 3. 조사 계획에 따라 조사한 자료를 보고, 조사 계획표를 완성해 봅시다.	42~45	24~26
3	놀이/협동 학습	1. 묻고 답하기 놀이를 해 봅시다. 2. 놀이한 것을 떠올리며 계획표를 완성해 봅시다.	46~47	27
4	정리 학습	1. 아는 낱말에 ○표 해 봅시다. 2. 위의 낱말을 사용하여 빙고 놀이를 해 봅시다. 3. 〈보기〉에서 알맞은 문장을 골라 글쓰기 계획표를 완성해 봅시다. 4. 〈보기〉에서 알맞은 문장을 골라 조사 계획표를 완성해 봅시다.	48~49	

2) 차시별 교수·학습 활동

◆ 1차시 및 2차시: 단원의 주제에 맞는 읽기(특히 소리 내어 읽기)나 쓰기 활동을 제시했다. 또한 생각을 주고받는 말하기나 발표하기 등의 수업 활동을 경험할 수 있도록 과제를 제시했다. 익힘책 활동이 연계된다.

◆ 3차시: 단원의 주제와 관련된 놀이나 협동 활동을 제시했다. 놀이나 협동 과정에서 사용한 어휘, 문장을 활용하는 쓰기와 말하기 활동이 함께 제시되었다. 익힘책 활동이 연계된다.

◆ 4차시: 단원의 어휘 및 주제별 학습 내용을 정리, 복습하는 활동을 제시했다. 복습 활동 위주의 차시로서 익힘책 활동은 따로 연계되지 않는다.

● 단원 지도상의 유의점

◆ 학습에 필요한 어휘를 배우는 활동과 문식력 강화 활동이 이루어지도록 운영한다.

◆ 글쓰기 전에 글쓰기 계획을 세우면 좋은 점을 알 수 있도록 지도한다.

◆ 조사하기 전에 조사 계획을 세우면 좋은 점을 알 수 있도록 지도한다.

◆ 놀이의 승패보다는 알고 싶은 내용을 묻고 답하는 활동 자체에 의미를 두어 지도한다.

◆ 학습 도구 어휘의 경우 추상성이 강하므로 명시적으로 설명하기보다는 활동 과정에서 경험을 통해 익힐 수 있도록 한다.

1차시

주제
글쓰기를 위한 계획 알아보기
주요 활동
1. 아래의 글을 읽고 물음에 답해 봅시다.
2. 빈칸에 들어갈 알맞은 문장을 〈보기〉에서 골라 개요를 완성해 봅시다.
학습 도구 어휘
계획, 내용, 글의 짜임, 개요, 보존, 글쓰기 계획

1 도입 – 5분

1) 단원 도입 모듈에 제시된 〈의사소통 한국어〉 연계 단원 이름을 본다. 〈의사소통 한국어〉 교재에서 배웠던 내용을 간략히 정리해 주거나, 〈의사소통 한국어〉 주제를 활용하여 생활 한국어 이해 수준을 간략히 확인한다.

- 선 여러분, 여기 예쁜 집이 있어요.
  여러분이 배워야 할 한국어들이 잘 모이면 이렇게 예쁜 집이 돼요.
- 선 체험 학습을 다녀와 본 경험이 있나요?
- 유 도입 모듈에 대한 설명이나 활동은 최대한 간략하게 하며, 경우에 따라 생략할 수 있다.

2) 단원 도입 그림을 보면서 단원의 주제와 학습 목표, 대략적인 단원 학습 내용을 살펴본다.

- 선 다니엘과 유키는 어디에 있어요? 무엇을 하고 있어요?
- 선 다니엘은 무엇을 하고 싶어 해요? 다니엘의 말을 읽어 보세요.
- 선 유키가 무엇을 하자고 했어요? 유키의 말을 읽어 보세요.
- 유 도입 단계에서 학습자들의 수준을 판별하여 차시 활동이나 추후 익힘책 활동 등을 선택적으로 운영할 수 있도록 한다.

2 주요 활동 I – 20분

1) 첫 번째 활동에 대하여 안내한다.

- 선 글을 쓰기 전에 무엇을 하면 좋을까요?

2) 교사가 교재의 내용을 읽어 주고, 이해를 확인한다.

- 선 글을 쓰기 전에 계획을 세우면 무엇을 생각해 볼 수 있어요?
- 선 해인사에서 보거나 들어서 알게 된 점은 무엇이에요?
- 선 해인사를 다녀와서 어떤 생각이나 느낌이 들었어요?

3) 교재에서 파란색으로 표시된 어휘를 확인한다.

- 선 파란색 어휘가 있어요. 무엇이에요?
- 선 쓸 내용과 글의 짜임을 미리 생각해 볼 수 있습니다, 내용, 글의 짜임 알아요?

어휘 지식

내용 [내:용]	말, 글, 그림, 영화 등의 줄거리. 또는 그것들로 전하고자 하는 것. 예 이 동화책의 내용이 마음에 들어. 영화의 중요한 내용을 정리해 보자.

글쓰기를 위한 계획 알아보기

1. 아래의 글을 읽고 물음에 답해 봅시다.

글을 쓰기 전에 계획을 세우면 쓸 내용과 글의 짜임을 미리 생각해 볼 수 있습니다. 글을 쓰기 전에 중요한 내용을 적어 놓은 계획을 '개요'라고 부르기도 합니다. 해인사로 체험 학습을 다녀와서 쓴 글쓰기 계획표를 살펴봅시다.

장소	해인사
날짜	20○○년 ○○월 ○○일
보거나 들어서 알게 된 점	해인사에는 대장경판이 보관되어 있다는 것을 알게 되었다.
생각이나 느낌	우리의 문화재를 보존하기 위해 노력해야겠다.

1) 글을 쓰기 전에 미리 생각해야 하는 것은 무엇인지 찾아 읽어 보세요.

2) 체험 학습을 다녀와서 글을 쓸 때는 어떤 내용을 써야 해요?

글쓰기 계획

글을 쓰기 전에 계획을 세우면 읽는 사람이 이해하기 쉬운 글을 쓸 수 있어요. 글쓰기 계획을 세울 때는 '왜 글을 쓰는지', '글의 주제는 무엇인지', '글을 읽을 사람은 누구인지' 생각해야 해요.

짜임	조직이나 구성. 예 예전보다 글의 짜임이 많이 좋아졌구나. 장갑의 짜임이 촘촘해서 따뜻해.

- 유 파란색으로 표시된 어휘는 모든 경우에 따로 배우기보다는 경우에 따라 선택하여 배우도록 한다. 먼저 학습자들에게 파란색 표시 어휘에 집중하도록 유도하고 이해를 확인한 후 익힘책 23쪽의 3번, 4번을 수행하도록 한다. 익힘책 활동은 과제로 부여할 수 있다.

- 유 익힘책 23쪽 3번은 교사가 읽어 주거나 짝 활동을 통해 서로 읽어 줄 수 있도록 한다.

4) 교재의 흐름을 자연스럽게 따라가면서 1번 활동을 함께 수행한다.

- 선 글을 쓰기 전에 미리 생각해야 하는 것을 찾아 읽어 보세요.
- 선 체험 학습을 다녀와서 글을 쓸 때는 어떤 내용을 써야 해요?

5) '부엉이 선생님'의 내용을 확인하고 설명한다. 예시를 통해 접근한다.

- 선 '부엉이 선생님'에는 어떤 내용이 있어요? 소리 내어 읽어 봐요.

어려운 말이 있어요? 확인해 봐요.

계획

이렇게 사용해요	방학 계획을 세워 놓고 지키지 못했다. 여행을 가서 무엇을 할지 계획은 정했니?

개요

이렇게 사용해요	글을 쓰기 전에 간단하게 개요를 작성했다. 중요한 사건을 개요로 정리해서 외우는 게 어때?

보존

이렇게 사용해요	대장경판이 잘 보존되어 있다. 다음 세대를 위해 문화재 보존에 힘써야 한다.

2. 빈칸에 들어갈 알맞은 문장을 보기 에서 골라 개요를 완성해 봅시다.

보기

- 참성단은 단군왕검이 하늘에 제사를 지내던 곳이라는 것을 알게 되었다.
- 마니산 정상에서 본 바다가 아름다웠다.

장소	강화도 마니산
날짜	20○○년 ○○월 ○○일
보거나 들어서 알게 된 점	
생각이나 느낌	

3. 계획하고 실행하고 • 41

41

보존 [보:존]	중요한 것을 잘 보호하여 그대로 남김. 예 이 고인돌은 잘 보존이 되어 있어.

- 🐟 '계획'과 '보존'은 '계획하다', '보존하다'의 파생어 형태로도 많이 사용된다. "계획은 '계획하다'로도 많이 사용돼요."와 같이 사용의 방법으로 설명을 더해 줄 필요가 있다.

- 🐟 익힘책 22쪽의 1번, 2번을 쓰게 한다. 경우에 따라 과제로 부여할 수 있다.

3 주요 활동 II - 10분

1) 두 번째 활동에 대하여 안내한다.

   🦉 글쓰기 계획표를 보세요. 무엇이 빠져 있어요?

2) 〈보기〉의 문장을 읽고 내용을 파악하게 한다.

   🦉 〈보기〉의 문장을 읽어 보세요. 어려운 말이 있어요?

3) 글쓰기 계획표의 빈칸에 알맞은 문장을 〈보기〉에서 찾아 쓰도록 한다.

   🦉 〈보기〉의 문장 중 보거나 들어서 알게 된 점은 무엇이에요?

   🦉 〈보기〉의 문장 중 생각이나 느낀 점은 무엇이에요?

4 정리 - 5분

1) 1번 활동으로 돌아가서 주요한 표현을 반복적으로 사용해 보도록 한다.

   🦉 체험 학습을 다녀와서 글을 쓸 때 어떤 내용을 써야 해요?

2) 2번 활동으로 돌아가서 주요한 표현을 반복적으로 사용해 보도록 한다.

   🦉 보거나 들어서 알게 된 점은 무엇이에요? 생각이나 느낌은 무엇이에요?

🦉 글쓰기 계획을 세우면 어떤 점이 좋아요?

🦉 글쓰기 계획을 세울 때는 무엇을 생각해야 해요?

🐟 '부엉이 선생님' 활동에서는 차시 주제와 관련된 주요한 언어 기능이나 개념을 소개한다. 부엉이 선생님에 제시된 내용은 다소 어렵거나 추상적일 수 있기 때문에, 되도록 쉽게 설명해 주고, 실제 교과에서 사용되는 이미지나 예시 등을 가지고 설명해 주도록 한다.

🐟 '부엉이 선생님' 내용을 충분히 설명한 후에 익힘책 23쪽의 5번을 수행하도록 한다. 과제로 부여할 수 있다.

6) '어려운 말이 있어요? 확인해 봐요.' 항목을 확인하고 어휘 학습이 되도록 유도한다.

   🦉 어려운 말이에요. 어떻게 사용하는지 볼까요? 읽어 보세요. 낱말의 뜻을 알아요?

어휘 지식	
계획 [계:획/게:훽]	앞으로의 일을 자세히 생각하여 정함. 예 방학 때 무엇을 할지 계획은 정했니?
개요 [개:요]	전체 내용 중에서 주요 내용을 뽑아 간략히 정리한 것. 예 무슨 일이 일어났는지 사건의 개요를 받아 적었다.

조사 계획 살펴보기

1. 그림을 살펴보고 물음에 답해 봅시다.

유키, 옷에 까만 것이 묻었어.

어, 이게 뭐지?

잘 안 떨어져.

옷에 도깨비바늘이 붙었구나.

도깨비바늘이 뭐지?

도깨비바늘에 대해 조사해 보아야겠다. 무슨 내용을 어떻게 조사할지 계획을 먼저 세우고 실행해 보자.

1) 유키가 조사해 보고 싶은 것은 무엇이에요?

2) 조사하기 전에 무엇을 하려고 해요?

2. 조사 계획표를 살펴보고 물음에 답해 봅시다.

조사 계획표

	도깨비바늘
	여러 가지 자료를 찾아 도깨비바늘에 대해 알아보기
조사 기간	20○○년 ○○월 ○○일 ~ ○○월 ○○일
	• 도깨비바늘의 생김새를 파악할 수 있는 자료 • 도깨비바늘의 꽃과 열매의 모습을 보여 주는 자료
조사 방법	식물도감 찾아보기, 인터넷 검색하기, 어른들께 여쭤보기 등
조사 결과 정리 방법	도깨비바늘의 생김새가 잘 드러나는 사진도 함께 붙이는 것이 좋겠음

1) 빈칸에 들어갈 내용을 보기 에서 찾아 써 보세요.

보기

조사 목적   조사 주제   조사 내용

2) 어떤 방법으로 조사하기로 했는지 찾아 읽어 보세요.

42 • 학습 도구 한국어 5~6학년

3. 계획하고 실행하고 • 43

2차시

주제
조사 계획 살펴보기

주요 활동
1. 그림을 살펴보고 물음에 답해 봅시다.
2. 조사 계획표를 살펴보고 물음에 답해 봅시다.
3. 조사 계획에 따라 조사한 자료를 보고, 조사 계획표를 완성해 봅시다.

학습 도구 어휘
조사, 실행, 자료, 알아보다, 파악, 드러나다, 꽃과 열매

1 도입 - 5분

1) 단원의 학습 주제를 다시 설명하고, 1차시에서 배운 내용을 떠올리게 한다.
- 체험 학습을 다녀와서 글을 쓰기 전에 무엇을 하면 좋아요?
- 한국어 어휘와 표현에 초점을 두도록 유도한다.

2) 1차시 내용에 대한 이해 정도를 확인하며 2차시 내용에 대하여 안내한다.
- 글쓰기 계획표에는 어떤 내용을 쓸까요?
- 조사 계획표에는 어떤 내용을 쓸까요?
- 학습자들의 학습 경험을 확인하고, 한국어 이해 수준과 표현 수준을 확인하여 차시 내용을 운영하도록 한다.

2 주요 활동 I - 5분

1) 첫 번째 활동에 대하여 안내한다.

- 그림을 살펴보세요. 다니엘과 유키가 무엇에 대해 이야기를 하고 있어요?

2) 그림을 살펴보고 1번 활동을 함께 수행한다.
- 유키의 옷에 무엇이 붙었어요?
- 유키가 조사해 보고 싶은 것은 무엇이에요?
- 유키는 조사하기 전에 무엇을 하려고 해요?

3 주요 활동 II - 18분

1) 두 번째 활동에 대하여 안내한다.
- 도깨비바늘 조사 계획표에 어떤 내용이 있는지 함께 읽어 봅시다.

2) 교재의 흐름을 자연스럽게 따라가면서 2번 활동을 함께 수행한다.
- 빈칸에 들어갈 내용을 〈보기〉에서 골라 써 보세요.
- 조사 주제는 무엇이에요?/무엇을 조사하기로 했어요?
- 조사 목적은 무엇이에요?/조사를 하는 목적은 무엇이에요?
- 조사 내용은 무엇이에요?/어떤 내용을 조사하기로 했어요?

3) 교재에서 파란색으로 표시된 어휘를 확인한다.
- 파란색 어휘가 있어요. 무엇이에요?

어휘 지식	
자료	연구나 조사를 하는 데 기본이 되는 재료. 예 컴퓨터가 고장이 나서 조사한 자료가 없어졌다. 인터넷으로 필요한 자료를 찾아봤다.
알아보다 [아라보다]	모르는 것을 알려고 살펴보거나 조사하다. 예 다니엘이 어디 사는지 한번 알아보고 말해 줄게. 여행 정보를 인터넷으로 알아봤다.

34 • 학습 도구 한국어 교사용 지도서 5~6학년

✏️ 꼬마 수업 꽃과 열매

식물의 종류에 따라 다양한 모양과 색깔의 꽃이 피어요. 꽃에서 씨가
만들어지면, 씨를 싸고 있는 부분은 열매가 돼요. 우리가 먹는 사과가
열매예요. 다 자란 열매의 씨는 다양한 방법으로 퍼져요. 도깨비바늘은
동물의 몸에 달라붙어 퍼져요.

🧐 어려운 말이 있어요? 확인해 봐요.

조사
| 이렇게 사용해요 | 궁금한 것이 생겼을 때는 조사를 해요.
우리 반 친구들이 좋아하는 음식을 조사했다. |

실행
| 이렇게 사용해요 | 학급 회의에서 결정한 내용을 실행했다.
다니엘은 목표를 정하면 바로 실행에 옮긴다. |

파악
| 이렇게 사용해요 | 실험이 잘못된 원인을 파악해 보았다.
오딜은 눈치가 빨라서 분위기 파악을 잘해. |

3. 조사 계획에 따라 조사한 자료를 보고, 조사 계획표를 완성해 봅시다.

조사 계획표

조사 주제	다양한 식물의 뿌리
조사 목적	여러 가지 자료를 찾아 다양한 모습의 식물 뿌리 알아보기
조사 기간	20○○년 ○○월 ○○일 ~ ○○월 ○○일
조사 내용	
조사 방법	
조사 결과 정리 방법	식물의 뿌리 모습이 잘 드러나는 사진도 함께 붙이는 것이 좋겠음.

조사한 자료

고구마는 물과 양분을 뿌리에
저장하기 때문에 뿌리가 크고
굵습니다.

물에 사는 맹그로브는 뿌리
일부가 물 위로 나와 있습니다.

44 • 학습 도구 한국어 5~6학년

44

3. 계획하고 실행하고 • 45

45

| 드러나다 | 다른 것보다 두드러져 보이다.
예 그 가수는 드러나게 노래를 잘해요.
특징이 잘 드러나는 그림이에요. |
| --- | --- |

🔵 파란색으로 표시된 어휘는 모든 경우에 따로 배우기보다는
경우에 따라 선택하여 배우도록 한다. 먼저 학습자들에게
파란색 표시 어휘에 집중하도록 유도하고 이해를 확인한 후
익힘책 25쪽의 3번, 4번을 수행하도록 한다. 익힘책 활동
은 과제로 부여할 수 있다.

4) '꼬마 수업'의 내용을 설명한다.

🔴 '꼬마 수업'을 읽어 볼까요?

🔴 도깨비바늘 열매는 어떻게 퍼져요?

🔵 '꼬마 수업' 활동에서는 차시 내용에서 다룬 특정한 주요 교
과의 학습 개념을 소개한다. 그 교과의 수업 시간(예: 과학
시간)을 그대로 재현하며 지도하는 것이 좋다. 뇌노록 그 교
과의 수업 장면을 경험해 볼 수 있도록 실제 교과에서 사용
되는 이미지나 예시 등을 가지고 설명해 주도록 한다. 학생
의 수준에 따라 진행한다.

5) '어려운 말이 있어요? 확인해 봐요.' 항목을 확인하고
어휘 학습이 되도록 유도한다.

🔴 어려운 말이에요. 어떻게 사용하는지 볼까요? 읽어 보세
요. 낱말의 뜻을 알아요?

어휘 지식

| 조사 | 어떤 일이나 사물의 내용을 알기 위하여 자세히 살펴보거
나 찾아봄.
예 조사 결과, 우리 반 친구들은 하늘색을 가장 좋아해. |
| --- | --- |
| 실행 | 실제로 행함.
예 계획한 내용이 실행 가능한지 생각해 보자. |
| 파악 | 어떤 일이나 대상의 내용을 확실하게 이해하여 앎.
예 선생님은 버스가 출발하기 전에 차에 탄 학생들의 수를
파악하셨다. |

🔵 '조사'는 '조사하다'의 파생어 형태로도 많이 사용된다. "조
사는 '조사하다'로도 많이 사용돼요."와 같이 사용의 방법으
로 설명을 더해 줄 필요가 있다.

🔵 익힘책 24쪽의 1번, 2번을 수행하도록 한다. 경우에 따라
과제로 부여할 수 있다.

4 주요 활동 Ⅲ - 10분

1) 교사가 교재의 내용을 읽어 주고, 이해를 확인한다.

🔴 조사한 자료를 읽어 보세요. 무엇을 조사했어요?

🔴 조사 계획표를 살펴보세요. 어떤 내용이 비어 있어요?

2) 교재의 흐름을 자연스럽게 따라가면서 3번 활동을 함
께 수행한다..

🔴 조사한 내용은 무엇이에요?

🔴 어떤 방법으로 조사했어요?

5 정리 - 2분

1) 완성한 조사 계획표에 대해 묻고 답하며 2차시 내용을
정리한다.

🔴 어떤 내용을 조사했는지 묻고 답해 보세요.

🔴 어떤 방법으로 조사했는지 묻고 답해 보세요.

2) 2번 활동으로 돌아가서 주요한 표현을 반복적으로 사
용해 보도록 한다.

🔴 조사 주제와 조사 목적, 조사 내용, 조사 방법에 대해 짝
과 묻고 답해 보세요.

🔵 정리 활동으로서 익힘책 26쪽 5번을 이어서 수행하도록 하
거나 과제로 부여할 수 있다.

3단원 계획하고 실행하고 • 35

함께 해 봐요

1. 묻고 답하기 놀이를 해 봅시다.

생각하거나 느낀 점은 무엇이니?

우리 문화재가 자랑스럽다고 느꼈어.

똑같아!

무슨 계획을 세웠니?

글쓰기 계획을 세웠어.

2. 놀이한 것을 떠올리며 계획표를 완성해 봅시다.

글쓰기 계획표		조사 계획표	
장소		조사 주제	
보거나 들어서 알게 된 점		조사 내용	
생각이나 느낌		조사 방법	

3차시

1 도입 – 5분

1) 3차시는 놀이 활동임을 환기시킨다. 또한 놀이에 알맞은 자리 배치나 학생 현황을 파악한다.

- 🔵 선생님께서 나눠 주시는 종이를 살펴봅시다. 어떤 내용이 쓰여 있어요?

- 🟢 놀이 활동을 시작하기 전 부록의 글쓰기 계획표와 조사 계획표를 살펴보며 학생들의 어휘 수준을 확인하고, 잘 모르는 어휘를 설명해 준다.

2) 놀이 활동과 단원의 주제가 가진 연관성을 설명한다.

- 🔵 친구가 어떤 종이를 가지고 있는지 조사하는 놀이를 해 볼까요?

- 🟢 놀이 활동과 단원의 주제인 '조사하기'를 연결시켜 설명하되, 학습자의 수준에 따라 추상적인 설명은 생략할 수 있다. 놀이에 흥미를 지니고 관련된 한국어 어휘와 표현을 익히고 사용해 보는 것을 우선 강조하여 지도한다.

2 놀이 설명 – 5분

1) 그림을 보며 어떤 놀이를 할지 생각해 본다.

- 🔵 다니엘과 유키가 무엇을 하고 있는지 살펴보세요.
- 🔵 다니엘이 유키에게 무엇을 묻고 있어요?
- 🔵 유키는 어떻게 대답했어요?

2) 놀이 방법을 확인한다.

- 🔵 묻고 답하기 놀이를 하는 방법을 잘 들어 보세요.

놀이 방법

1. 선생님께서 나눠 주시는 종이 중 하나를 골라 짝의 등에 붙인다.
2. 교실을 돌아다니다가 선생님의 신호를 들으면 멈춘다.
3. 가장 가까이 있는 친구와 서로의 등에 붙어 있는 종이의 내용을 확인한다.
4. 서로 묻고 답하며 등에 붙어 있는 종이가 같은 것인지 확인한다.
5. 내용이 모두 같다면 동시에 '똑같아'라고 외친다. 그렇지 않다면 선생님의 신호에 맞춰 다시 이동한다.
6. 모든 사람이 같은 종이를 등에 붙인 사람을 찾으면 게임이 끝난다.

- 🟢 지도서 부록의 표를 활용하여 게임할 수 있도록 한다.

- 🟢 정확하게 한국어를 말하지 못해도 학습자의 수준에 맞도록 자유롭게 말하면서 놀이에 참여하도록 한다. 지나치게 교정하지 않는다.

3 놀이하기(활동하기) 및 정리 – 30분

1) 놀이 방법에 따라 묻고 답하기 놀이를 한다. 부록

2) 놀이를 하면서 사용한 말들을 떠올려서 말해 본다.

- 🔵 친구에게 무엇을 물어봤어요?
- 🔵 어떻게 대답했어요?

3) 등에 붙인 종이를 바꾸어 다시 한번 놀이를 한다.

4) 놀이한 것을 떠올리며 계획표를 완성하게 한다.

- 🟢 쓰기 시간을 내기 어려우면 과제로 부여할 수 있다.

5) 놀이 활동을 정리한다.

- 🔵 놀이를 하면서 어떤 말을 했어요? 무슨 말이 어려웠어요? 어떤 말이 재미있었어요?

- 🟢 정리 활동으로서 익힘책 27쪽 1번, 2번을 이어서 수행하도록 하거나 과제로 부여할 수 있다.

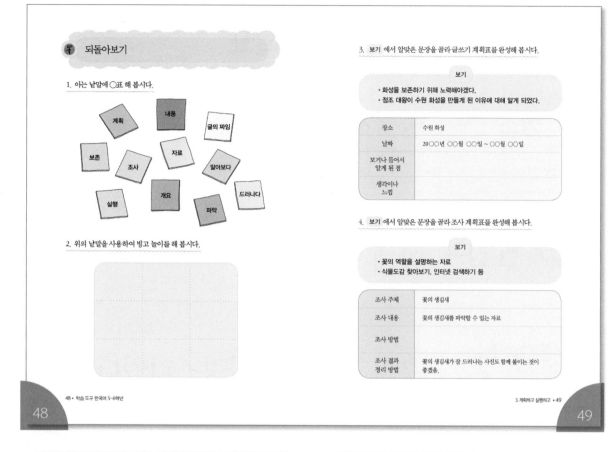

되돌아보기

1. 아는 낱말에 ○표 해 봅시다.

계획 내용 글의 짜임
보존 자료 조사 알아보다
실행 개요 드러나다 파악

2. 위의 낱말을 사용하여 빙고 놀이를 해 봅시다.

---

3. 보기 에서 알맞은 문장을 골라 글쓰기 계획표를 완성해 봅시다.

보기
• 화성을 보존하기 위해 노력해야겠다.
• 정조 대왕이 수원 화성을 만들게 된 이유에 대해 알게 되었다.

장소	수원 화성
날짜	20○○년 ○○월 ○○일 ~ ○○월 ○○일
보거나 들어서 알게 된 점	
생각이나 느낌	

4. 보기 에서 알맞은 문장을 골라 조사 계획표를 완성해 봅시다.

보기
• 꽃의 역할을 설명하는 자료
• 식물도감 찾아보기, 인터넷 검색하기 등

조사 주제	꽃의 생김새
조사 내용	꽃의 생김새를 파악할 수 있는 자료
조사 방법	
조사 결과 정리 방법	꽃의 생김새가 잘 드러나는 사진도 함께 붙이는 것이 좋겠음.

48 • 학습 도구 한국어 5~6학년

48

3. 계획하고 실행하고 • 49

49

4차시

1 도입 - 5분

1) 되돌아보기 차시의 성격을 설명하고 복습 활동의 대상이 되는 내용을 간략히 설명한다.

- 🔵 1번을 보세요. 배운 낱말이에요. 읽어 보세요.
- 🔵 3, 4번을 보세요. 무엇에 대해 조사한 것 같아요?

2) 3차시까지 배운 내용을 확인한다.

- 🔴 배운 낱말을 사용해서 문장을 만들고 말해 보세요.
- 🔴 글쓰기 계획표에는 어떤 내용을 적었어요?
- 🔴 조사 계획표에는 어떤 내용을 적었어요?

2 되돌아보기 I - 15분

1) 1번 복습 활동을 수행한다. 제시된 어휘를 읽고 아는 어휘와 모르는 어휘를 찾게 한다.

- 🔵 아는 낱말에 ○표 해 보세요.
- 🔴 교재에서 모르는 낱말이 나온 부분을 찾아 읽어 보세요.
- 🔴 제일 어려운 낱말은 무엇이에요?

2) 빙고 놀이를 하면서 배운 낱말을 사용해 보도록 한다.

- 🔵 빙고 칸에 배운 낱말을 쓰세요.
- 🔴 지울 낱말을 돌아가며 한 개씩 말해 보세요.
- 🟢 학생들의 수준에 따라 지울 낱말을 학생들이 말할 수도 있고, 교사가 말할 수도 있다. 빙고의 수도 학생들의 수준에 따라 정한다.

3 되돌아보기 II - 18분

1) 3번 복습 활동을 수행한다. 〈보기〉에서 알맞은 문장을 골라 글쓰기 계획표를 완성하도록 한다.

- 🔴 〈보기〉의 문장을 읽어 보세요. 어려운 말이 있어요?
- 🔴 보거나 들어서 알게 된 점은 무엇이에요?
- 🔴 생각이나 느낌에 들어갈 알맞은 문장은 무엇이에요?

2) 4번 복습 활동을 수행한다. 〈보기〉에서 알맞은 문장을 골라 조사 계획표를 완성하도록 한다.

- 🔴 〈보기〉의 문장을 읽어 보세요. 어려운 말이 있어요?
- 🔴 어떤 방법으로 조사할 수 있어요?

3) 짝과 완성한 글쓰기 계획표와 조사 계획표에 대해 묻고 답하며 조사 활동을 수행한다.

4 정리 - 2분

1) 단원을 공부하며 든 생각이나 느낌을 이야기한다.

2) 한국어 어휘와 표현에 초점을 두어 배운 내용을 떠올릴 수 있도록 유도한다.

3단원 계획하고 실행하고 • 37

글쓰기 계획표

장소	불국사
보거나 들어서 알게 된 점	불국사를 만들게 된 이유에 대해 알게 되었다.
생각이나 느낌	우리 문화재가 자랑스러웠다.

글쓰기 계획표

장소	불국사
보거나 들어서 알게 된 점	불국사에 석가탑과 다보탑이 있다는 것을 알게 되었다.
생각이나 느낌	신라 시대의 문화재가 아름다웠다.

조사 계획표

조사 주제	다양한 식물의 뿌리
조사 내용	감자 뿌리의 생김새를 파악할 수 있는 자료
조사 방법	식물도감 찾아보기

조사 계획표

조사 주제	다양한 식물의 뿌리
조사 내용	옥수수 뿌리의 모습을 알 수 있는 자료
조사 방법	인터넷 검색하기

4단원 • 나란히 놓고 보면

단원의 개관

'나란히 놓고 보면' 단원은 초등학교 5학년이나 6학년 학생들이 교과 학습에 바탕이 되는 '비교하기'를 중심으로 한국어 어휘와 표현을 배울 수 있도록 구성했다. 이를 위해 '공통점과 차이점을 찾는 활동 이해하기', '차이점을 확인하며 사물을 살펴보기'를 단원의 주제로 설정했고 '주사위 놀이'를 놀이 활동으로서 제시했다. 단원 주제는 5~6학년군의 국어, 수학, 과학, 사회 교과 학습과 관련된 사고 활동 및 읽거나 쓰는 문식 활동의 주제가 된다. 주제별 학습은 1차시와 2차시에 주로 이루어지며 개념과 지식을 다루거나 용례를 제시하는 어휘 내용을 포함하고 있다. 이러한 어휘 내용은 '한국어 교육과정'의 5~6학년군 학습 도구 어휘 목록에서 단원 주제에 맞게 선별된 것이다. 단원마다 주제와 관련된 놀이/협동 활동을 3차시에 제시했으며 4차시는 배운 내용을 복습하는 활동으로 마무리하도록 했다.

이 단원은 생활 한국어 능력 중급(3급)의 학습자가 선택할 수 있는 활동과 어휘 내용으로 구성되었다. 따라서 〈의사소통 한국어〉 교재 3권 4단원('숙제') 필수 차시를 모두 배운 학생을 대상으로 하는 선택 차시로 운영될 수 있다. 학습자의 숙달도에 맞는 어휘 및 쓰기 연습 활동은 익힘책 활동을 병행하여 수행할 수 있도록 했다.

단원의 목표와 내용

1) 단원의 목표
◆ 공통점과 차이점을 찾는 활동을 이해하고 한국어 어휘와 표현을 사용하여 수행해 볼 수 있다.
◆ 한국어 어휘와 표현을 사용하여 차이점을 중심으로 사물을 살펴볼 수 있다.

2) 단원의 주요 내용

주제	1. 공통점과 차이점을 찾는 활동 이해하기 2. 차이점을 확인하며 사물을 살펴보기		
	교재 활동	**어휘 내용**	**교수·학습 특성**
학습 도구 어휘	부엉이 선생님	비교의 좋은 점	개념 이해 (교과 연계 및 익힘책 활용)
	꼬마 수업	직육면체와 정육면체	개념 이해 (교과 연계)
	어려운 말이 있어요? 확인해 봐요.	공통점, 차이점, 비교, 입체	용례 학습 어휘 연습 (익힘책 활용)
	선택 어휘 (파란색 표시)	달라지다. 반면, 구성, 모서리	어휘 연습 (익힘책 활용)

● 차시 전개 과정

1) 차시의 흐름

차시	주제	학습 내용	교재 쪽수	익힘책 쪽수
1	공통점과 차이점을 찾는 활동 이해하기	1. 내용을 생각하며 글을 읽어 봅시다. 2. 문어와 오징어를 비교하고, 표에 알맞은 붙임 딱지를 붙여 봅시다.	52~53	28~29
2	차이점을 확인하며 사물을 살펴보기	1. 글을 읽고 물음에 답해 봅시다. 2. 축구공과 농구공을 비교하여 표를 완성해 봅시다. 3. 표에 정리한 내용을 생각하며 글을 완성해 봅시다.	54~57	30~32
3	놀이/협동 학습	1. 주사위 놀이를 해 봅시다. 2. 주사위 놀이를 하면서 비교한 내용을 써 봅시다.	58~59	33
4	정리 학습	1. 배운 낱말을 떠올리며 빈칸을 채워 봅시다. 2. 위의 낱말 중 2개를 골라 각각 문장을 만들어 봅시다. 3. 두 사물을 비교하여 쓴 글을 읽고 틀린 부분을 찾아 고쳐 써 봅시다.	60~61	

2) 차시별 교수·학습 활동

◆ 1차시 및 2차시: 단원의 주제에 맞는 읽기(특히 소리 내어 읽기)나 쓰기 활동을 제시했다. 또한 생각을 주고받는 말하기나 발표하기 등의 수업 활동을 경험할 수 있도록 과제를 제시했다. 익힘책 활동이 연계된다.

◆ 3차시: 단원의 주제와 관련된 놀이나 협동 활동을 제시했다. 놀이나 협동 과정에서 사용한 어휘, 문장을 활용하는 쓰기와 말하기 활동이 함께 제시되었다. 익힘책 활동이 연계된다.

◆ 4차시: 단원의 어휘 및 주제별 학습 내용을 정리, 복습하는 활동을 제시했다. 복습 활동 위주의 차시로서 익힘책 활동은 따로 연계되지 않는다.

● 단원 지도상의 유의점

◆ 학습에 필요한 어휘를 배우는 활동과 문식력 강화 활동이 이루어지도록 운영한다.

◆ 익숙한 두 대상을 비교하며 비교 표현을 연습할 수 있도록 한다.

◆ 차이점에 초점을 두어 두 대상을 비교한 내용을 글로 표현해 볼 수 있도록 한다.

◆ 놀이의 승패보다는 비교하는 표현을 바르게 사용하는지에 중점을 두어 지도한다.

◆ 학습 도구 어휘의 경우 추상성이 강하므로 명시적으로 설명하기보다는 활동 과정에서 경험을 통해 익힐 수 있도록 한다.

주제
공통점과 차이점을 찾는 활동 이해하기

주요 활동
1. 내용을 생각하며 글을 읽어 봅시다.
2. 문어와 오징어를 비교하고, 표에 알맞은 붙임 딱지를 붙여 봅시다.

학습 도구 어휘
공통점, 달라지다, 반면, 차이점

1 도입 - 5분

1) 단원 도입 모듈에 제시된 〈의사소통 한국어〉 연계 단원 이름을 본다. 〈의사소통 한국어〉 교재에서 배웠던 내용을 간략히 정리해 주거나, 〈의사소통 한국어〉 주제를 활용하여 생활 한국어 이해 수준을 간략히 확인한다.

🔵 여러분, 여기 예쁜 집이 있어요.
여러분이 배워야 할 한국어들이 잘 모이면 이렇게 예쁜 집이 돼요.

🔵 어떤 숙제를 해 봤어요?

🔵 도입 모듈에 대한 설명이나 활동은 최대한 간략하게 하며, 경우에 따라 생략할 수 있다.

2) 단원 도입 그림을 보면서 단원의 주제와 학습 목표, 대략적인 단원 학습 내용을 살펴본다.

🔵 준비물이 뭐예요?

🔵 오딜은 무엇을 고민해요?

🔵 사자와 호랑이를 어떻게 설명하면 좋을까요?

🔵 도입 단계에서 학습자들의 수준을 판별하여 차시 활동이나 추후 익힘책 활동 등을 선택적으로 운영할 수 있도록 한다.

2 주요 활동Ⅰ - 15분

1) 첫 번째 활동에 대하여 안내한다.

🔵 사진을 보세요. 무엇이 있어요?

🔵 사자와 호랑이에 대해 알고 있는 것을 말해 보세요.

2) 교사가 교재의 내용을 읽어 주고, 이해를 확인한다.

🔵 무엇과 무엇을 비교하고 있어요?

🔵 사자와 호랑이는 어떤 공통점이 있어요?

🔵 사자와 호랑이는 어떤 차이점이 있어요?

3) 교재에서 파란색으로 표시된 어휘를 확인한다.

🔵 파란색 어휘가 있어요. 무엇이에요?

🔵 생김새가 달라집니다, 달라집니다, 달라지다 알아요?

어휘 지식	
달라지다	전과 다르게 되다. 예 설악산은 계절마다 모습이 달라진다. 네가 달라져서 처음에 못 알아봤어.
반면	뒤에 오는 말이 앞의 내용과는 반대임. 예 이 가수는 노래는 잘 부르는 반면 춤은 잘 못 춰. 두리안은 냄새는 나쁜 반면 맛이 좋아.

🔵 공통점과 차이점을 찾는 활동 이해하기

1. 내용을 생각하며 글을 읽어 봅시다.

사자와 호랑이를 알고 있나요? 사자와 호랑이는 어린이들에게 인기가 많은 동물입니다. 또 작은 동물들을 먹고 산다는 공통점이 있습니다.

사자는 함께 다니는 것을 좋아해서 무리 지어 삽니다. 수사자와 암사자는 자라면서 생김새가 달라집니다. 다 자란 수사자는 갈기가 있고, 암사자는 갈기가 없습니다.

반면에 호랑이는 혼자 있는 것을 좋아해서 혼자 삽니다. 호랑이는 성별에 상관없이 모두 줄무늬를 가지고 있다는 점에서 사자와 차이점이 있습니다.

1) 사자와 호랑이의 공통점을 찾아 밑줄을 그어 보세요.

2) 사자와 호랑이의 차이점을 찾아 써 보세요.

🔵 파란색으로 표시된 어휘는 모든 경우에 따로 배우기보다는 경우에 따라 선택하여 배우도록 한다. 먼저 학습자들에게 파란색 표시 어휘에 집중하도록 유도하고 이해를 확인한 후 익힘책 29쪽의 3번, 4번을 수행하도록 한다. 익힘책 활동은 과제로 부여할 수 있다.

4) 교재의 흐름을 자연스럽게 따라가면서 1번 활동을 함께 수행한다.

🔵 사자와 호랑이의 공통점을 찾아 밑줄을 그어 보세요.

🔵 사자와 호랑이의 차이점을 찾아 써 보세요.

5) '어려운 말이 있어요? 확인해 봐요.' 항목을 확인하고 어휘 학습이 되도록 유도한다.

🔵 어려운 말이에요. 어떻게 사용하는지 볼까요? 읽어 보세요. 낱말의 뜻을 알아요?

어휘 지식	
공통점 [공ː통쩜]	여럿 사이에 서로 같은 점. 예 오딜은 엠마와 같은 동네에 산다는 공통점이 있어 친구가 되었다.
차이점 [차이쩜]	서로 같지 않고 다른 점. 예 쌍둥이는 너무 닮아서 차이점을 찾기가 어렵다.

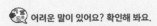

어려운 말이 있어요? 확인해 봐요.

공통점

이렇게 사용해요 | 장미와 무궁화는 꽃이라는 공통점이 있다.
짝과 나의 공통점은 둘 다 책을 좋아한다는 것이다.

차이점

이렇게 사용해요 | 사과와 배는 모두 과일이지만 차이점이 많다.
원과 삼각형은 모양이 다르다는 차이점이 뚜렷하다.

2. 문어와 오징어를 비교하고, 표에 알맞은 붙임 딱지를 붙여 봅시다. 붙임 딱지

문어	오징어	
공통점	[붙임 딱지]	
차이점	[붙임 딱지]	[붙임 딱지]

유 익힘책 28쪽의 1번, 2번을 쓰게 한다. 경우에 따라 과제로 부여할 수 있다.

유 '공통점'과 '차이점'은 서로 반대되는 뜻을 가지고 있어 반의어 관계이다. 반의어 관계를 활용하여 '사과와 배는 과일이라는 공통점이 있어요', '사과와 배는 색깔이 다르다는 차이점이 있어요'와 같이 설명할 수 있다.

3 주요 활동 II – 15분

1) 두 번째 활동에 대하여 안내한다.

선 문어와 오징어 사진을 자세히 살펴보세요.

선 문어와 오징어를 비교하며 살펴보세요.

2) 붙임 딱지의 문장을 함께 읽어 보며 내용을 확인한다.

선 붙임 딱지의 문장을 읽어 보세요. 어려운 말이 있어요?

3) 교재의 흐름을 자연스럽게 따라가면서 2번 활동을 함께 수행한다.

선 문어와 오징어는 어떤 공통점이 있어요? 알맞은 붙임 딱지를 붙여 보세요.

선 문어와 오징어는 어떤 차이점이 있어요? 알맞은 붙임 딱

지를 붙여 보세요.

4 정리 – 5분

1) 1번 활동으로 돌아가서 주요한 표현을 반복적으로 사용해 보도록 한다.

선 사자와 호랑이의 공통점과 차이점을 말해 보세요.

2) 2번 활동으로 돌아가서 주요한 표현을 반복적으로 사용해 보도록 한다.

선 문어와 오징어의 공통점과 차이점을 말해 보세요.

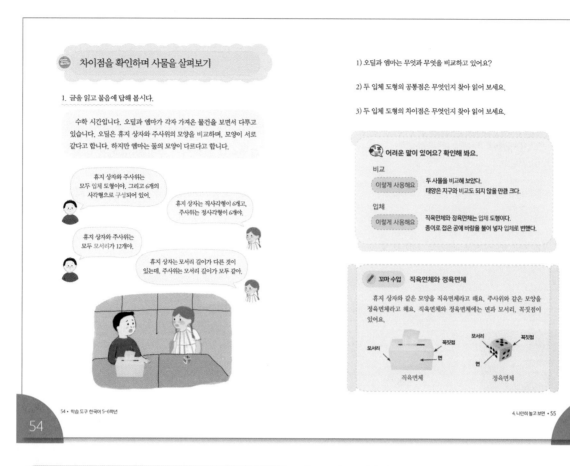

2차시

주제
차이점을 확인하며 사물을 살펴보기

주요 활동
1. 글을 읽고 물음에 답해 봅시다.
2. 축구공과 농구공을 비교하여 표를 완성해 봅시다.
3. 표에 정리한 내용을 생각하며 글을 완성해 봅시다.

학습 도구 어휘
비교, 입체, 구성, 모서리, 직육면체와 정육면체, 비교의 좋은 점

1 도입 – 2분

1) 단원의 학습 주제를 다시 설명하고, 1차시에서 배운 내용을 떠올리게 한다.
   🔵 사자와 호랑이의 공통점은 무엇이에요?
   🟡 한국어 어휘와 표현에 초점을 두도록 유도한다.

2) 2차시의 주요한 내용을 소개한다.
   🔵 두 사물을 비교하여 글로 써 봅시다.
   🟡 학습자들의 학습 경험을 확인하고, 한국어 이해 수준과 표현 수준을 확인하여 차시 내용을 운영하도록 한다.

2 주요 활동 I – 15분

1) 첫 번째 활동에 대하여 안내한다.
   🔵 직육면체와 정육면체는 같아요? 달라요?

2) 교사가 교재의 내용을 읽어 주고, 이해를 확인한다.

🔵 오딜과 엠마는 휴지 상자와 주사위를 어떻다고 말해요?

3) 교재에서 파란색으로 표시된 어휘를 확인한다.
   🔵 파란색 어휘가 있어요. 무엇이에요?

어휘 지식	
구성	여러 필요한 사람이나 몇 가지의 부분 혹은 요소를 모아서 하나로 만드는 일. 또는 그렇게 해서 이루어진 것. 예 축구팀을 어떻게 구성할지 이야기해 보자. 우리 반은 남녀 각각 10명씩으로 구성 비율이 같아.
모서리	물건의 모가 진 가장자리. 예 탁자 모서리에 머리를 부딪쳤어. 책 모서리를 접지 마.

🟡 파란색으로 표시된 어휘는 모든 경우에 따로 배우기보다는 경우에 따라 선택하여 배우도록 한다. 먼저 학습자들에게 파란색 표시 어휘에 집중하도록 유도하고 이해를 확인한 후 익힘책 31쪽의 3번, 4번을 수행하도록 한다. 익힘책 활동은 과제로 부여할 수 있다.

🟡 익힘책 31쪽 4번은 표현 항목으로서 이해하도록 한다.

4) 교재의 흐름을 자연스럽게 따라가면서 1번 활동을 함께 수행한다.
   🔵 오딜과 엠마는 무엇과 무엇을 비교하고 있어요?
   🔵 두 입체 도형의 공통점은 무엇인지 찾아 읽어 보세요.
   🔵 두 입체 도형의 차이점은 무엇인지 찾아 읽어 보세요.

5) '어려운 말이 있어요? 확인해 봐요.' 항목을 확인하고 어휘 학습이 되도록 유도한다.
   🔵 어려운 말이에요. 어떻게 사용하는지 볼까요?

어휘 지식	
비교 [비:교]	둘 이상의 것을 함께 놓고 어떤 점이 같고 다른지 살펴봄. 예 물건을 사기 전에 가격을 비교해 봐야 해.

2. 축구공과 농구공을 비교하여 표를 완성해 봅시다.

축구공

농구공

축구공	농구공
동그란 공 모양이다. 운동 경기나 체육 시간에 사용한다.	
차이점	

비교의 좋은 점
두 사물을 비교할 때는 공통점과 차이점을 찾아봐요. 두 사물을 비교하면 중요한 사실을 발견할 수도 있고, 두 사물에 대해 더 잘 알 수 있어요.

56 • 학습 도구 한국어 5~6학년

3. 표에 정리한 내용을 생각하며 글을 완성해 봅시다.

축구공과 농구공

축구공과 농구공을 비교하여 살펴보자. 축구공과 농구공은 모두 동그란 공 모양이다. 그리고 운동 경기나 체육 시간에 사용한다는 공통점이 있다.
축구공과 농구공에는 몇 가지 차이점도 있다.

1) 두 사물의 차이점이 잘 드러났는지 생각하며 쓴 글을 읽어 보세요.

2) 쓴 글을 짝과 바꿔서 읽어 보세요.

4. 나란히 놓고 보면 • 57

입체	삼차원의 공간에서 여러 개의 평면이나 곡면으로 둘러싸여 부피를 가지는 물체. 예 축구공은 입체 도형이다.

유 익힘책 30쪽의 1번, 2번을 쓰게 한다. 경우에 따라 과제로 부여할 수 있다.

6) '꼬마 수업'의 내용을 설명한다.

선 '꼬마 수업'을 읽어 볼까요? 휴지 상자와 같은 모양을 뭐라고 불러요?

유 '꼬마 수업' 활동에서는 차시 내용에서 다룬 특정한 주요 교과의 학습 개념을 소개한다. 그 교과의 수업 시간(예: 수학 시간)을 그대로 재현하며 지도하는 것이 좋다. 되도록 그 교과의 수업 장면을 경험해 볼 수 있도록 실제 교과에서 사용되는 이미지나 예시 등을 가지고 설명해 주도록 한다. 학생의 수준에 따라 진행한다.

3 주요 활동 II - 8분

1) 두 번째 활동에 대하여 안내한다.

선 축구공과 농구공을 살펴보고 공통점과 차이점을 찾아봅시다.

2) 함께 두 사물의 공통점을 말해 본다.

선 '동그란 공 모양이다.'라는 점은 축구공과 농구공의 어떤 점이에요?

3) 교재의 흐름을 자연스럽게 따라가면서 2번 활동을 함께 수행한다.

선 축구공과 농구공의 차이점을 써 보세요.

4) '부엉이 선생님'의 내용을 확인하고 설명한다. 예시를 통해 접근한다.

선 두 사물을 비교하면 어떤 점이 좋아요?

유 '부엉이 선생님' 활동에서는 차시 주제와 관련된 주요한 언어 기능이나 개념을 소개한다. 부엉이 선생님에 제시된 내용은 다소 어렵거나 추상적일 수 있기 때문에, 되도록 쉽게 설명해 주고, 실제 교과에서 사용되는 이미지나 예시 등을 가지고 설명해 주도록 한다.

유 '부엉이 선생님' 내용을 충분히 설명한 후에 익힘책 32쪽의 5번을 수행하도록 한다. 과제로 부여할 수 있다.

4 주요 활동 III - 13분

1) 축구공과 농구공의 차이점으로 찾은 내용을 발표하도록 한다.

2) 교재의 흐름을 자연스럽게 따라가면서 3번 활동을 함께 수행한다.

선 '축구공과 농구공' 글을 읽어 보세요.

선 어떤 내용이 이어지면 좋을까요? 말한 내용을 글로 써 보세요.

5 정리 - 2분

1) 1번 활동으로 돌아가서 주요한 표현을 반복적으로 사용해 보도록 한다.

선 직육면체와 정육면체를 비교해서 말해 보세요.

2) 3번 활동으로 돌아가서 주요한 표현을 반복적으로 사용해 보도록 한다.

선 축구공과 농구공을 비교해서 말해 보세요.

함께 해 봐요

1. 주사위 놀이를 해 봅시다.

사자와 호랑이는 둘 다 동물이야!

맞아! 앞으로 2칸 더 가.

2. 주사위 놀이를 하면서 비교한 내용을 써 봅시다.

공통점		
차이점		

58

59

3차시

1 도입 – 5분

1) 3차시는 놀이 활동임을 환기시킨다. 또한 놀이에 알맞은 자리 배치나 학생 현황을 파악한다.

- 선 모둠 자리로 앉아 볼까요?
- 선 필요한 준비물은 무엇이 있어요?
- 유 놀이 활동을 시작하기 전 학생들의 어휘 수준을 확인하고, 잘 모르는 어휘를 설명해 준다.

2) 놀이 활동과 단원의 주제가 가진 연관성을 설명한다.

- 선 비교하기 활동을 배웠어요. 무엇을 비교해 봤어요?
- 선 비교하는 말을 사용하며 놀이를 해 볼까요?
- 유 놀이 활동과 단원의 주제인 '비교하기'를 연결시켜 설명하되, 학습자의 수준에 따라 추상적인 설명은 생략할 수 있다. 놀이에 흥미를 지니고 관련된 한국어 어휘와 표현을 익히고 사용해 보는 것을 우선 강조하여 지도한다.

2 놀이 설명 – 5분

1) 그림을 보며 어떤 놀이를 할지 생각해 본다.

- 선 모둠 친구들은 무엇을 하고 있어요?
- 선 다니엘과 엠마의 말을 읽어 보세요.
- 선 주사위 판에 쓰인 내용을 읽어 보세요.

2) 놀이 방법을 확인한다.

- 선 주사위 놀이하는 방법을 잘 들어 보세요.

놀이 방법

1. 모둠 친구들이 한 팀이 된다. 지우개 등 자신이 사용할 말을 준비한다.
2. 가위바위보를 하여 순서를 정한다.
3. 순서대로 주사위를 굴려 나온 숫자만큼 말을 옮긴다.
4. 말이 있는 칸의 내용을 읽고 알맞은 문장으로 말한다.
5. 알맞은 문장을 말하면 그 칸에 쓰인 숫자만큼 말을 더 이동한다. 문장을 말하지 못한 경우 주사위의 숫자만큼만 이동한다.
6. 가장 먼저 시작 칸으로 돌아온 사람이 이긴다.

- 유 틀린 문장을 말한 경우 원래 있었던 자리로 돌아가도록 할 수도 있다.
- 유 정확하게 한국어를 말하지 못해도 학습자의 수준에 맞도록 자유롭게 말하면서 놀이에 참여하도록 한다. 지나치게 교정하지 않는다.

3 놀이하기(활동하기) 및 정리 – 30분

1) 놀이 방법에 따라 모둠별로 주사위 놀이를 한다.

2) 놀이를 하면서 사용한 말들을 떠올려서 말해 보도록 한다.

- 선 무엇과 무엇을 비교했어요? 어떻게 말했어요?

3) 놀이를 하면서 사용한 말을 문장으로 써 보도록 한다.

- 선 놀이할 때 비교한 내용을 써 보세요.
- 유 익힘책 33쪽의 1번, 2번을 수행하도록 하거나 과제로 부여할 수 있다.

4) 주사위 판의 내용을 모둠원들과 함께 바꿔 본다.

- 선 주사위 판의 내용을 바꿔 보세요.

5) 바꾼 주사위 판을 사용하여 다시 한번 주사위 놀이를 한다.

6) 놀이 활동을 정리한다.

- 선 무엇과 무엇을 비교했어요? 어떻게 말했어요?

되돌아보기

1. 배운 낱말을 떠올리며 빈칸을 채워 봅시다.

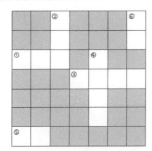

[가로 열쇠]
① 문어와 오징어는 바다에 산다는 ○○○이 있다.
③ 휴지 상자는 ○○○○ 모양이다.
⑤ 휴지 상자와 주사위는 ○○ 도형이다.

[세로 열쇠]
② 문어는 다리가 8개이고, 오징어는 다리가 10개라는 점에서 ○○○이 있다.
④ 주사위는 ○○○○ 모양이다.
⑥ 사자와 호랑이를 ○○하여 설명하면 이해하기 쉽다.

2. 위의 낱말 중 2개를 골라 각각 문장을 만들어 봅시다.

_____

_____

3. 두 사물을 비교하여 쓴 글을 읽고 틀린 부분을 찾아 고쳐 써 봅시다.

단소   플루트

단소와 플루트를 비교하여 살펴봅시다. 단소와 플루트는 둘 다 입으로 불어 소리를 냅니다. 여러 가지 음을 연주할 수 있다는 차이점도 있습니다. 단소와 플루트는 차이점도 있습니다. 단소는 한국의 전통 악기입니다. 단소는 악기를 옆으로 눕혀 연주를 합니다. 플루트는 서양의 악기입니다. 악기를 세로로 길게 세워 연주한다는 점에서 단소와 공통점이 있습니다.

1) 윗글에서 틀린 부분을 찾아 밑줄을 그어 보세요.

2) 밑줄 그은 부분을 바르게 고쳐 써 보세요.
① _____
② _____
③ _____

4차시

1 도입 – 5분

1) 되돌아보기 차시의 성격을 설명하고 복습 활동의 대상이 되는 내용을 간략히 설명한다.

🔵 어떤 낱말을 배웠어요?

🔵 3번을 보세요. 무엇과 무엇을 비교할 것 같아요?

2) 3차시까지 배운 내용을 확인한다.

🔵 배운 낱말을 사용해서 문장을 만들고 말해 보세요.

🔵 무엇을 비교해 보았어요?

🟢 배운 내용을 다시 보도록 안내할 수도 있고, 본 차시 활동을 바로 시작하게 할 수도 있다.

2 되돌아보기 Ⅰ – 15분

1) 1번 복습 활동을 수행한다. 배운 낱말을 떠올리며 십자 말풀이를 풀어 보도록 한다.

🔵 가로 열쇠와 세로 열쇠를 읽어 보세요. 빈칸에 어떤 낱말이 들어가면 좋을까요?

2) 2번 복습 활동을 수행한다. 배운 낱말을 사용하여 문장을 만들어 보도록 한다.

🔵 배운 낱말 중에서 2개를 골라 보세요. 고른 낱말을 사용하여 문장을 만들어 써 보세요.

낱말 복습을 위한 추가 활동

1. 종이에 두 개의 사물 그림을 그린다.
2. 모둠 친구들이 만든 카드를 모아서 섞는다.
3. 책상 위에 카드의 뒷면이 보이게 쌓아 놓는다.
4. 순서를 정해 카드를 한 장씩 뒤집고, 그림을 제대로 설명하면 그 카드를 가진다.
5. 그림을 설명하는 문장을 올바르게 말하지 못하면 카드를 쌓아 놓은 카드의 중간에 끼워 넣는다.
6. 카드가 모두 없어졌을 때, 가장 많은 카드를 가진 사람이 이긴다.

🟢 카드의 개수는 학생들의 수준과 학생 수에 따라 결정한다.

3 되돌아보기 Ⅱ – 18분

1) 3번 복습 활동을 수행한다. 그림을 살펴보고 단소와 플루트를 비교하여 말해 보도록 한다.

🔵 단소와 플루트는 어떤 공통점과 차이점이 있어요?

2) 글을 읽으며 틀린 부분을 찾아보도록 한다.

🔵 글을 읽으면서 틀린 부분을 찾아 밑줄을 그어 보세요.

3) 틀린 부분을 바르게 고쳐 써 보도록 한다.

🔵 틀린 부분을 어떻게 고쳐 쓰면 좋을까요?

🟢 학습자의 수준에 따라 말하기 활동으로 지도할 수 있다.

4 정리 – 2분

1) 단원을 공부하며 든 생각이나 느낌을 이야기한다.

2) 한국어 어휘와 표현에 초점을 두어 배운 내용을 떠올릴 수 있도록 유도한다.

5단원 • 어려운 문제일수록

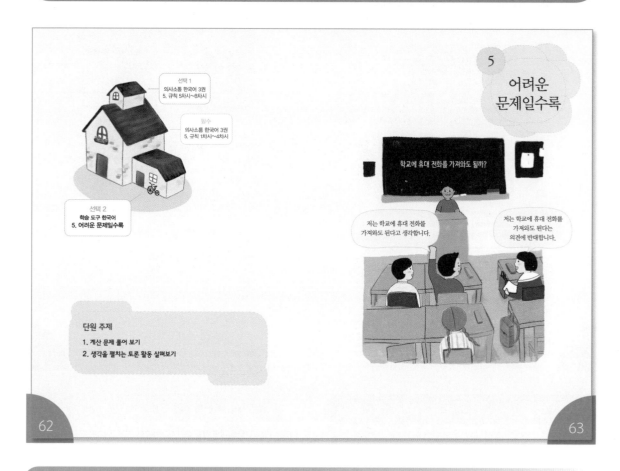

단원의 개관

'어려운 문제일수록' 단원은 초등학교 5학년이나 6학년 학생들이 교과 학습에 바탕이 되는 '문제 해결하기'를 중심으로 한국어 어휘와 표현을 배울 수 있도록 구성했다. 이를 위해 '계산 문제 풀어 보기', '생각을 펼치는 토론 활동 살펴보기'를 단원의 주제로 설정했고 '찬성! 반대!' 인터뷰 놀이를 놀이 학습으로서 제시했다. 단원 주제는 5~6학년군의 국어, 수학, 사회, 과학의 교과 학습과 관련된 사고 활동, 읽거나 쓰는 문식 활동의 주제가 된다. 주제별 학습은 1차시와 2차시에 주로 이루어지며 개념과 지식을 다루거나 용례를 제시하는 어휘 내용을 포함하고 있다. 이러한 어휘 내용은 '한국어 교육과정'의 5~6학년군 어휘 목록에서 선별된 것이다. 단원마다 주제와 관련된 놀이/협동 활동을 3차시에 제시했으며 4차시는 배운 내용을 복습하는 활동으로 마무리하도록 했다.

이 단원은 생활 한국어 능력 중급(3급)의 학습자가 선택할 수 있는 활동과 어휘 내용으로 구성되었다. 따라서 〈의사소통 한국어〉 교재 3권 5단원('규칙') 필수 차시를 모두 배운 학생을 대상으로 하는 선택 차시로 운영될 수 있다. 학습자의 숙달도에 맞는 어휘 및 쓰기 연습 활동은 익힘책 활동을 병행하여 수행할 수 있도록 했다.

단원의 목표와 내용

1) 단원의 목표

◆ 수학 문제 해결의 과정을 알고 계산 문제를 풀 수 있다.
◆ 생각이 서로 다른 문제를 해결하는 방법을 알고 나의 의견을 말할 수 있다.

2) 단원의 주요 내용

주제	1. 계산 문제 풀어 보기 2. 생각을 펼치는 토론 활동 살펴보기		
	교재 활동	**어휘 내용**	**교수 · 학습 특성**
학습 도구 어휘	부엉이 선생님	토론	개념 이해 (교과 연계 및 익힘책 활용)
	꼬마 수업	단위	개념 이해 (교과 연계)
	어려운 말이 있어요? 확인해 봐요.	구하다, 해결, 문제점, 반대, 바람직하다	용례 학습 어휘 연습 (익힘책 활용)
	선택 어휘 (파란색 표시)	방법, 찬성, 보호	어휘 연습 (익힘책 활용)

● 차시 전개 과정

1) 차시의 흐름

차시	주제	학습 내용	교재 쪽수	익힘책 쪽수
1	계산 문제 풀어 보기	1. 엠마와 오딜이 계산 문제를 풀고 있어요. 대화를 소리 내어 읽어 봅 시다. 2. 문제를 해결하는 과정을 알아봅시다. 수학 문제를 해결할 때 쓰는 표 현을 소리 내어 읽어 봅시다.	64~65	34~35
2	생각을 펼치는 토론 활동 살펴보기	1. 문제를 해결하는 방법을 생각하며 잘 들어 봅시다 2. 다니엘의 모둠이 '터널을 만드는 것이 좋은가?'에 대해 토론을 하고 있습니다. 토론의 내용을 소리 내어 읽어 봅시다.	66~69	36~38
3	놀이/협동 학습	1. '찬성! 반대!' 인터뷰 놀이 방법을 알아봅시다. 2. '찬성! 반대!' 인터뷰 놀이를 해 봅시다. 3. 내 문제 카드에 대한 찬성과 반대 의견을 써 봅시다.	70~71	39
4	정리 학습	1. 다음 빈칸에 들어갈 낱말을 아래에 써 봅시다. 2. 다음 수학 교과서에 들어갈 문장을 붙임 딱지로 붙여 봅시다	72~73	

2) 차시별 교수 · 학습 활동

◆ 1차시 및 2차시: 단원의 주제에 맞는 읽기(특히 소리 내어 읽기)나 쓰기 활동을 제시했다. 또한 생각을 주고받는 말하기나 발표하기 등의 수업 활동을 경험할 수 있도록 과제를 제시했다. 익힘책 활동이 연계된다.

◆ 3차시: 단원의 주제와 관련된 놀이나 협동 활동을 제시했다. 놀이나 협동 과정에서 사용한 어휘, 문장을 활용하는 쓰기와 말하기 활동이 함께 제시되었다. 익힘책 활동이 연계된다.

◆ 4차시: 단원의 어휘 및 주제별 학습 내용을 정리, 복습하는 활동을 제시했다. 복습 활동 위주의 차시로서 익힘책 활동은 따로 연계되지 않는다.

● 단원 지도상의 유의점

◆ 학습에 필요한 어휘를 배우는 활동과 문식력 강화 활동이 이루어지도록 운영한다.

◆ 수학 교과 학습을 돕기 위한 차시이므로 수학 교과서의 내용과 함께 연계하여 지도한다.

◆ 학생들이 스스로 문제 해결 방법을 찾는 것에 어려움을 느낄 수 있으므로 여러 관련 자료를 활용하여 동기 유발한다.

◆ 놀이를 하면서 문제 해결 관련 표현을 말할 수 있도록 교사가 돌아다니며 지도한다.

◆ 학습 도구 어휘의 경우 추상성이 강하므로 명시적으로 설명하기보다는 활동 과정에서 경험을 통해 익힐 수 있도록 한다.

주제

계산 문제 풀어보기

주요 활동

1. 엠마와 오딜이 계산 문제를 풀고 있어요. 대화를 소리 내어 읽어 봅시다.
2. 문제를 해결하는 과정을 알아봅시다. 수학 문제를 해결할 때 쓰는 표현을 소리 내어 읽어 봅시다.

학습 도구 어휘

구하다, 방법, 해결, 단위

1 도입 – 5분

1) 단원 도입 모듈에 제시된 〈의사소통 한국어〉 연계 단원 이름을 본다. 〈의사소통 한국어〉 교재에서 배웠던 내용을 간략히 정리해 주거나, 〈의사소통 한국어〉 주제를 활용하여 생활 한국어 이해 수준을 확인한다.

- 선 여러분, 여기 예쁜 집이 있어요.

  여러분이 배워야 할 한국어들이 잘 모이면 이렇게 예쁜 집이 돼요.

- 선 여러분은 우리가 지켜야 할 규칙에 대해 말할 수 있어요? 누가 말해 볼까요?

- 유 도입 모듈에 대한 설명이나 활동은 최대한 간략하게 하며, 경우에 따라 생략할 수 있다.

2) 단원 도입 그림을 보면서 〈의사소통 한국어〉 연계 주제(규칙)를 환기시킨다.

- 선 친구들이 무엇에 대해 이야기하고 있어요?

- 선 우리 반 학급 규칙은 어때요? 휴대 전화를 가져와도 돼요?

- 선 오딜의 말풍선을 소리 내어 읽어 보세요. 오딜의 의견은 무엇이에요?

- 선 엠마의 말풍선을 소리 내어 읽어 보세요. 엠마는 어떻게 생각해요? 이번 단원에서는 문제를 살펴보고, 해결 방법을 생각해 보는 문제 해결 활동을 해 보겠습니다.

- 유 도입 그림이 2차시와 연계되므로 1차시 도입에서는 의사소통 주제 연계를 짚어 보는 선에서 가볍게 다루고, 2차시 수업을 할 때 다시 한번 살펴볼 수 있도록 한다.

2 주요 활동 I – 20분

1) 64쪽 그림을 함께 살펴본다.

- 선 그림을 살펴보세요. 무엇이 있어요?

- 선 문제를 소리 내어 읽어 보세요.

- 선 엠마와 오딜이 무엇을 하고 있어요?

2) 본문에 제시된 주요한 활동을 수행하도록 한다.

- 선 엠마와 오딜의 말풍선을 소리 내어 읽어 볼까요? 누가 엠마의 말풍선을 읽어 볼래요? 오딜의 말풍선을 읽어 보고 싶은 사람 있어요?

- 선 다시 한번 엠마와 오딜의 대화를 읽고, 문제를 풀어 보세요.

3) 답을 확인한다.

- 선 오딜과 엠마가 구하려고 하는 것은 무엇이에요?

계산 문제 풀어 보기

1. 엠마와 오딜이 계산 문제를 풀고 있어요. 대화를 소리 내어 읽어 봅시다.

그림을 보고 초록 공원의 넓이를 구하시오.

초록 공원의 모양은 직사각형이야. 직사각형의 넓이를 구하려면 가로와 세로를 곱해야 해. 초록 공원의 가로가 1,500m, 세로가 1,000m인데 km로 바꿔서 곱하는 것이 좋겠어.

1,500m는 1.5km, 1,000m는 1km야. 1.5 × 1 = 1.5니까 초록 공원의 넓이는 1.5km²야.

넓이가 맞는지 풀이 과정을 다시 한번 확인해 볼까?

1) 구하려고 하는 것은 무엇이에요?

2) 직사각형의 넓이를 구하는 방법은 무엇이에요?

3) 엠마가 문제를 해결하기 위해 구한 식을 써 보세요.

64 • 학습 도구 한국어 5~6학년

64

- 선 직사각형의 넓이를 구하는 방법은 무엇이에요? 오딜의 말풍선에서 찾을 수 있어요.

- 선 엠마가 문제를 해결하기 위해 구한 식은 무엇이에요?

어휘 지식

방법	어떤 일을 해 나가기 위한 수단이나 방식. 예 아이들에게 사과를 깎는 방법을 가르쳤다. 선생님은 칠판에 곱셈 계산 방법을 써 주셨다.

- 유 익힘책 35쪽의 3번, 4번을 쓰게 한다. 3번 듣기 문제는 교사가 아래 문장을 천천히 읽어 주도록 한다.

듣기 자료

단위는 길이, 넓이 등을 수로 나타낼 때의 기준이에요.

4) '꼬마 수업'의 내용을 읽고 1번 문제 속에서 '단위'의 개념을 설명한다.

- 선 단위란 무엇이에요?

- 선 초록 공원의 가로와 세로의 길이는 얼마였어요?

- 선 오딜은 초록 공원의 넓이를 구하기 위해서 단위를 바꾸었어요. 무엇을 무엇으로 바꾸었어요?

- 선 엠마가 구한 초록 공원의 넓이를 나타내는 단위는 무엇이에요?

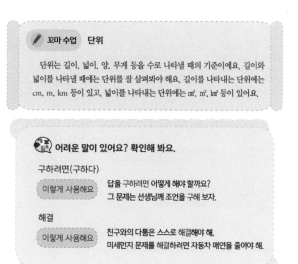

☞ 5~6학년군 수학 교과서에는 각 단원의 수업이 끝나고 단원 평가(공부를 잘했는지 알아봅시다) 차시 다음에 '문제 해결'이라는 이름으로 문제 해결 학습 차시가 등장한다. 이 차시의 내용을 실물 화상기로 제시하며 수학 문제 해결을 할 때 사용하는 표현을 지도하도록 한다.

2) 본문에 제시된 주요한 활동을 수행하도록 한다.

🔵 수학 문제를 풀 때는 문제 확인하기, 문제 해결 방법 찾기, 문제 해결하기, 확인하기의 과정을 거쳐요. 각 과정에 사용되는 표현을 소리 내어 읽어 보세요.

3) 익힘책 35쪽의 5번을 쓰게 한다.

4 정리 – 5분

1) 배운 어휘와 표현들을 학생들이 잘 알고 있는지 확인한다.

🔵 수학 문제를 풀 때 쓰는 표현을 다시 한번 소리 내어 읽어 보세요.

2) 차시 예고를 한다.

---

5) '어려운 말이 있어요? 확인해 봐요.'에서 빨간색으로 표시된 어휘를 확인하고, 뜻을 설명한다.

🔵 '구하려면(구하다)', '해결'이 사용된 문장을 읽어 보세요.

어휘 지식	
구하다	문제에 대한 답이나 수, 양을 알아내다. 📕 다음 문제의 답을 구하시오.
해결	사건이나 문제, 일 등을 잘 처리해 끝을 냄. 📕 나는 짝과 함께 수학 문제를 해결했다.

☞ 이 차시에서는 일반적인 수학 교과서의 흐름을 이해하기 위해 필요한 어휘와 표현을 가르치고자 한다. 따라서 수학 교과서를 함께 펴 놓고 수업을 진행하면 도움이 될 수 있다.

☞ 익힘책 34쪽의 1번, 2번을 수행하도록 한다.

3 주요 활동 II – 10분

1) 수학 교과서의 '문제 해결' 차시를 실물 화상기로 함께 보며 수학 문제를 풀 때 쓰는 표현을 함께 살펴본다.

🔵 수학 교과서를 살펴볼까요? 수학 문제를 해결할 때 어떤 표현이 사용되나요?

생각을 펼치는 토론 활동 살펴보기

1. 문제를 해결하는 방법을 생각하며 잘 들어 봅시다.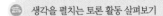

1) 터널을 만들면 좋은 점은 무엇일까요?

2) 터널을 만들면 생기는 문제점은 무엇일까요?

토론
생각이 서로 다른 문제가 있을 때는 토론을 통해 해결할 수 있어요. 토론이란 생각이 서로 다른 문제에 찬성하는 사람과 반대하는 사람이 옳고 그름을 따지는 것이에요. '초등학생이 화장을 해도 될까?', '도서실에서 학습 만화를 읽어도 될까?' 등 찬성과 반대가 나뉘는 주제에 대해 토론을 해요.

어려운 말이 있어요? 확인해 봐요.

문제점
이렇게 사용해요 ― 이 그림의 문제점을 찾아볼까? / 우리가 만든 놀이에 여러 가지 문제점이 드러났어.

반대
이렇게 사용해요 ― 찬성과 반대 의견을 모두 들어 봐야 해. / 나는 가고 싶은데 부모님께서 반대하셔.

3) 어떤 방법으로 문제를 해결하면 좋을까요? 그림을 보고 이야기해 보세요.

내 말이 맞아! / 아니거든! / 나는 이렇게 생각해. / 나는 그렇게 생각하지 않아.

2차시

주제
생각을 펼치는 토론 활동 살펴보기

주요 활동
1. 문제를 해결하는 방법을 생각하며 잘 들어 봅시다.
2. 다니엘의 모둠이 '터널을 만드는 것이 좋은가?'에 대해 토론을 하고 있습니다. 토론의 내용을 소리 내어 읽어 봅시다.

학습 도구 어휘
문제점, 반대, 찬성, 바람직하다, 보호, 토론

1 도입 – 5분

1) 1차시에 배운 내용을 복습해 보도록 한다.
- 🔴 수학 문제를 해결할 때 쓰는 표현들을 알아봤어요. 어떤 표현이 있었어요?
- 🔴 '구하다', '해결'이 들어간 문장을 만들 수 있어요?
- 🟢 한국어 어휘와 표현에 초점을 두도록 유도한다.

2) 오늘 배울 내용을 안내한다.
- 🔴 오늘은 문제점을 찾고 그 해결 방법을 생각해 보도록 하겠습니다.

2 주요 활동 I – 15분

1) 66쪽 그림을 함께 살펴본다.
- 🔴 그림이 2개 있어요. 위에는 자동차들이 산속을 다닐 수 있게 터널이 있네요. 아래 그림에는 어떤 내용이 있어요?

2) 생각할 문제를 확인하고, 듣기 자료를 들려준다.
- 🔴 1)번과 2)번 문제를 읽어 보세요.
- 🔴 문제를 해결하는 방법을 생각하며 잘 들어 보세요.

3) 본문에 제시된 주요한 활동을 수행하도록 한다.
- 🔴 아버지께서 하미에게 어떤 소식을 전해 주었어요?
- 🔴 다시 한번 듣기 자료를 들려주겠습니다. 1)번과 2)번의 답을 찾으며 들어 보세요.
- 🔴 터널을 만들면 좋은 점은 무엇일까요?
- 🔴 터널을 만들면 생기는 문제점은 무엇일까요?

4) '어려운 말이 있어요? 확인해 봐요.'에서 빨간색으로 표시된 어휘를 확인하고 뜻을 설명한다.
- 🔴 하미의 말처럼 터널을 만드는 것에 찬성하는 의견과 반대하는 의견이 있을 수 있어요. '찬성'과 '반대'는 언제 쓸 수 있을까요?
- 🔴 '문제점'이 사용된 문장을 찾아 읽어 보세요.

어휘 지식	
찬성	다른 사람의 의견이나 생각 등이 좋다고 인정해 뜻을 같이함. 예 의견이 통과되기 위해서는 과반수 이상의 찬성이 있어야 한다. 나는 다른 동네로 이사 가는 것에 찬성했지만 엄마는 싫다고 하셨다.
반대	어떤 행동이나 의견 등을 따르지 않고 거스름. 예 민준이의 의견에 반대 의견이 있으신 분은 손을 들고 말씀해 주십시오.
문제점 [문:제쩜]	문제가 되는 부분이나 요소. 예 과학 실험 과정에서 문제점이 발견되었다.

🟢 익힘책 37쪽 2번의 ②번과 3번을 쓰게 한다.

5) 3)번 그림을 보고 더 좋은 문제 해결 방법을 생각해 보게 한다.

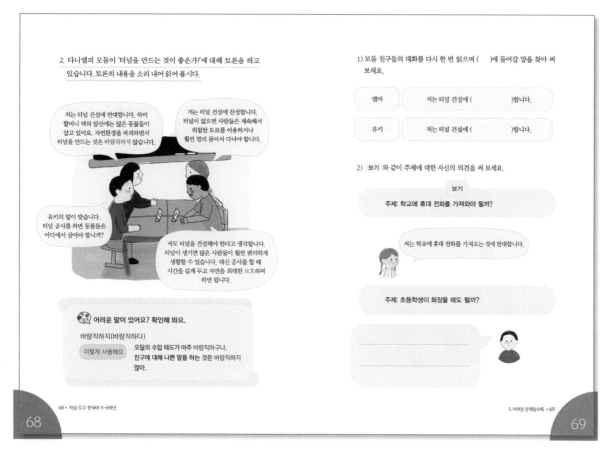

2. 다니엘의 모둠이 '터널을 만드는 것이 좋은가?'에 대해 토론을 하고 있습니다. 토론의 내용을 소리 내어 읽어 봅시다.

저는 터널 건설에 반대합니다. 하미 할머니 댁의 앞산에는 많은 동물들이 살고 있어요. 자연환경을 파괴하면서 터널을 만드는 것은 바람직하지 않습니다.

저는 터널 건설에 찬성합니다. 터널이 없으면 사람들은 계속해서 위험한 도로를 이용하거나 훨씬 멀리 돌아서 다녀야 합니다.

유키의 말이 맞습니다. 터널 공사를 하면 동물들은 어디에서 살아야 합니까?

저도 터널을 건설해야 한다고 생각합니다. 터널이 생기면 많은 사람들이 훨씬 편리하게 생활할 수 있습니다. 대신 공사를 할 때 시간을 길게 두고 자연을 최대한 보호하며 하면 됩니다.

🦉 어려운 말이 있어요? 확인해 봐요.

바람직하지(바람직하다)

이렇게 사용해요 오딜의 수업 태도가 아주 바람직하구나.
친구에 대해 나쁜 말을 하는 것은 바람직하지 않아.

68 · 학습 도구 한국어 5-6학년

1) 모둠 친구들의 대화를 다시 한 번 읽으며 (   )에 들어갈 말을 찾아 써 보세요.

| 엠마 | 저는 터널 건설에 (   )합니다. |
| 유키 | 저는 터널 건설에 (   )합니다. |

2) 보기 와 같이 주제에 대한 자신의 의견을 써 보세요.

보기
주제: 학교에 휴대 전화를 가져와야 될까?

저는 학교에 휴대 전화를 가져오는 것에 반대합니다.

주제: 초등학생이 화장을 해도 될까?

5. 어려운 문제일수록 · 69

● 문제가 생겼을 때나 문제점을 찾았을 때 여러 가지 방법으로 문제를 해결할 수 있어요. 왼쪽의 친구들은 어떻게 문제를 해결하고 있어요?

● 오른쪽의 친구들은 어떻게 문제를 해결하려고 해요? 어떤 방법으로 문제를 해결하면 좋을까요?

6) '부엉이 선생님'의 설명을 읽고 '토론'에 대한 개념을 함께 확인한다.

● '부엉이 선생님'의 설명을 다 같이 읽어 볼까요?

● 토론이란 무엇이에요?

● 어떤 것이 토론 주제가 될 수 있어요?

🈺 익힘책 38쪽의 6번을 수행하도록 한다. 토론의 주제로 적절한 것과 적절하지 않은 것의 예시를 이해할 수 있도록 한다.

③ 주요 활동 II – 15분

1) 68쪽의 그림을 살펴본다. 모둠 친구들의 말풍선을 함께 읽고 내용을 확인한다.

● 유키와 모둠 친구들이 토의를 하고 있어요. 토의 내용을 소리 내어 읽어 보세요.

● 찬성 쪽 친구들은 누구누구예요?

● 반대 쪽 친구들에는 누가 있어요?

🈺 왼쪽 위부터 순서대로 읽을 수 있도록 지도한다.

🈺 말풍선의 내용이 길고 다소 어려울 수 있으므로 앞서 '부엉이 선생님'에서 '토론'에는 찬성과 반대 입장의 차이가 있다는 것을 충분히 인지시킨 후 내용을 확인하도록 한다.

어휘 지식

| 보호 | 위험하거나 곤란하지 않게 지키고 보살핌.
⑩ 자전거를 탈 때에는 다치지 않게 보호 장비를 반드시 착용해야 한다.
잔디를 보호하기 위한 안내문이야. |

🈺 교재 67쪽의 '찬성' 어휘를 다시 한번 살펴보며 익힘책 37쪽 4번과 38쪽 5번을 쓰게 한다. 경우에 따라 과제로 제시할 수 있다.

2) '어려운 말이 있어요? 확인해 봐요.' 속 어휘를 확인한다.

● 유키는 자연환경을 파괴하면서 터널을 만드는 것은 바람직하지 않다고 말했어요. '바람직하다'는 것은 어떤 것일까요?

어휘 지식

| 바람직하다 | 좋다고 생각할 만하다.
⑩ 그렇게 규칙적으로 운동하는 건 아주 바람직해요. |

🈺 '좋다'로 대체하여 이해할 수 있다.

🈺 익힘책 36쪽의 1번과 2번의 ①을 쓰게 한다.

3) 본문에 제시된 주요한 활동을 수행하도록 한다.

● 1)번을 보세요. 친구들의 대화를 다시 한번 읽으며 빈칸에 들어갈 말을 찾아 써 보세요.

● 토론을 할 때는 주제에 대해 자신의 의견을 말할 수 있어요. 다음과 같은 표현을 사용하여 의견을 써 보세요.

🈺 칠판에 아래와 같은 문장 예시를 써 주거나 모니터에 제시한다.

토론에서 의견을 말할 때 쓸 수 있는 표현

'-에 찬성/반대합니다.'
'-을/를 해도 된다고 생각합니다.'
'-을/를 하면 안 된다고 생각합니다.'

④ 정리 – 5분

1) 2)번에 쓴 나의 의견을 발표해 보도록 한다.

2) 차시 예고를 한다.

5단원 어려운 문제일수록 · 53

3차시

1 도입 - 5분

1) 지난 시간에 배운 낱말을 복습해 본다.

- 선 (칠판에 다음과 같이 초성을 이용한 문장을 제시한다.-'그림 속에서 ㅁㅈㅈ을 찾아 ㅎㄱ해 봅시다.') 우리가 지난 시간에 배운 내용이에요. 어떤 낱말이 들어가야 할까요?
- 선 배운 낱말 중에 기억나는 낱말을 발표해 보세요.

2) 오늘 배울 내용을 안내한다.

- 선 지난 시간에 '찬성'과 '반대'를 이용해 내 의견을 말해 보았죠? 오늘은 '찬성! 반대!' 인터뷰 놀이를 통해 배운 내용을 복습해 보겠습니다.

2 놀이 설명 - 10분

1) 70쪽의 그림을 함께 살펴보며 내용을 확인한다.

- 선 놀이 이름이 무엇이에요?
- 선 친구들이 손에 무엇을 들고 있어요?

2) 놀이 방법을 함께 읽어 본다.

- 선 70쪽의 놀이 방법을 소리 내어 읽어 보세요. 모르는 말이 있으면 손을 들어 보세요.
- 선 71쪽의 〈보기〉를 보세요. 선생님이 문제 카드와 의견 카드를 읽으면 여러분이 만든 문장을 읽어 보세요.

3) 익힘책 39쪽의 1번을 쓰게 한다.

3 놀이하기(활동하기) - 20분

1) 선생님이 문제 카드 1장, 의견 카드 1장을 나누어 주면 내가 가진 문제 카드의 내용을 3번에 쓴다.

2) 놀이 방법에 따라 인터뷰 놀이를 하도록 지도한다.

- 유 놀이를 하며 〈보기〉의 표현을 말할 수 있도록 교사가 돌아다니며 확인한다. 뛰어다니지 않도록 지도한다.

3) 찬성과 반대 의견을 모두 찾으면 3번에 그 내용을 쓰게 한다.

- 유 〈보기〉와 같이 문장을 만들어 쓸 수 있도록 한다.

4 정리 - 5분

1) 놀이 중 재미있었던 점을 발표해 보도록 한다.

2) 익힘책 39쪽의 2번을 수행하며 놀이 활동에서 배운 내용을 정리한다. 큰 소리로 읽어볼 수 있도록 한다.

3) 차시 예고를 한다.

되돌아보기

1. 다음 빈칸에 들어갈 낱말을 아래에 써 봅시다.

1) 자연환경을 훼손하며 국토를 개발하는 것은 [ㅂ][ㄹ][ㅈ]하지 않아.

2) 생각이 서로 다른 문제를 해결하기 위해서는 [ㅌ][ㄹ]을 통해 의견을 따져 볼 수 있다.

3) 'g'과 'kg'은 무게를 재는 [ㄷ][ㅇ]입니다.

4) 저는 초등학생들이 휴대 전화를 사용하는 것에 [ㅂ][ㄷ]합니다.

5) 이 그림을 잘 살펴보면 커다란 [ㅁ][ㅈ][ㅈ]을 찾을 수 있어.

1)	2)
3)	4)
5)	

2. 다음 수학 교과서에 들어갈 문장을 붙임 딱지로 붙여 봅시다. 붙임 딱지

보경이가 어머니 생신 선물로 만들고 있는 보석함은 마지막 한 면만 한지를 붙이면 완성됩니다. 보경이에게 필요한 한지의 넓이는 얼마인지 구하시오.

1) [붙임 딱지]

2) 어떤 방법으로 문제를 해결하면 좋을까요?

3) 보경이에게 필요한 한지의 넓이를 구해 보시오.

4) [붙임 딱지]

3. 다음 문제에 자신의 의견을 말해 봅시다.

학교에 자전거를 타고 와도 될까?

저는

72 • 학습 도구 한국어 5~6학년

5. 어려운 문제일수록 • 73

4차시

① 도입 – 5분

1) 되돌아보기 차시의 성격을 설명하고 복습 활동의 대상이 되는 내용을 간략히 설명한다.

🗣 지난 시간에 어떤 놀이를 했지요? 어떤 문제에 대한 해결 방법을 찾았나요?

2) 1~2차시의 내용을 다시 살펴보며 배운 낱말을 떠올리게 한다.

🗣 이번 단원에서 우리는 '문제 해결하기'에 대하여 공부해 보았어요. 배운 낱말에는 무엇이 있었어요?

② 되돌아보기 I – 15분

1) 1~2차시에서 배운 낱말을 함께 확인한다.

🗣 64쪽에서 69쪽까지 다시 한번 살펴보며 파란색으로 표시된 낱말과 빨간색으로 표시된 낱말을 찾아 읽어 보세요.

🗣 '어려운 말이 있어요? 확인해 봐요.'의 예문도 읽어 보세요.

2) 1번에 제시된 초성을 보고 문장을 완성하게 한다.

🗣 1)번을 보세요. ㅂㄹㅈ은 어떤 낱말의 초성일까요? 낱말을 완성해 아래 표에 써 보세요.

🗣 문장을 완성해 발표해 보세요.

③ 되돌아보기 II – 5분

1) 2번의 그림을 살펴보게 한다.

🗣 그림 속에서 여자아이는 무엇을 하고 있어요?

2) 2번 문제를 소리 내어 읽어 보게 한다.

🗣 보경이는 무엇을 만들고 있어요?

🗣 구하려는 것은 무엇이에요?

3) 수학 문제를 해결할 때 사용하는 표현을 붙임 딱지에서 찾아 붙이도록 한다.

🔸 어려워하는 학생은 65쪽의 2번을 다시 한번 확인해 볼 수 있도록 한다.

4) 답을 확인한다.

④ 되돌아보기 III – 10분

1) 3번의 그림을 살펴보고, 내용을 함께 확인한다.

🗣 칠판에 써 있는 내용을 소리 내어 읽어 보세요.

2) 문제에 대한 나의 의견을 써 보도록 한다.

🗣 학교에 자전거를 타고 와도 될까? 나의 의견을 써 보세요.

🔸 의견을 제시할 때에는 도덕적인 정답이 없음을 안내한다.

⑤ 정리 – 5분

1) 3번에 정리한 나의 의견을 발표해 보게 한다.

2) 단원을 공부하며 든 느낌이나 생각을 이야기하며 마무리한다.

5단원 어려운 문제일수록 • 55

'찬성! 반대!' 인터뷰 놀이 카드

문제 카드	문제 카드
초등학생이 화장을 해도 될까?	학교에 자전거를 타고 등교해도 될까?
문제 카드	문제 카드
학교에 휴대 전화를 가져와야 할까?	도서실에서 학습 만화를 읽어도 될까?
문제 카드	문제 카드
초등학생이 화장을 해도 될까?	학교에 자전거를 타고 등교해도 될까?
문제 카드	문제 카드
학교에 휴대 전화를 가져와야 할까?	도서실에서 학습 만화를 읽어도 될까?

'찬성! 반대!' 인터뷰 놀이 카드

의견 카드	의견 카드
초등학생이라도 자기의 외모를 예쁘게 꾸밀 수 있다.	어린 나이에 화장을 하면 피부에 좋지 않다.
의견 카드	의견 카드
학습 만화도 만화책이기 때문에 도서실에서 읽는 것은 바람직하지 않다.	학습 만화의 내용은 수업 시간에 필요한 내용도 많아서 공부에 도움이 된다.
의견 카드	의견 카드
급한 일이 생기면 부모님과 연락할 수 있다.	수업 시간에 자꾸 보게 되는 등 다른 친구들에게 방해가 될 수 있다.
의견 카드	의견 카드
멀리서 학교에 올 때 더 빨리 올 수 있다.	등굣길에 사고의 위험이 있고 자전거를 잃어버릴 수 있다.

6단원 • 수행 평가

단원의 개관

　'수행 평가' 단원은 초등학교 5학년이나 6학년 학생들이 교과 학습에 바탕이 되는 '평가하기'를 중심으로 한국어 어휘와 표현을 배울 수 있도록 구성했다. 이 단원은 '평가하기'에서도 특히 초등학교 평가의 주를 이루는 '수행 평가'에 대한 특화 단원이다. 이를 위해 '친구들의 작품 평가하기', '수행 평가 과정 익히기'를 단원의 주제로 설정했고 '미니북 만들기'를 놀이 활동으로서 제시했다. 단원 주제는 5~6학년군의 국어, 수학, 사회, 과학의 교과 학습과 관련된 사고 활동, 읽거나 쓰는 문식 활동의 주제가 된다. 주제별 학습은 1차시와 2차시에 주로 이루어지며 개념과 지식을 다루거나 용례를 제시하는 어휘 내용을 포함하고 있다. 이러한 어휘 내용은 '한국어 교육과정'의 5~6학년군 어휘 목록에서 선별된 것이다. 단원마다 주제와 관련된 놀이/협동 활동을 3차시에 제시했으며 4차시는 배운 내용을 복습하는 활동으로 마무리하도록 했다.

　이 단원은 생활 한국어 능력 중급(3급)의 학습자가 선택할 수 있는 활동과 어휘 내용으로 구성되었다. 따라서 〈의사소통 한국어〉 교재 3권 6단원('통신') 필수 차시를 모두 배운 학생을 대상으로 하는 선택 차시로 운영될 수 있다. 학습자의 숙달도에 맞는 어휘 및 쓰기 연습 활동은 익힘책 활동을 병행하여 수행할 수 있도록 했다.

단원의 목표와 내용

1) 단원의 목표

◆ 평가의 여러 가지 방법을 알고 말할 수 있다.

◆ 수행 평가의 과정을 알고 말할 수 있다.

2) 단원의 주요 내용

주제	1. 친구들의 작품을 평가하기 2. 수행 평가 과정 익히기		
	교재 활동	**어휘 내용**	**교수·학습 특성**
학습 도구 어휘	🦉 부엉이 선생님	수행 평가	개념 이해 (교과 연계 및 익힘책 활용)
	💬 어려운 말이 있어요? 확인해 봐요.	작품, 제출, 점검, 태도	용례 학습 어휘 연습 (익힘책 활용)
	선택 어휘 (파란색 표시)	전시, 평가, 범위	어휘 연습 (익힘책 활용)

● 차시 전개 과정

1) 차시의 흐름

차시	주제	학습 내용	교재 쪽수	익힘책 쪽수
1	친구들의 작품을 평가하기	1. 친구들의 작품이 전시되어 있습니다. 타이선과 서영이의 대화를 소리 내어 읽어 봅시다. 2. 타이선이 엠마가 만든 작품을 평가하고 있습니다. 잘 듣고 엠마가 잘한 점과 고칠 점을 찾아 써 봅시다	76~77	40~41
2	수행 평가 과정 익히기	1. 다음 그림을 보고 수행 평가 전에 준비할 것을 알아봅시다. 2. 수행 평가를 보는 날입니다. 선생님의 말씀을 소리 내어 읽어 봅시다. 3. 수행 평가를 볼 때에는 어떤 태도를 가져야 할까요? 다음 그림을 보며 생각해 봅시다.	78~81	42~44
3	놀이/협동 학습	1. 짝과 함께 여러 가지 미니북을 만들어 봅시다. 2. 만든 미니북에 이번 단원에서 배운 낱말들을 정리해 봅시다.	82~83	45
4	정리 학습	1. 다음 글자들을 모아 낱말을 만들고 써 봅시다. 2. 위의 낱말을 이용하여 짧은 문장 만들기를 해 봅시다 3. 다음 그림을 보고 고쳐야 할 점을 이야기해 봅시다. 4. 잘 공부했는지 스스로 평가해 봅시다	84~85	

2) 차시별 교수·학습 활동

◆ 1차시 및 2차시: 단원의 주제에 맞는 읽기(특히 소리 내어 읽기)나 쓰기 활동을 제시했다. 또한 생각을 주고받는 말하기나 발표하기 등의 수업 활동을 경험할 수 있도록 과제를 제시했다. 익힘책 활동이 연계된다.

◆ 3차시: 단원의 주제와 관련된 놀이니 협동 활동을 제시했다. 놀이나 협동 과정에서 사용한 어휘, 문상을 활용하는 쓰기와 말하기 활동이 함께 제시되었다. 익힘책 활동이 연계된다.

◆ 4차시: 단원의 어휘 및 주제별 학습 내용을 정리, 복습하는 활동을 제시했다. 복습 활동 위주의 차시로서 익힘책 활동은 따로 연계되지 않는다.

● 단원 지도상의 유의점

◆ 학습에 필요한 어휘를 배우는 활동과 문식력 강화 활동이 이루어지도록 운영한다.

◆ 수행 평가에 대한 기초 지식을 습득할 수 있도록 수행 평가의 경험에 대해 다양하게 브레인스토밍한다.

◆ 미니북 만들기 활동을 할 때에는 미적인 요소보다는 다양한 활용에 중점을 두어 만들 수 있도록 지도한다.

◆ 학습 도구 어휘의 경우 추상성이 강하므로 명시적으로 설명하기보다는 활동 과정에서 경험을 통해 익힐 수 있도록 한다.

주제
친구들의 작품을 평가하기

주요 활동
1. 친구들의 작품이 전시되어 있습니다. 타이선과 서영이의 대화를 소리 내어 읽어 봅시다.
2. 타이선이 엠마가 만든 작품을 평가하고 있습니다. 잘 듣고 엠마가 잘한 점과 고칠 점을 찾아 써 봅시다.

학습 도구 어휘
작품, 전시, 평가

1 도입 – 5분

1) 단원 도입 모듈에 제시된 〈의사소통 한국어〉 연계 단원 이름을 본다. 〈의사소통 한국어〉 교재에서 배웠던 내용을 간략히 정리해 주거나, 〈의사소통 한국어〉 주제를 활용하여 생활 한국어 이해 수준을 확인한다.

  ❺ 여러분, 여기 예쁜 집이 있어요.
    여러분이 배워야 할 한국어들이 잘 모이면 이렇게 예쁜 집이 돼요.

  ❺ 여러분은 여러 가지 통신 수단에 대해 말할 수 있어요? 누가 말해 볼까요?

  ❻ 도입 모듈에 대한 설명이나 활동은 최대한 간략하게 하며, 경우에 따라 생략할 수 있다.

2) 단원 도입 그림을 보면서 단원의 주제와 학습 목표, 대략적인 단원 학습 내용을 함께 살펴본다.

  ❺ 75쪽의 그림을 보세요. 유키와 타이선은 어떻게 대화를 나누고 있어요?

  ❺ 내일 무슨 과목 수행 평가가 있어요?

  ❺ 타이선이 유키에게 물어본 것은 무엇 무엇이에요?

  ❻ 메시지로 대화를 나누는 것에 대한 복습이 필요한 경우, 〈의사소통 한국어〉 교재 5단원(통신)의 내용을 좀 더 다룰 수 있다.

2 주요 활동Ⅰ – 20분

1) 76쪽의 그림을 살펴보도록 한다.

2) 교사가 교재의 내용을 읽어 주고, 이해를 확인한다.

  ❺ 사물함 위에 무엇이 놓여 있어요?

  ❺ 타이선의 말풍선을 읽어 보세요. 병풍 책의 내용이 무엇이에요?

  ❺ 서영이의 말풍선을 읽어 보세요. 서영이는 누구의 병풍 책에 붙임 딱지를 붙였어요?

어휘 지식	
전시	찾아온 사람들에게 보여 주도록 여러 가지 물품을 한곳에 차려 놓음. 예 이 유적들은 국내 전시가 끝나면 다시 영국의 박물관으로 돌아간다. 내 미술 작품을 교실 뒤쪽에 전시했다.

  ❻ 교재 77쪽의 '평가' 어휘까지 모두 배운 후 익힘책 41쪽의 3번, 4번을 이어서 수행하도록 한다.

3) 본문에 제시된 주요한 활동을 수행하도록 한다.

친구들의 작품을 평가하기

1. 친구들의 작품이 전시되어 있습니다. 타이선과 서영이의 대화를 소리 내어 읽어 봅시다.

지난번 사회 수행 평가 때 만든 '고려 시대의 문화' 병풍 책을 선생님께서 전시해 주셨어. 둘러보고, 칭찬하고 싶은 책에 붙임 딱지를 붙여 주라고 하셨지?

응. 나는 엠마와 오딜의 책에 붙임 딱지를 붙였어. 엠마는 정말 열심히 만들었더라. 고려 시대의 문화를 자세히 정리했어. 그리고 오딜은 여러 가지 사진과 그림으로 보기 쉽게 책을 만들어서 칭찬하고 싶어.

 어려운 말이 있어요? 확인해 봐요.

작품

이렇게 사용해요	작품을 완성했으면 가지고 나오세요. 여러 가지 미술 작품을 감상해 봅시다.

---

  ❺ 선생님께서 친구들의 작품을 보고 어떻게 평가하라고 하셨어요? 타이선과 서영이는 친구들의 작품을 보고 어떻게 평가하고 있어요?

어휘 지식	
평가 [평:까]	사물의 값이나 가치, 수준 등을 헤아려 정함. 또는 그 값이나 가치, 수준. 예 미술 시간에 친구의 작품을 평가해 보았다. 사람들의 평가에 너무 신경 쓰지 말고 자신감을 갖고 행동하렴.

  ❻ 익힘책 41쪽의 3번, 4번을 수행하도록 한다.

  ❺ 친구의 작품을 평가해 본 적 있어요? 발표해 보세요.

  ❺ 친구의 작품을 평가할 때에는 칭찬하고 싶은 작품에 스티커 붙이기, 친구의 작품 평가표에 표시하기 등을 할 수 있어요.

  ❺ 서영이는 엠마와 오딜의 책을 칭찬했어요. 엠마가 잘한 점은 무엇이에요? 오딜이 잘한 점은 무엇이에요? 어떤 점을 칭찬했는지 찾아 써 보세요.

1) 타이선과 서영이는 친구들의 작품을 보고 어떤 방법으로 평가하고 있어요?

2) 서영이는 엠마와 오딜의 책을 칭찬했어요. 어떤 점을 칭찬했는지 찾아 써 보세요.

엠마	
오딜	

2. 타이선이 엠마가 만든 작품을 평가하고 있습니다. 잘 듣고 엠마가 잘한 점과 고칠 점을 찾아 써 봅시다. 🔊 2

잘한 점	
고칠 점	

엠마가 '고려 시대의 문화' 병풍 책을 아주 열심히 만든 것 같습니다. 특히 내용을 자세히 잘 정리해서 고려 시대의 문화를 공부할 때에 많은 도움이 됩니다. 하지만 여러 가지 문화재는 그림이나 사진을 붙여서 정리하면 한눈에 볼 수 있고 더 오래 기억할 수 있겠습니다.

3) 답을 확인한다.
- 🔵 엠마의 병풍 책에서 칭찬할 점, 잘한 점은 무엇이에요?
- 🔵 엠마의 병풍 책에서 아쉬운 점, 고칠 점은 무엇이에요?
- 🔴 잘한 점 대신에 칭찬할 점, 고칠 점 대신에 아쉬운 점이라는 표현을 사용하여 평가에 쓰이는 다양한 표현을 접할 수 있도록 한다

4 정리 – 5분

1) '어려운 말이 있어요? 확인해 봐요.' 속 어휘를 복습하도록 한다.
- 🔵 오늘 배운 내용을 다시 한번 살펴볼까요?
- 🔵 오늘은 친구들의 작품을 평가하는 방법을 알아보고, 평가 내용을 듣고 정리해 보았어요. 수업 시간에 여러 가지 '작품'을 완성하면 선생님께서 평가하거나 친구들이 평가할 수 있어요.

2) 익힘책 41쪽의 5번을 정리 활동으로 쓰게 한다.

3) 차시 예고를 한다.

어휘 지식

작품	그림, 조각, 소설, 시 등 예술 창작 활동으로 만든 것. 예 우리는 미술관에서 작품을 감상했다. 백일장 대회에서 내가 응모한 작품이 상을 받았다.

🔴 익힘책 40쪽의 1번, 2번을 쓰게 한다.

3 주요 활동 II – 10분

1) 77쪽 2번 그림을 함께 살펴본다.
- 🔵 타이선이 엠마가 만든 작품을 보고 있어요.
- 🔵 엠마가 만든 병풍 책을 보세요. 듣기 자료를 듣기 전에 여러분이 먼저 엠마의 병풍 책에서 칭찬할 점과 고칠 점을 찾아보세요. 누가 이야기해 볼까요?

2) 듣기 자료를 두 번 들려준다.
- 🔵 타이선이 엠마의 작품을 어떻게 평가하고 있는지 생각하며 듣기 자료를 들어 보세요.
- 🔵 듣기 자료를 한 번 더 들으며 2번의 빈칸에 엠마가 잘한 점과 고칠 점을 찾아 써 보세요.

수행 평가 과정 익히기

1. 다음 그림을 보고 수행 평가 전에 준비할 것을 알아봅시다.

교과	단원	성취 기준	평가 방법	평가 시기
과학	1. 날씨와 우리 생활	여러 가지 기상 현상이 생기는 과정을 설명할 수 있다.	지필 평가	9월 2주
	2. 산과 염기	산성 용액과 염기성 용액을 분류할 수 있다.	서술형 평가	10월 2주
	3. 물체의 빠르기	속력의 의미를 알고 물체의 속력을 구할 수 있다.	서술형 평가	11월 2주
	4. 우리 몸의 구조와 기능	인체 모형 책을 만들어 소화 기관의 종류, 위치, 생김새와 기능을 설명할 수 있다.	관찰 평가 상호 평가	12월 2주

1) 수행 평가 안내 가정 통신문에는 어떤 내용이 있어요?

2) 수행 평가를 본 경험이 있어요? 선생님과 함께 이야기해 보세요.

수행 평가

우리가 배운 내용을 잘할 수 있는지 확인하는 것을 수행 평가라고 해요. 수행 평가의 방법에는 스스로 평가하기, 친구와 상호 평가하기, 선생님께서 관찰 평가하기, 평가지(시험지) 풀기, 배운 내용 정리하여 책 만들기 등이 있어요.

3) 오딜이 엠마에게 메시지를 보내 수행 평가의 범위를 물어봐요. 아래 그림에서 수행 평가의 범위를 묻는 질문을 찾아 밑줄을 긋고, 소리 내어 읽어 보세요.

2차시

주제
수행 평가 과정 익히기

주요 활동
1. 다음 그림을 보고 수행 평가 전에 준비할 것을 알아봅시다.
2. 수행 평가를 보는 날입니다. 선생님의 말씀을 소리 내어 읽어 봅시다.
3. 수행 평가를 볼 때에는 어떤 태도를 가져야 할까요? 다음 그림을 보며 생각해 봅시다.

학습 도구 어휘
범위, 제출, 점검, 태도, 수행 평가

1 도입 – 5분

1) 1차시에 배운 내용을 복습해 보도록 한다.

- 😊 지난 시간에 우리는 친구의 작품을 평가하는 것에 대해 배웠어요. 타이선과 서영이가 친구들의 병풍 책을 평가할 때 어떻게 했어요?
- 😊 병풍 책이나 미술품 등 우리가 만든 결과물을 무엇이라고 불러요?
- 🙂 한국어 어휘와 표현에 초점을 두도록 유도한다.

2) 오늘 배울 내용을 안내한다.

- 😊 오늘은 수행 평가의 안내, 준비, 수행 평가를 볼 때의 태도 등 수행 평가의 과정을 알아보도록 하겠습니다.

2 주요 활동 I – 15분

1) 78쪽 그림을 살펴보며 수행 평가 안내 가정 통신문의 내용을 함께 확인한다.

- 😊 타이선이 수행 평가 안내 가정 통신문을 읽고 있어요.
- 😊 가정 통신문에는 어떤 내용이 있어요? 표의 가장 첫 번째 줄을 선생님과 함께 소리 내어 읽어 볼까요?
- 😊 어떤 과목의 수행 평가에 대한 내용이에요?
- 😊 평가 방법에는 어떤 것이 있어요?
- 🙂 성취 기준, 지필 평가, 상호 평가 등 어려운 낱말들이 나오지만, 실제 수행 평가 안내 가정 통신문에서 쉽게 볼 수 있는 내용이므로 각각의 내용에 대하여 간단히 설명하여 학생들의 이해를 도울 수 있도록 한다.

2) 수행 평가 안내에 대하여 부가 설명한다.

- 😊 수행 평가를 하기 전에는 이렇게 선생님이 미리 안내를 해 주세요. 학기 초에는 가정 통신문으로 한 학기 동안 이루어질 수행 평가가 안내되고, 평가하기 전에 선생님 말씀이나 알림장 등을 통해 한 번 더 안내해 주십니다.

3) '부엉이 선생님'의 '수행 평가' 설명을 읽어 보고 수행 평가를 했던 경험에 대하여 발표해 보도록 한다.

- 😊 이번 주에 수행 평가를 본 사람은 손을 들어 보세요. 어떤 수행 평가를 봤어요?
- 😊 시험지를 푸는 것 말고 또 어떤 수행 평가가 있나요? 기억에 남는 것이 있으면 발표해 보세요.
- 😊 수행 평가는 우리가 배운 내용을 잘할 수 있는지 확인하는 거예요. 국어, 수학 등 모든 과목에서 수행 평가를 봐요. 글쓰기, 발표하기, 시험지 풀기 등 다양한 방법의 평

2. 수행 평가를 보는 날입니다. 선생님의 말씀을 소리 내어 읽어 봅시다.

오늘은 과학 수행 평가가 있습니다. 나누어 주는 인체 모형 그림을 이용하여 우리 몸의 구조와 기능을 정리하세요. 시간은 30분 주겠습니다. 그 전에 제출해도 좋습니다. 종이를 받으면 가장 먼저 번호와 이름을 쓰세요. 그리고 제출하기 전에 틀리거나 빠뜨린 부분은 없는지 꼭 점검하세요.

1) 평가 시간은 몇 분이에요?

2) 평가지를 받으면 가장 먼저 할 일이 무엇이에요?

3) 평가지를 제출하기 전에 무엇을 확인해야 해요?

3. 수행 평가를 볼 때에는 어떤 태도를 가져야 할까요? 다음 그림을 보며 생각해 봅시다.

평가에 집중하여 최선을 다해요.

친구와 장난치지 않아요.

어려운 말이 있어요? 확인해 봐요.

제출
| 이렇게 사용해요 | 방학 숙제를 제출하지 않은 사람 있어요? 다 한 사람은 앞으로 나와 시험지를 제출하세요. |

점검
| 이렇게 사용해요 | 출발하기 전에 모두 모였는지 점검하겠습니다. 시험지를 내기 전에 번호와 이름을 썼는지 점검해야 해. |

태도
| 이렇게 사용해요 | 민이는 친구들을 대하는 태도가 훌륭해. 오늘 수업 태도가 좋지 않아서 선생님께 혼이 났어요. |

가가 있어요. 주로 선생님이 평가하지만, 친구나 자기 스스로 평가하기도 해요.

🌱 '부엉이 선생님'에 제시된 내용이 다소 어렵거나 추상적일 수 있기 때문에, 실제 학교 현장에서 많이 하는 수행 평가의 예시 등을 가지고 설명해 주도록 한다. 익힘책 42쪽의 1번을 수행하며 다양한 수행 평가의 예시를 확인할 수 있다.

4) 79쪽 3)번 그림의 내용을 함께 살펴본다.

🟢 누구와 누가 대화하고 있어요? 어떻게 이야기를 나누고 있어요?

🟢 오딜이 엠마에게 무엇을 물어봐요?

🟢 수행 평가의 범위를 묻는 질문을 찾아 밑줄을 긋고 소리 내어 읽어 보세요.

어휘 지식

| 범위 [버:위] | 일정하게 한정된 구역. 또는 어떤 힘이 미치는 한계. ◉ 시험 범위가 너무 넓어서 공부하는 데 시간이 많이 걸린다. |

🌱 익힘책 44쪽의 6번, 7번을 쓰게 한다.

③ 주요 활동 II - 15분

1) 80쪽 그림을 살펴보며 내용을 함께 확인한다.

🟢 지금 무슨 시간이에요?

🟢 오늘 무슨 수행 평가를 해요?

🟢 선생님 말씀을 소리 내어 읽어 보세요.

2) 본문에 제시된 주요한 활동을 수행하도록 한다.

🟢 선생님의 말씀을 다시 한번 읽어 보세요.

🟢 평가 시간은 몇 분이에요?

🟢 평가지를 받으면 가장 먼저 할 일이 무엇이에요?

🟢 평가지를 제출하기 전에 무엇을 확인해야 해요?

3) 3번 그림을 보며 수행 평가를 볼 때 가져야 할 태도에 대해 함께 이야기한다.

🟢 다니엘이 시험지를 풀고 있어요. 수행 평가를 풀 때는 어떻게 해야 할까요? 함께 소리 내어 읽어 보세요.

🟢 오른쪽 그림을 살펴볼까요? 수행 평가 시간인데 다니엘과 장위가 무엇을 하고 있어요?

🌱 익힘책 42쪽의 2번을 쓰게 한다. 경우에 따라 과제로 제시할 수 있다.

4) 빨간색으로 표시된 어휘를 '어려운 말이 있어요? 확인해 봐요.'에서 확인하고 뜻을 설명한다.

🟢 '제출', '점검', '태도'가 나오는 문장을 찾아 읽어 보세요.

어휘 지식

제출	어떤 안건이나 의견, 서류 등을 내놓음. ◉ 나는 숙제를 제출하기 위해 선생님을 찾아갔다.
점검	낱낱이 검사함. 또는 그런 검사. ◉ 우리는 체육 대회 때 인원 점검을 마친 후 경기를 시작했다.
태도	몸을 움직이거나 어떤 일을 대하는 마음이 드러난 자세. ◉ 수업 태도가 좋지 않아 늘 선생님께 혼이 났다.

🌱 익힘책 42쪽의 3번과 43쪽의 4번, 5번을 이어서 수행하도록 한다.

④ 정리 - 5분

1) 수행 평가의 과정을 다시 한번 되짚어 준다.

2) 차시 예고를 한다.

함께 해 봐요

1. 짝과 함께 여러 가지 미니북을 만들어 봅시다.

계단 책 만들기

〈만드는 방법〉
① 색깔이 다른 도화지를 3장 준비한다.
② 도화지를 손가락 한 마디 정도씩 보이도록 겹쳐 놓는다.
③ 겹쳐 놓은 상태에서 맨 위 종이를 다시 손가락 한 마디 정도 남도록 접는다.
④ 접은 부분을 스테이플러로 고정한다.

8면 미니북 만들기

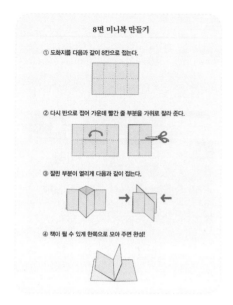

① 도화지를 다음과 같이 8칸으로 접는다.

② 다시 반으로 접어 가운데 빨간 줄 부분을 가위로 잘라 준다.

③ 잘린 부분이 열리게 다음과 같이 접는다.

④ 책이 될 수 있게 한쪽으로 모아 주면 완성!

2. 만든 미니북에 이번 단원에서 배운 낱말들을 정리해 봅시다.

3차시

1 도입 – 5분

1) 수행 평가의 과정을 배운 2차시 내용을 되짚어본다.

　🔵 지난 시간에 우리는 수행 평가의 과정을 배웠어요. 제일 먼저 선생님께서 수행 평가에 대해 미리 안내해 주신다고 했지요? 선생님의 안내를 받고 나면 무엇을 해야 할까요?

2) 오늘 배울 내용을 안내한다.

　🔵 76쪽에서 친구들이 만든 책 이름이 무엇이었어요?

　🔵 병풍 책 외에도 배운 내용을 정리할 수 있는 미니북이 여러 가지 있어요. 오늘은 직접 미니북을 만들어 배운 낱말을 정리해 보겠습니다.

2 활동하기 – 20분

1) 82쪽과 83쪽의 그림을 함께 살펴본다.

　🔵 그림에 두 가지 미니북 만드는 방법이 나와요. 어떤 미니북이 있어요?

　🔵 미니북은 우리가 쉽게 직접 만들 수 있는 책이에요. 여러 가지 모양의 미니북으로 배운 내용을 정리할 수 있어요. 이렇게 미니북으로 내용을 정리하면 재미있고 더 기억에 남아요.

2) 교사가 준비물을 나누어 주고, 직접 미니북을 만들어 보게 한다.

　🔵 선생님을 따라 미니북을 만들어 볼까요?

　🟡 미니북을 단계별로 천천히 만들 수 있도록 안내한다.

　🟡 학생들의 수준과 학교 여건에 따라 두 가지 미니북을 모두 만들어 볼 수도 있고, 한 가지만 골라서 만들어 볼 수도 있다.

3 심화 활동하기 – 10분

1) 만든 미니북에 배운 낱말을 정리하게 한다.

　🔵 만든 미니북에 이번 단원에서 배운 낱말들을 정리해 보세요. 76~81쪽의 파란색 글씨와 빨간색 글씨 중에 어려웠던 낱말을 골라 정리하세요.

　🟡 학생의 수준에 따라 '낱말 쓰고 짧은 문장 만들기', '낱말과 낱말이 사용된 문장 그대로 따라 쓰기', '낱말과 익힘책의 예문 쓰기' 등 다양한 방법으로 내용을 정리할 수 있도록 안내한다.

　🟡 미니북을 만들 시간적 여유가 없을 경우 익힘책 45쪽의 1번으로 대체하여 활동할 수 있다.

2) 만든 미니북을 짝과 바꾸어 읽어 보도록 한다.

4 정리 – 5분

1) 미니북을 전시하여 친구들의 작품을 감상하도록 한다.

　🟡 정리 활동으로 익힘책 45쪽의 2번을 활용할 수 있다.

2) 차시 예고를 한다.

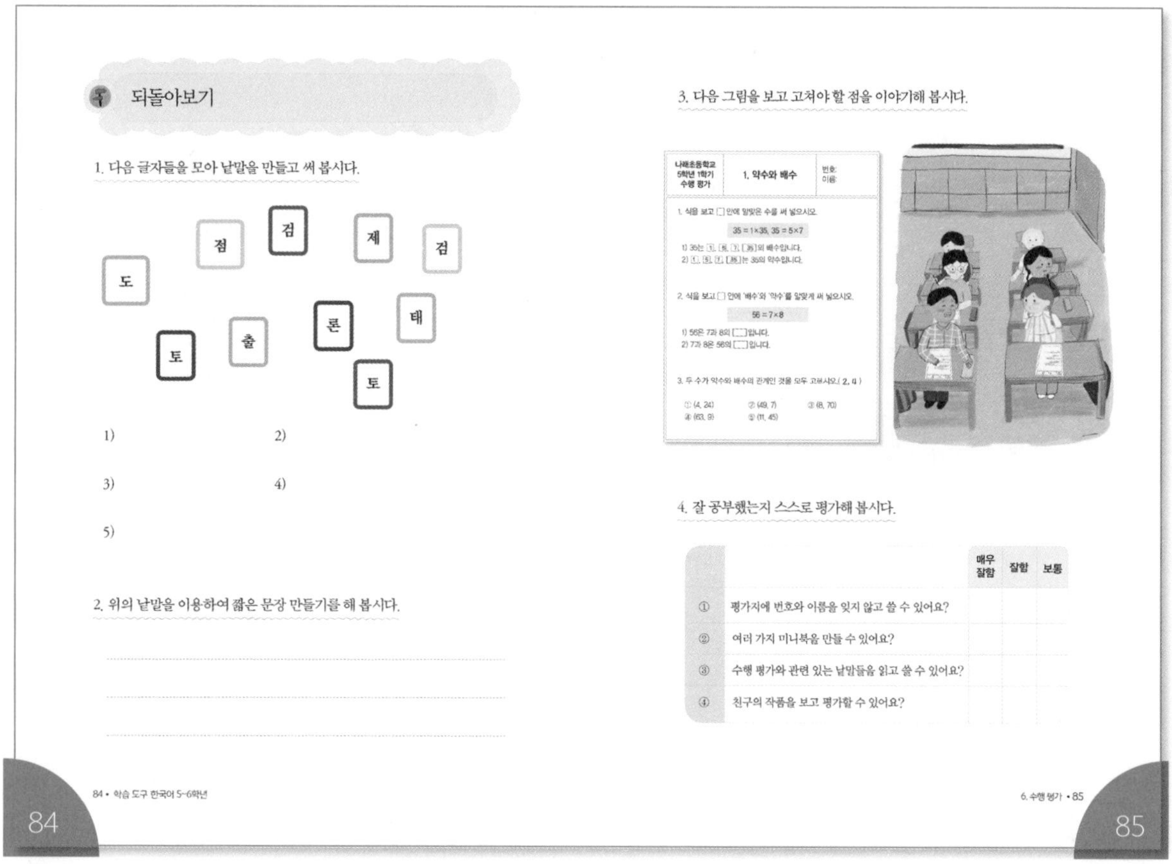

1. 다음 글자들을 모아 낱말을 만들고 써 봅시다.

점 검 제 검
도
토 출 론 태
토

1)   2)

3)   4)

5)

2. 위의 낱말을 이용하여 짧은 문장 만들기를 해 봅시다.

_____

_____

_____

3. 다음 그림을 보고 고쳐야 할 점을 이야기해 봅시다.

4. 잘 공부했는지 스스로 평가해 봅시다.

		매우 잘함	잘함	보통
①	평가지에 번호와 이름을 잊지 않고 쓸 수 있어요?			
②	여러 가지 미니북을 만들 수 있어요?			
③	수행 평가와 관련 있는 낱말들을 읽고 쓸 수 있어요?			
④	친구의 작품을 보고 평가할 수 있어요?			

4차시

1 도입 – 5분

1) 지난 시간에 만들어 전시한 미니북을 나누어 준다.

2) 단원의 1~2차시의 내용을 다시 살펴보며 배운 낱말을 떠올려 보게 한다.

- 🔵 이번 단원에서 수행 평가에 대해 공부해 보았어요. 배운 낱말에는 무엇이 있었어요?

2 되돌아보기 I – 15분

1) 1번 글자들을 살펴보고, 낱자들을 모아 낱말을 만들어 쓰도록 한다.

- 🔵 1번을 보세요. 10개의 글자들이 있어요. 글자들을 소리 내어 읽어 보세요.
- 🔵 글자들의 짝을 맞추어 낱말을 만들어 보세요.
- 🟢 학생들의 수준에 따라 같은 색깔의 글자 카드끼리 모으면 낱말을 만들 수 있음을 안내할 수 있고, 글자를 카드로 제작하여 아이들에게 직접 조작 활동으로 낱말을 조합하게 할 수도 있다.

2) 답을 확인하고, 만든 낱말을 이용하여 짧은 문장을 만들어 보게 한다.

- 🔵 완성한 낱말을 하나씩 발표해 볼까요?
- 🔵 만든 낱말을 이용하여 2번에 짧은 문장을 3개 만들어 보세요.
- 🟢 학생 수준과 수업시간 배분에 따라 문장 개수를 조절할 수 있다.

3 되돌아보기 II – 10분

1) 3번의 그림을 함께 살펴본다.

- 🔵 3번 그림을 보세요. 왼쪽에는 무엇이 있어요?
- 🔵 오른쪽 친구들은 무엇을 하고 있어요?

2) 그림에서 고쳐야 할 점을 찾아 이야기해 보도록 한다.

- 🔵 왼쪽에 있는 수행 평가지에는 무슨 문제가 있어요? 어떻게 해야 할까요?
- 🔵 오른쪽 친구들의 태도에는 어떤 문제가 있어요? 수행 평가를 볼 때에는 어떻게 해야 할까요?

4 정리 – 10분

1) 4번 표를 읽어 보고 내용을 확인하도록 한다.

- 🔵 이번 단원에서 우리가 공부한 내용을 얼마나 잘 알고 있는지 스스로 확인해 보는 평가표입니다. ①부터 소리 내어 읽어 볼까요?
- 🟢 소리 내어 읽는 활동이 많으므로 4번 활동에서는 '한 문장씩 읽기', '남/여학생이 한 문장씩 돌아가며 읽기', '선생님과 학생들이 한 문장씩 번갈아 읽기' 등 교실의 여건에 따라 다양한 읽기 방법을 활용한다.

2) 다음 주에 볼 수행 평가는 무엇인지 이야기하며 마무리한다.

7단원 • 독서 기록장

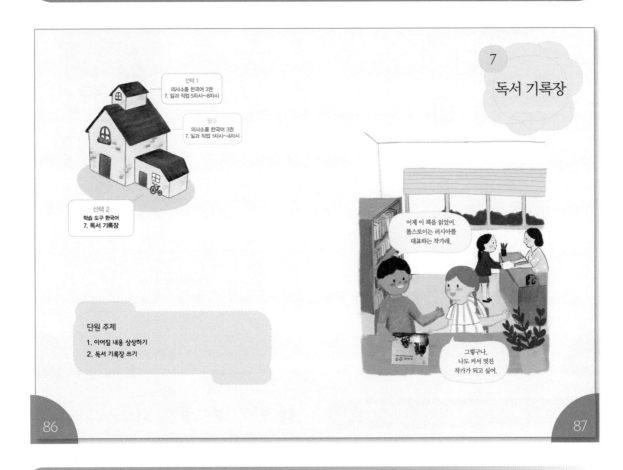

단원의 개관

'독서 기록장' 단원은 초등학교 5학년이나 6학년 학생들이 교과 학습에 바탕이 되는 '창의적 사고하기'를 중심으로 한국어 어휘와 표현을 배울 수 있도록 구성했다. 이 단원은 '창의적 사고하기'와 초등학교에서 많이 사용하는 '독서 기록장'을 연계한 특화 단원이다. 이를 위해 '이어질 내용 상상하기', '독서 기록장 쓰기'를 단원의 주제로 설정했고 '이야기 만들기'를 놀이 학습으로서 제시했다. 단원 주제는 5~6학년군의 국어, 수학, 사회, 과학의 교과 학습과 관련된 사고 활동, 읽거나 쓰는 문식 활동의 주제가 된다. 주제별 학습은 1차시와 2차시에 주로 이루어지며 개념과 지식을 다루거나 용례를 제시하는 어휘 내용을 포함하고 있다. 이러한 어휘 내용은 '한국어 교육과정'의 5~6학년군 어휘 목록에서 선별된 것이다. 단원마다 주제와 관련된 놀이/협동 활동을 3차시에 제시했으며 4차시는 배운 내용을 복습하는 활동으로 마무리하도록 했다.

이 단원은 생활 한국어 능력 중급(3급)의 학습자가 선택할 수 있는 활동과 어휘 내용으로 구성되었다. 따라서 〈의사소통 한국어〉 교재 3권 7단원('일과 직업') 필수 차시를 모두 배운 학생을 대상으로 하는 선택 차시로 운영될 수 있다. 학습자의 숙달도에 맞는 어휘 및 쓰기 연습 활동은 익힘책 활동을 병행하여 수행할 수 있도록 했다.

단원의 목표와 내용

1) 단원의 목표

◆ 이야기를 읽고 이어질 내용을 상상하여 말할 수 있다.

◆ 책을 읽고 독서 기록장을 쓸 수 있다.

2) 단원의 주요 내용

주제	1. 이어질 내용 상상하기 2. 독서 기록장 쓰기		
	교재 활동	**어휘 내용**	**교수·학습 특성**
학습 도구 어휘	✏ 꼬마 수업	독서 기록장	개념 이해 (교과 연계 및 익힘책 활용)
	💬 어려운 말이 있어요? 확인해 봐요.	상상, 관점, 재구성, 배경, 창의적	용례 학습 어휘 연습 (익힘책 활용)
	선택 어휘 (파란색 표시)	순서, 작품, 바꾸다	어휘 연습 (익힘책 활용)

● 차시 전개 과정

1) 차시의 흐름

차시	주제	학습 내용	교재 쪽수	익힘책 쪽수
1	이어질 내용 상상하기	1. 다음 그림을 보고 이야기 내용을 순서대로 붙임 딱지를 이용해 붙여 봅시다. 2. 이어질 내용을 상상해 봅시다.	88~89	46~47
2	독서 기록장 쓰기	1. 선생님과 함께 책을 읽어 봅시다. 2. 책을 읽고 다니엘의 모둠 친구들이 대화를 나누고 있습니다. 소리 내 어 읽어 봅시다. 3. 독서 기록장을 써 봅시다	90~93	48~50
3	놀이/협동 학습	1. '이야기 만들기' 놀이를 해 봅시다. 2. 내가 뽑은 카드로 만든 문장을 만들고 써 봅시다.	94~95	51
4	정리 학습	1. 아래 글자판에서 〈보기〉의 낱말을 찾아봅시다. 2. 찾은 낱말을 이용하여 짧은 문장을 만들어 봅시다. 3. 이번 달에 재미있게 읽은 책이 있어요? 아래에 내용을 써 봅시다. 4. 〈보기〉에서 하고 싶은 활동을 선택해 ○표 하고 독서 기록장을 써 봅 시다.	96~97	

2) 차시별 교수·학습 활동

◆ 1차시 및 2차시: 단원의 주제에 맞는 읽기(특히 소리 내어 읽기)나 쓰기 활동을 제시했다. 또한 생각을 주고받는 말하기나 발표하기 등의 수업 활동을 경험할 수 있도록 과제를 제시했다. 익힘책 활동이 연계된다.

◆ 3차시: 단원의 주제와 관련된 놀이나 협동 활동을 제시했다. 놀이나 협동 과정에서 사용한 어휘, 문장을 활용하는 쓰기와 말하기 활동이 함께 제시되었다. 익힘책 활동이 연계된다.

◆ 4차시: 단원의 어휘 및 주제별 학습 내용을 정리, 복습하는 활동을 제시했다. 복습 활동 위주의 차시로서 익힘책 활동은 따로 연계되지 않는다.

● 단원 지도상의 유의점

◆ 학습에 필요한 어휘를 배우는 활동과 문식력 강화 활동이 이루어지도록 운영한다.

◆ 독서 기록장 특화 단원으로 학생들이 주로 하는 독서 기록장 활동 중 창의적 사고를 할 수 있는 다양한 독후 활동을 안내하도록 한다.

◆ 수업 시간에 실제로 독서를 하고 독서 기록장을 써 보는 경험을 하며 독서 기록장 작성을 좀 더 가까이 할 수 있도록 흥미를 유발한다.

◆ 이야기 만들기를 할 때는 최대한 다양한 학생들의 생각을 존중해 주되, 너무 폭력적이거나 비교육적인 내용이 등장하지 않도록 교사가 주의 깊게 살핀다.

◆ 학습 도구 어휘의 경우 추상성이 강하므로 명시적으로 설명하기보다는 활동 과정에서 경험을 통해 익힐 수 있도록 한다.

1차시

주제

이어질 내용 상상하기

주요 활동

1. 다음 그림을 보고 이야기 내용을 순서대로 붙임 딱지를 이용해 붙여 봅시다.
2. 이어질 내용을 상상해 봅시다.

학습 도구 어휘

순서, 상상

① 도입 – 5분

1) 단원 도입 모듈에 제시된 〈의사소통 한국어〉 연계 단원 이름을 본다. 〈의사소통 한국어〉 교재에서 배웠던 내용을 간략히 정리해 주거나, 〈의사소통 한국어〉 주제를 활용하여 생활 한국어 이해 수준을 확인한다.

- 🔵 여러분, 여기 예쁜 집이 있어요.

  여러분이 배워야 할 한국어들이 잘 모이면 이렇게 예쁜 집이 돼요.
- 🔵 여러분이 알고 있는 일과 직업에는 어떤 것이 있나요? 누가 말해 볼까요?
- 🟢 도입 모듈에 대한 설명이나 활동은 최대한 간략하게 하며, 경우에 따라 생략할 수 있다.

2) 단원 도입 그림을 보면서 의사소통 한국어 연계 주제(직업)를 환기시키고, 책을 읽어 본 경험을 떠올릴 수 있도록 한다.

- 🔵 다니엘의 말을 읽어 보세요. 다니엘이 어제 읽은 책은 무엇이에요?
- 🔵 톨스토이의 직업은 무엇이에요?
- 🔵 이번 달에 어떤 책을 읽었는지 이야기해 볼까요?

② 주요 활동 I – 15분

1) 《커다란 순무》 이야기 속 장면을 보며 내용을 각자 소리 내어 읽어 보도록 한다.

- 🔵 할아버지가 무엇을 하고 있어요?
- 🔵 어떤 내용의 이야기일까요?

2) 붙임 딱지에서 내용을 찾아 순서대로 붙이고 소리 내어 읽어 보도록 한다.

- 🔵 책 뒤의 붙임 딱지에서 이야기 내용을 찾아보세요. 이야기의 내용을 순서대로 붙여 보세요.
- 🔵 이야기의 순서가 맞는지 짝꿍과 확인해 보세요.
- 🔵 붙인 내용을 소리 내어 읽어 보세요.

소리 내어 읽기 방법

'소리 내어 읽기'는 언어 학습을 위하여 꼭 필요한 활동이다. 비교적 긴 글을 읽는 이번 단원에서는 다양한 소리 내어 읽기 방법을 활용하여 학생들이 읽기에 흥미를 가질 수 있도록 지도한다.
1. 전체 활동: '모두 입 맞추어 소리 내어 읽기', '읽고 싶은 사람이 손들어 큰 소리로 읽기', '남학생과 여학생이 한 문장씩 번갈아 읽기', '한 단락씩 소리 내어 읽기'
2. 개인/짝 활동: '각자 소리 내어 읽기', '짝과 한 문장씩 번갈아 읽기'

이어질 내용 상상하기

1. 다음 그림을 보고 이야기 내용을 순서대로 붙임 딱지를 이용해 붙여 봅시다. 붙임 딱지

[붙임 딱지]

[붙임 딱지]

[붙임 딱지]

[붙임 딱지]

88 • 학습 도구 한국어 5~6학년

88

어휘 지식

순서	정해진 기준에서 앞뒤, 좌우, 위아래 등으로 벌여진 관계. 🔵 다음의 이야기를 읽고 시간의 흐름에 따라 그림의 순서를 맞추세요. 나는 책장의 책들을 모두 꺼내어 가나다 순서로 정리했다.

🟢 익힘책 47쪽의 3번, 4번을 쓰게 한다.

3) 이야기의 내용을 함께 확인한다.

- 🔵 주인공이 누구예요?
- 🔵 할아버지에게 무슨 문제가 생겼어요?
- 🔵 할아버지는 누구에게 도움을 청했어요?

③ 주요 활동 II – 15분

1) 2번 활동을 안내한다.

- 🔵 할아버지는 어떻게 해야 할까요? 어떤 일이 벌어질까요? 상상해 보세요.

2) 본문에 제시된 주요한 활동을 수행하도록 한다.

- 🔵 여러분, 1)번 그림을 보세요. 다니엘이 다음에 이어질 내용을 상상하고 있어요. 다니엘이 상상한 내용은 무엇일지

2. 이어질 내용을 상상해 봅시다.

1) 다니엘이 다음에 이어질 내용을 상상하고 있어요. 다니엘이 상상한
   내용을 들어 보세요. 🔊 **3**

🌐 어려운 말이 있어요? 확인해 봐요.

상상

이렇게 사용해요 | 내일은 과학 상상화 그리기를 하겠습니다.
우리가 상상하는 것들이 모두 이루어지면 좋겠다.

2) 그림을 보고 이어질 내용을 상상해 보세요.

7. 독서 기록장 • 89

89

그림을 보고 예상해 보세요.

🔵 '예상하다'는 표현을 어려워할 경우 '생각하다'로 대체하여
발문한다.

🔴 다니엘이 상상한 내용을 들어 보세요.

듣기 자료

할머니, 할아버지, 늙은 고양이가 아무리 당겨도 무를 뽑을 수
없었어요. 결국 고양이는 힘들어서 집으로 돌아갔어요. 할머니
와 할아버지는 고민을 하다가 결국 무의 잎만 가위로 잘랐어요.
그리고 집에 가서 무의 잎으로 김치를 만들었어요. 그날 저녁
할아버지와 할머니는 밥과 김치를 맛있게 먹었답니다.

🔴 다니엘이 상상한 내용에서 할아버지는 어떻게 했어요?

3) '어려운 말이 있어요? 확인해 봐요.'에서 빨간색으로
표시된 어휘를 확인하고 뜻을 설명한다.

🔴 다니엘은 이야기에서 나오지 않은 부분을 상상해 보았어
요. '상상'이라는 말을 들어 본 적 있어요?

어휘 지식

상상 | 실제로 없는 것이나 경험하지 않은 것을 머릿속으로 그려 봄.
예 민준이는 자신의 상상 속에서 하늘을 마음껏 날아다녔다.
미래에 있을 일을 상상하여 그려 봅시다.

🔵 익힘책 46쪽의 1번, 2번을 수행하도록 한다. 2번은 정답이
정해져 있지 않음을 학생들에게 안내하여 다양하게 써 볼 수
있도록 한다.

4) 그림을 보고 이어질 내용을 상상해 보도록 한다.

🔴 다니엘처럼 이어질 내용을 상상해 볼까요? 여러분이 할
아버지라면 어떻게 할 것 같아요?

🔴 상상한 내용을 익힘책에 쓰거나 그림으로 그려 보세요.

🔵 학생들의 수준에 따라 글로 쓰게 하거나 그림으로 표현할 수
있도록 한다. 다양한 상상을 하는 것을 즐거워하는 학급 분
위기에서는 2)번의 그림과 상관없이 이어질 내용을 상상할
수 있도록 하고, 창의적인 상상을 어려워하는 학생들에게는
2)번의 그림을 참고하여 이어질 내용을 생각해 볼 수 있도록
한다.

🔵 쓰기 활동은 익힘책 47쪽의 5번을 활용한다.

5) 상상한 내용을 발표하도록 한다.

④ 정리 – 5분

1) 친구가 상상한 이야기를 듣고 재미있었던 내용을 발표
하도록 한다.

2) 차시 예고를 한다.

독서 기록장 쓰기

1. 선생님과 함께 책을 읽어 봅시다.

돼지책

2. 책을 읽고 다니엘의 모둠 친구들이 대화를 나누고 있습니다. 소리 내어 읽어 봅시다.

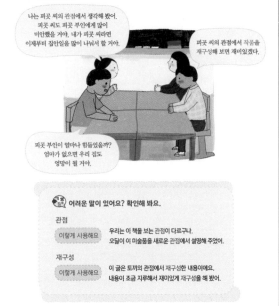

나는 피곳 씨의 관점에서 생각해 봤어. 피곳 씨도 피곳 부인에게 많이 미안했을 거야. 내가 피곳 씨라면 이제부터 집안일을 많이 나눠서 할 거야.

피곳 씨의 관점에서 작품을 재구성해 보면 재미있겠다.

피곳 부인이 얼마나 힘들었을까? 엄마가 없으면 우리 집도 엉망이 될 거야.

어려운 말이 있어요? 확인해 봐요.

관점	이렇게 사용해요	우리는 이 책을 보는 관점이 다르구나. 오딜이 이 미술품을 새로운 관점에서 설명해 주었어.
재구성	이렇게 사용해요	이 글은 토끼의 관점에서 재구성한 내용이에요. 내용이 조금 지루해서 재미있게 재구성을 해 봤어.

2차시

주제
독서 기록장 쓰기

주요 활동
1. 선생님과 함께 책을 읽어 봅시다.
2. 책을 읽고 다니엘의 모둠 친구들이 대화를 나누고 있습니다. 소리 내어 읽어 봅시다.
3. 독서 기록장을 써 봅시다.

학습 도구 어휘
관점, 작품, 재구성, 바꾸다, 배경, 창의적, 독서 기록장

① 도입 – 5분

1) 1차시에 배운 내용을 복습한다.
- 🔵 지난 시간에는 《커다란 순무》 이야기를 읽고 이어질 내용을 상상해 보았어요.
- 🔵 어떤 낱말을 배웠는지 말해 볼까요?
- 🟡 한국어 어휘와 표현에 초점을 두도록 유도한다.

2) 오늘 배울 내용을 안내한다.
- 🔵 오늘은 책을 읽고 독서 기록장을 써 보겠습니다.

② 주요 활동 I – 15분

1) 함께 책을 읽어 보도록 한다.
- 🔵 책 제목이 뭐예요?
- 🔵 지금부터 책을 읽어 볼까요? 바른 자세로 조용히 읽어 봅시다.

함께 책 읽기 방법

1. 학교 도서관의 복본 도서를 이용하여 미리 책을 학생 수만큼 준비하여 함께 읽는다.
2. 학교에 책이 충분하지 않을 경우, 교사가 직접 책을 읽어 준다. 바닥에 둥글게 앉아 그림책을 직접 펼쳐 보이며 읽어 주거나 실물 화상기를 이용하여 TV에 그림책을 띄워 읽어 줄 수 있다.

2) 읽은 내용을 생각하며 책 속에 나온 등장인물과 일어난 일을 떠올려 보도록 한다.
- 🔵 《돼지책》을 읽어 보았어요. 어떤 등장인물이 있었는지 이야기해 볼까요?
- 🔵 피곳 씨 가족에게 무슨 일이 일어났어요?
- 🔵 피곳 부인은 왜 사라졌을까요?
- 🟡 낱말을 쓰는 것에 어려움을 느끼는 학생들은 그림으로 그릴 수 있도록 지도한다.

3) 주인공의 입장에서 책의 내용을 살펴보도록 한다.
- 🔵 내가 피곳 부인이었다면 기분이 어땠을까요? 어떤 행동을 했을까요?
- 🔵 내가 피곳 씨였다면 어떤 기분이 들었을까요?

4) 본문에 제시된 어휘들 중 빨간색으로 표시된 어휘를 확인한다. 필요한 경우 파란색으로 표시된 어휘도 함께 확인하도록 한다.
- 🔵 서영이는 피곳 씨의 관점에서 생각한 내용을 이야기하고 있어요. '관점'이 사용된 문장을 더 읽어 볼까요?

어휘 지식

관점 [관쩜]	사물이나 현상을 보고 생각하는 개인의 입장 또는 태도. ⑩ 친구는 객관적인 관점에서 내 잘못을 지적해 주었다.

- 🔵 타이선은 피곳 씨의 관점에서 작품을 재구성하려고 해요. '재구성'한다는 것은 어떤 뜻일까요?

3. 독서 기록장을 써 봅시다.

1) 유키는 《돼지책》의 제목을 바꾸어 보았어요. 그림을 살펴보세요.

2) 제목을 바꾸면 내용이 어떻게 변할까요? 상상해서 써 보세요.

✏️ 꼬마 수업 독서 기록장

독서 기록장은 책을 읽고 나서 읽은 내용을 다양한 방법으로 정리하는 공책이에요. 독서 기록장을 쓰면 내가 읽은 책을 오래 기억할 수 있어요. 독서 기록장에는 읽은 책의 제목, 지은이, 읽은 날짜, 나의 생각이나 느낌 등을 쓰고, 다음과 같은 활동을 해요.

줄거리 쓰기, 주인공에게 편지 쓰기, 주인공이 되어 말하기, 삼행시 짓기, 이어질 내용 상상하기, 등장인물 바꾸어 쓰기, 책 표지 꾸미기 등

3) 다니엘은 《돼지책》의 배경을 바꾸어 보았어요. 《돼지책》의 배경이 학교라면 어떤 인물이 나올까요? 여러분도 창의적으로 생각해 보세요.

피곳 선생님은 5학년 2반 친구들과 매일매일 수업을 하며 지냈습니다. 수업이 끝나면 5학년 2반 친구들은 집으로 행하니 가 버렸습니다. 친구들이 떠나고 나면 피곳 선생님은 칠판을 지우고, 책상을 정리하고, 바닥을 모두 청소했습니다. 그러고 나서 아이들의 일기를 검사하고, 선생님의 일을 했습니다. 5학년 2반 친구들은 다음 날 아침 학교에 와서 외쳤습니다. "선생님, 오늘 뭐 해요?"

😊 어려운 말이 있어요? 확인해 봐요.

배경
[이렇게 사용해요] 이 영화의 배경은 조선 시대이다.
극본을 읽을 때에는 인물과 배경을 생각하며 읽어요.

창의적
[이렇게 사용해요] 유키의 생각이 아주 창의적이에요.
몸을 이용해 꽃 피는 모습을 창의적으로 표현해 보세요.

92 • 학습 도구 한국어 5-6학년

7. 독서 기록장 • 93

어휘 지식	
작품	그림, 조각, 소설, 시 등 예술 창작 활동으로 만든 것. 예 우리는 미술관에서 작품을 감상했다. 백일장 대회에서 내가 응모한 작품이 상을 받았다.
재구성	한 번 구성했던 것을 다시 새롭게 구성함. 예 흥미 유발을 위해서 재구성이 필요하겠군요.

3 주요 활동 II – 15분

1) 92쪽 1)의 그림을 살펴보고 내용을 함께 확인한다.
   - 유키가 《돼지책》의 제목을 무엇으로 바꾸었어요?
   - 유키는 책 표지를 어떻게 꾸미고 있어요?

2) 제목을 바꾸면 내용이 어떻게 변할지 상상해 써 보도록 한다.

3) '꼬마 수업'의 내용을 읽고 '독서 기록장'에 대해 이야기해 보도록 한다.
   - 독서 기록장을 써 본 적이 있나요? 발표해 봅시다.
   - 유키가 《돼지책》의 제목을 바꾸어 표지를 꾸미는 것처럼 독서 기록장에는 다양한 형태가 있어요.
   - 학교에서 사용하는 독서 기록장 양식이 있다면 직접 독서 기록장을 살펴보며 작성 방법을 안내하여 이해를 도울 수 있다.
   - 익힘책 50쪽의 5번을 활용하여 직접 독서 기록장을 작성해 본다. 경우에 따라 과제로 제시할 수 있다.

4) 93쪽의 그림을 살펴보고 내용을 함께 확인한다.
   - 3)번의 그림을 보세요. 어디예요?
   - 《돼지책》의 배경은 피곳 씨의 집이에요. 배경을 학교로 바꾸면 어떤 인물이 등장할까요? 어떤 이야기가 펼쳐질까요? 글을 소리 내어 읽어 보세요.

어휘 지식	
바꾸다	원래 있던 내용이나 상태를 다르게 고치다. 예 목표를 이루기 위해서 나는 계획을 바꾸게 되었다. 침울해진 분위기를 바꾸려고 나는 일부러 크게 소리 내어 웃었다.

😊 익힘책 49쪽의 3번, 4번을 쓰게 한다. 경우에 따라 과제로 제시할 수 있다.

5) '어려운 말이 있어요? 확인해 봐요.'에서 빨간색으로 표시된 어휘를 확인하고 뜻을 설명한다.
   - 3)번 문제를 다시 한번 소리 내어 읽어 보세요. 어떤 낱말이 나와요?

어휘 지식	
배경	사건이나 사람 등과 관계있는 주변 상황. 예 영화는 주인공의 탄생 배경을 자세히 설명하고 있다.
창의적	지금까지 없던 새로운 것이 나타나 있는 것. 예 민준이는 아무도 풀지 못하고 있던 문제를 창의적인 방법으로 해결했다.

😊 익힘책 48쪽의 1번, 2번을 쓰게 한다. 2번 듣기 문제는 선생님이 아래 문장을 천천히 읽어 주도록 한다.

듣기 자료
① 토끼의 관점에서 내용을 재구성해 보았어요.
② 꽃피는 모습을 창의적으로 표현해 보세요.
③ 이 영화의 배경은 조선 시대야.

4 정리 – 5분

1) 써 보고 싶은 독서 기록장에 대하여 이야기해 보도록 한다.

2) 차시 예고를 한다.

3차시

1 도입 – 5분

1) 2차시에 읽었던 《돼지책》의 등장인물을 떠올려 보게 한다.

- 🔵 지난 시간에 읽었던 책이 무엇이었어요?
- 🔵 어떤 등장인물들이 나왔어요?

2) 94쪽 그림을 보며 오늘 배울 내용을 안내한다.

- 🔵 92쪽에서 유키는 《돼지책》의 무엇을 바꾸어 보았어요?
- 🔵 93쪽에서 다니엘은 《돼지책》의 무엇을 바꾸어 보았어요?
- 🔵 오늘은 우리가 알고 있는 이야기의 내용을 바꾸어 이야기를 직접 만들어 보도록 하겠습니다.

2 놀이 설명 – 10분

1) 94쪽의 〈놀이 방법〉을 순서대로 읽게 하고 내용을 확인한다.

- 🔵 〈놀이 방법〉을 소리 내어 읽어 보세요. 모르는 말이 있어요?
- 🔵 그림 카드는 모두 몇 장이에요?
- 🔵 이야기의 내용은 무엇에 따라 바뀔까요?

2) 이야기의 시작을 함께 읽고, 94~95쪽의 그림을 함께 살펴본다.

- 🔵 토끼와 거북이 이야기를 알고 있어요? '이야기 시작'을 읽어 보세요.

- 🔵 타이선이 들고 있는 그림 카드는 무엇이에요? 이야기를 어떻게 만들었는지 말풍선을 읽어 보세요.
- 🔵 서영이가 들고 있는 그림 카드는 무엇이에요? 서영이가 만든 문장을 읽어 보세요.

3 놀이하기(활동하기) – 20분

1) 모둠원들과 '이야기 만들기' 놀이를 하도록 한다.

- 🟡 이야기를 만들 때에는 반드시 '그림 카드' 속 등장인물 또는 장면이 등장해야 하고, 앞의 친구가 만든 이야기와 이어져야 함을 미리 안내한다.
- 🟡 창의적인 사고 활동을 어려워하는 경우, 교사가 예시를 들어 주는 등 도움을 주어 모둠 활동에 적극 참여하도록 한다.
- 🟡 익힘책 51쪽의 1번을 수행하며 학생들이 놀이 방법을 이해했는지 확인한다. 모둠 구성이 어려운 학급에서는 익힘책 51쪽의 1번, 2번에 이어서 내용을 상상해 보도록 지도할 수 있다.

2) 놀이가 끝나면 95쪽의 표를 채워 보도록 한다.

- 🔵 놀이가 끝난 친구들은 뽑은 카드 중 하나를 골라 자신이 만든 이야기 문장을 95쪽 표에 써 보세요.

4 정리 – 5분

1) 놀이 중 재미있었던 문장을 발표해 보도록 한다.

2) 차시 예고를 한다.

되돌아보기

1. 아래 글자판에서 보기 의 낱말을 찾아봅시다.

보기

창의적   배경   관점   재구성
상상   바꾸다   순서

과	르	히	금	조	순	관	상
피	상	상	물	자	창	정	점
가	구	경	칠	칭	의	임	확
배	들	평	재	답	적	다	당
방	경	간	순	서	차	포	골
기	자	차	찬	재	바	간	물
해	재	구	성	점	기	꾸	정
법	요	구	찬	어	조	힘	다

2. 찾은 낱말을 이용하여 짧은 문장을 만들어 봅시다.

3. 이번 달에 재미있게 읽은 책이 있어요? 아래에 내용을 써 봅시다.

제목	
지은이	
느낀 점	

4. 보기 에서 하고 싶은 활동을 선택해 ○표 하고 독서 기록장을 써 봅시다.

보기

책 속의 주인공에게 편지 쓰기   제목 바꾸기
주인공이 되어 말하기   이야기의 배경 바꾸어 쓰기

4차시

1 도입 – 5분

1) 되돌아보기 차시의 성격을 설명하고 복습 활동의 대상이 되는 내용을 간략히 설명한다.

   ⓢ 지난 시간에는 '이야기 만들기' 활동을 해 보았어요. 기억에 남는 내용이 있어요? 누가 발표해 볼까요?

2) 1~2차시의 내용을 다시 살펴보며 배운 낱말을 떠올리도록 한다.

   ⓢ 이번 단원에서는 책을 읽고 이어질 내용을 상상해 보고, 독서 기록장을 쓰는 방법을 알아보았어요. 공부하는 동안 배운 낱말에는 무엇이 있었어요?

2 되돌아보기 I – 10분

1) 96쪽 〈보기〉에 있는 낱말을 소리 내어 읽도록 한다.

   ⓢ 모르는 낱말이 있어요? 손을 들고 이야기해 보세요.

2) 글자판에서 낱말을 찾아 표시하도록 한다.

   ⓢ 글자판에서 〈보기〉의 낱말 7개를 찾아 표시하세요.

   ⓢ 가로, 세로, 대각선에서 모두 찾을 수 있어요.

3) 글자판의 정답을 확인하고, 1번의 낱말들을 이용하여 짧은 문장을 만들어 보도록 한다.

   ⓢ 문장 만들기를 하고 싶은 낱말을 골라 짧은 문장을 만들어 써 보세요.

   ⓤ 학생의 수준과 수업 시간 배분에 따라 문장 수를 조절할 수 있다.

3 되돌아보기 II – 20분

1) 이번 달에 재미있게 읽은 책이 있는지 떠올려 보도록 한다.

   ⓢ 이번 달에 읽은 책은 어떤 것이 있는지 발표해 볼까요? 재미있게 읽은 책이 있다면 친구들에게 이야기해 보세요.

2) 읽은 책을 바탕으로 3번 문항의 독서 기록장을 작성해 보도록 한다.

   ⓤ 해당 양식은 가장 기본적인 독서 기록장 양식이다. 줄거리를 자세히 정리하는 독서 기록장은 학생들에게 지루함을 줄 수 있으므로 느낀 점만 간단하게 적을 수 있도록 안내한다.

   ⓤ 지은이, 읽은 날짜 등을 기억하기 어려우므로 미리 학생에게 이번 달에 읽은 책을 준비할 수 있도록 지도한다.

3) 읽은 책의 내용을 떠올리며 다양한 양식의 독서 기록장을 써 보게 한다.

   ⓢ 〈보기〉의 활동들을 소리 내어 읽어 보세요.

   ⓢ 〈보기〉의 활동 중 하나를 골라 동그라미 표시하고, 간단히 독서 기록장을 써 보세요.

   ⓤ 다양한 독서 기록장 양식은 익힘책을 활용한다.

4 정리 – 5분

1) 4번의 독서 기록장 내용을 발표하게 한다.

2) 단원을 공부하며 든 느낌이나 생각을 이야기하며 마무리한다.

8단원 • 여러 가지 가지런히

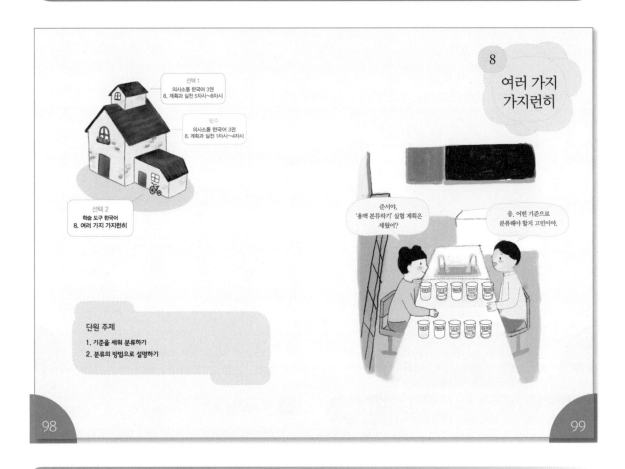

단원의 개관

'여러 가지 가지런히' 단원은 초등학교 5학년이나 6학년 학생들이 교과 학습에 바탕이 되는 '분류하기'를 중심으로 한국어 어휘와 표현을 배울 수 있도록 구성했다. 이를 위해 '기준을 세워 분류하기', '분류의 방법으로 설명하기'를 단원의 주제로 설정했고 '분류 판을 채워라' 놀이를 놀이 학습으로서 제시했다. 단원 주제는 5~6학년군의 국어, 수학, 사회, 과학의 교과 학습과 관련된 사고 활동, 읽거나 쓰는 문식 활동의 주제가 된다. 주제별 학습은 1차시와 2차시에 주로 이루어지며 개념과 지식을 다루거나 용례를 제시하는 어휘 내용을 포함하고 있다. 이러한 어휘 내용은 '한국어 교육과정'의 5~6학년군 어휘 목록에서 선별된 것이다. 단원마다 주제와 관련된 놀이/협동 활동을 3차시에 제시했으며 4차시는 배운 내용을 복습하는 활동으로 마무리하도록 했다.

이 단원은 생활 한국어 능력 중급(3급)의 학습자가 선택할 수 있는 활동과 어휘 내용으로 구성되었다. 따라서 〈의사소통 한국어〉 교재 3권 8단원('계획과 실천') 필수 차시를 모두 배운 학생을 대상으로 하는 선택 차시로 운영될 수 있다. 학습자의 숙달도에 맞는 어휘 및 쓰기 연습 활동은 익힘책 활동을 병행하여 수행할 수 있도록 했다.

단원의 목표와 내용

1) 단원의 목표

◆ 분류 기준을 세워 대상을 분류할 수 있다.
◆ 분류의 방법으로 설명하는 글을 쓸 수 있다.

2) 단원의 주요 내용

주제	1. 기준을 세워 분류하기 2. 분류의 방법으로 설명하기		
	교재 활동	**어휘 내용**	**교수·학습 특성**
학습 도구 어휘	부엉이 선생님	분류	개념 이해 (교과 연계 및 익힘책 활용)
	꼬마 수업	선사 시대와 역사 시대	개념 이해 (교과 연계)
	어려운 말이 있어요? 확인해 봐요.	분류, 기준, 도구, 나누다, 묶다	용례 학습 어휘 연습 (익힘책 활용)
	선택 어휘 (파란색 표시)	용액, 설명하다, 정리	어휘 연습 (익힘책 활용)

● 차시 전개 과정

1) 차시의 흐름

차시	주제	학습 내용	교재 쪽수	익힘책 쪽수
1	기준을 세워 분류하기	1. 여러 가지 용액을 분류하고 있습니다. 어떤 기준에 따라 나누었는지 　생각하며 그림을 살펴봅시다. 2. 기준을 세워 동물을 분류해 봅시다.	100~101	52~53
2	분류의 방법으로 설명하기	1. 박물관의 안내문을 읽고 물음에 답해 봅시다. 2. 다음 내용을 참고하여 설명하는 글을 써 봅시다.	102~105	54~56
3	놀이/협동 학습	1. '분류 판을 채워라' 놀이를 해 봅시다. 2. '분류 판을 채워라' 놀이를 하며 내가 말한 문장을 세 가지 적어 봅시다.	106~107	57
4	정리 학습	1. 다음 중 어울리는 것끼리 연결하고, 따라 써 봅시다. 2. 유키와 다니엘의 대화를 읽고 밑줄 그은 낱말을 바르게 고쳐써 봅 　시다. 3. 동물들을 여러 가지 기준으로 분류해 봅시다.	108~109	

2) 차시별 교수·학습 활동

◆ 1차시 및 2차시: 단원의 주제에 맞는 읽기(특히 소리 내어 읽기)나 쓰기 활동을 제시했다. 또한 생각을 주고받는 말
하기나 발표하기 등의 수업 활동을 경험할 수 있도록 과제를 제시했다. 익힘책 활동이 연계된다.
◆ 3차시: 단원의 주제와 관련된 놀이나 협동 활동을 제시했다. 놀이나 협동 과정에서 사용한 어휘, 문장을 활용하는 쓰
기와 말하기 활동이 함께 제시되었다. 익힘책 활동이 연계된다.
◆ 4차시: 단원의 어휘 및 주제별 학습 내용을 정리, 복습하는 활동을 제시했다. 복습 활동 위주의 차시로서 익힘책 활
동은 따로 연계되지 않는다.

● 단원 지도상의 유의점

◆ 학습에 필요한 어휘를 배우는 활동과 문식력 강화 활동이 이루어지도록 운영한다.
◆ 여러 분류 기준의 예시를 제공하여 학생들이 다양한 방법으로 분류를 해 볼 수 있도록 한다.
◆ 놀이의 승패보다는 분류 관련 표현을 익히고 연습하는 것에 중점을 두어 놀이 활동을 지도한다.
◆ 학습 도구 어휘의 경우 추상성이 강하므로 명시적으로 설명하기보다는 활동 과정에서 경험을 통해 익힐 수 있도록
한다.

주제
기준을 세워 분류하기

주요 활동
1. 여러 가지 용액을 분류하고 있습니다. 어떤 기준에 따라 나누었는지 생각하며 그림을 살펴봅시다.
2. 기준을 세워 동물을 분류해 봅시다.

학습 도구 어휘
분류, 기준, 용액

1 도입 - 5분

1) 단원 도입 모듈에 제시된 〈의사소통 한국어〉 연계 단원 이름을 본다. 〈의사소통 한국어〉 교재에서 배웠던 내용을 간략히 정리해 주거나, 〈의사소통 한국어〉 주제를 활용하여 생활 한국어 이해 수준을 확인한다.

- 🔵 여러분, 여기 예쁜 집이 있어요.
  여러분이 배워야 할 한국어들이 잘 모이면 이렇게 예쁜 집이 돼요.
- 🔵 여러분은 계획을 세워 본 적 있어요? 어떤 계획을 세워 본 적 있나요?
- 🟠 도입 모듈에 대한 설명이나 활동은 최대한 간략하게 하며, 경우에 따라 생략할 수 있다.

2) 단원 도입 그림을 보면서 〈의사소통 한국어〉 연계 주제(계획)를 환기시키고, 학습 도구 기능(분류)을 도입한다.

- 🔵 준서와 장위는 어디에 있어요?
- 🔵 장위의 말풍선을 소리 내어 읽어 보세요. 장위는 준서에게 무엇을 묻고 있어요?
- 🔵 준서의 말풍선을 소리 내어 읽어 보세요. 준서는 무엇이 고민이에요?
- 🔵 오늘은 기준을 세워 분류하는 방법을 알아보겠습니다.

2 주요 활동 I - 15분

1) 1번 그림을 살펴보고, 문제를 확인한다.

- 🔵 장위와 준서가 무엇을 하고 있어요?
- 🔵 어떤 기준에 따라 용액을 분류하는지 살펴볼까요?

어휘 지식

용액	두 가지 이상의 물질이 고르게 섞인 액체. 🟥 내가 만든 용액의 농도가 너무 진하다. 오늘은 소금물 용액을 이용하여 실험해 보겠습니다.

🟠 익힘책 53쪽의 3번, 4번을 수행하도록 한다. '용액'은 과학 교과 용어로 다소 어렵게 느껴질 수 있으므로 설탕물, 소금물 등의 예로 설명하여 이해를 돕는다.

2) '어려운 말이 있어요? 확인해 봐요.'를 읽으며 빨간색으로 표시된 어휘를 설명한다.

- 🔵 준서와 장위의 말풍선을 읽기 전에 1번 문제를 다시 한번 읽어 보세요. '분류'에는 '기준'이 필요해요. '분류'와 '기준'이 사용된 문장을 더 읽어 볼까요?
- 🔵 1번 문제에 '분류'와 '기준'이 사용되며 문제를 풀기 위하여

🔵 기준을 세워 분류하기

1. 여러 가지 용액을 분류하고 있습니다. 어떤 기준에 따라 나누었는지 생각하며 그림을 살펴봅시다.

> 나는 색깔에 따라 분류했어. 레몬즙과 식초, 빨랫비누 물은 색깔이 있고, 사이다와 묽은 염산은 색깔이 없어.

> 나는 '투명한가'를 기준으로 나누었어.
> _____

1) 장위와 준서가 세운 분류 기준이 무엇이에요?

	장위	준서
분류 기준		

2) 준서는 어떻게 용액을 분류했어요? 밑줄 그은 곳에 들어갈 말을 생각해 써 보세요.

꼭 필요한 개념이므로 '어려운 말이 있어요? 확인해 봐요.'를 먼저 살펴볼 수 있도록 한다.

어휘 지식

분류 [불류]	여럿을 종류에 따라서 나눔. 🟥 책을 주제별로 분류해 정리하고 있어요.
기준	구별하거나 정도를 판단하기 위하여 그것과 비교하도록 정한 대상이나 잣대. 🟥 올해 수학 성적이 작년을 기준으로 10점이나 증가했다.

🟠 익힘책 52쪽의 1번을 쓰게 한다.

3) 본문에 제시된 주요한 활동을 수행하도록 한다.

- 🔵 장위의 말풍선을 읽어 보세요. 장위는 무엇에 따라 용액을 분류했어요?
- 🔵 준서의 말풍선을 읽어 보세요. 준서는 무엇을 기준으로 용액을 분류했어요?
- 🔵 1)번 표를 채워 보세요.
- 🔵 준서는 '투명한가'를 기준으로 분류했어요. 준서가 분류한 내용을 2)번에 써 보세요.
- 🔵 쓴 내용을 발표해 보세요.
- 🟠 학급의 여건이 된다면 용액을 미리 준비하여 직접 보며 분류 내용을 이야기할 수 있도록 지도한다.

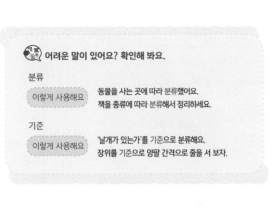

어려운 말이 있어요? 확인해 봐요.

분류

이렇게 사용해요
 동물을 사는 곳에 따라 분류했어요.
책을 종류에 따라 분류해서 정리하세요.

기준

이렇게 사용해요
 '날개가 있는가'를 기준으로 분류해요.
장위를 기준으로 양팔 간격으로 줄을 서 보자.

2. 기준을 세워 동물을 분류해 봅시다.

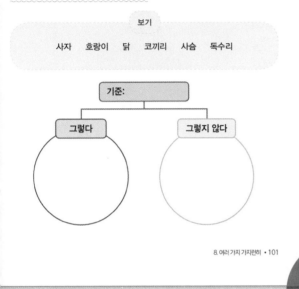

보기

사자 호랑이 닭 코끼리 사슴 독수리

기준:

그렇다   그렇지 않다

8. 여러 가지 가지런히 • 101

분류할 때 쓸 수 있는 표현

'-을/를 기준으로 분류했어요.'
'-에 따라 분류했어요.'
'-에는 (   ), (   ), (   )이/가 있어요.'

유 익힘책 53쪽의 2번을 쓰게 한다. 학생의 수준에 따라 익힘책의 문장을 '~를 기준으로 분류했어요.'로 바꾸어 볼 수 있도록 한다.

④ 정리 – 5분

1) 배운 낱말을 사용하여 단원 내용을 정리한다.

신 오늘은 분류의 기준을 찾고, 동물을 분류해 보았어요.

2) 차시 예고를 한다.

---

③ 주요 활동 II – 15분

1) 2번의 〈보기〉에 있는 동물 이름을 소리 내어 읽도록 한다.

신 〈보기〉의 동물 이름을 소리 내어 읽어 보세요.

2) 동물을 분류할 수 있는 기준을 찾아보도록 한다.

신 동물을 어떻게 분류할 수 있을까요? 여러 가지 분류 기준을 생각해 보세요.

유 다양한 분류 기준('날개가 있는가', '다리가 2개인가', '땅에 사는가', '육식 동물인가' 등)을 생각해 볼 수 있도록 학생들을 독려한다.

3) 〈보기〉의 동물을 분류하여 분류표에 쓰도록 한다.

신 자신이 세운 기준으로 동물을 분류해 보세요.

신 짝과 분류한 내용을 비교해 보세요.

4) 분류한 내용을 발표해 보도록 한다.

신 다음 표현을 이용하여 2번에 분류한 내용을 발표해 보세요.

유 분류에 관한 표현을 이용하여 설명할 수 있도록 다음과 같은 문장 예시를 칠판에 적어 준다.

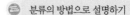

분류의 방법으로 설명하기

1. 박물관의 안내문을 읽고 물음에 답해 봅시다.

선사 시대의 유물

선사 시대는 인류가 시작되면서 문자가 만들어지기 전까지의 시대를 말합니다. 선사 시대는 그 시기에 따라 구석기 시대, 신석기 시대, 청동기 시대로 나눌 수 있습니다.

구석기 시대에는 나무나 동물의 뼈를 사용하기도 했지만 주로 돌을 도구로 사용했습니다. 돌을 있는 그대로 사용하거나 단순하게 깨뜨리고 떼어 내서 사용했는데 이를 뗀석기라고 합니다. 주먹 도끼, 긁개, 찍개 등이 있습니다.

신석기 시대에는 돌을 그대로 사용하는 대신 갈아서 사용했습니다. 이렇게 돌을 갈아서 만든 도구를 간석기라고 합니다. 갈돌, 갈판, 빗살무늬 토기 등의 유물이 있습니다.

청동기 시대부터는 돌 이외에도 청동을 도구로 사용했습니다. 청동은 아무나 사용할 수 없고 강력한 힘을 가진 사람들이 사용했습니다. 청동 검, 청동 거울, 반달 돌칼 등의 유물이 있습니다.

주먹 도끼   빗살무늬 토기   반달 돌칼

1) 무엇에 대하여 설명하고 있어요?

2) 선사 시대를 시기에 따라 어떻게 나눌 수 있어요?

3) 내용을 분류하여 아래의 틀에 정리해 보세요. 붙임 딱지

```
            선사 시대의 유물
                  │
             시기에 따라
        ┌─────────┼─────────┐
   구석기 시대    신석기 시대    청동기 시대
   ┌────────┐  ┌────────┐  ┌────────┐
   │        │  │        │  │        │
   │[붙임 딱지]│  │[붙임 딱지]│  │[붙임 딱지]│
   │        │  │        │  │        │
   └────────┘  └────────┘  └────────┘
```

102 • 학습 도구 한국어 5~6학년

8. 여러 가지 가지런히 • 103

2차시

주제
분류의 방법으로 설명하기

주요 활동
1. 박물관의 안내문을 읽고 물음에 답해 봅시다.
2. 다음 내용을 참고하여 설명하는 글을 써 봅시다.

학습 도구 어휘
도구, 설명하다, 나누다, 정리, 묶다, 분류, 선사 시대와 역사 시대

① 도입 - 5분

1) 1차시에 배운 내용을 되짚어 본다.
   - 🔵 지난 시간에 배운 낱말이 무엇이었어요?
   - 🔵 101쪽의 분류 내용을 보며 '분류'와 '기준'을 활용해 문장을 만들어 보세요.
   - 🟡 한국어 어휘와 표현에 초점을 두도록 유도한다.

2) 오늘 배울 내용을 안내한다.
   - 🔵 오늘은 분류의 방법으로 설명하는 글을 읽고 직접 설명하는 글을 써 보겠습니다.

② 주요 활동 I - 15분

1) 1번의 안내문을 함께 읽어 본다.
   - 🔵 여러분, 박물관에 가 본 적 있어요? 박물관에는 박물관에 있는 여러 가지 전시품들을 설명하는 안내문이 있어요. 안내문을 읽어 보세요.

2) 지문의 어려운 낱말을 설명하며, 빨간색으로 표시된 어휘 중 '도구'를 먼저 확인하고 뜻을 설명한다.
   - 🔵 읽으며 어려운 낱말이 있었어요? 손을 들고 말해 보세요.
   - 🔵 구석기 시대에는 돌을 도구로 사용했어요. '도구'라는 말을 사용해 본 적 있어요? '어려운 말이 있어요? 확인해 봐요.'에서 '도구'가 사용된 문장을 더 읽어 보세요.

어휘 지식
도구	어떤 일을 할 때 쓰이는 기구. 또는 연장. 🔵 실과 요리 수업을 위해서 요리 도구를 준비해야 해.

   - 🟢 익힘책 55쪽 3번을 쓰게 한다.

3) 글의 내용을 함께 확인한다.
   - 🔵 무엇에 대하여 설명하는 글이에요?
   - 🔵 선사 시대를 무엇에 따라 나누고 있어요?
   - 🔵 선사 시대를 시기에 따라 어떻게 나누고 있어요?
   - 🔵 시대별로 어떤 유물들이 있어요?

어휘 지식
설명하다	어떤 것을 남에게 알기 쉽게 풀어 말하다. 🔵 이 책에서는 아이들에게 별자리에 대해 알기 쉽게 설명하고 있다. 나는 동생에게 수학 문제를 공식을 이용하여 푸는 것이라고 설명해 주었다.

   - 🟢 익힘책 55쪽 4번의 ①과 48쪽의 5번을 쓰게 한다.

4) 빨간색으로 표시된 어휘 중 '나눌(나누다)'을 확인한다.
   - 🔵 2)번 문제를 다시 한번 소리 내어 읽어 보세요. 104쪽의 '어려운 말이 있어요? 확인해 봐요.'에서 '나누다'가 사용된 문장을 더 읽어 보세요.

78 • 학습 도구 한국어 교사용 지도서 5~6학년

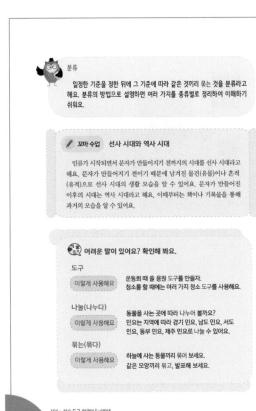

분류

일정한 기준을 정한 뒤에 그 기준에 따라 같은 것끼리 묶는 것을 분류라고
해요. 분류의 방법으로 설명하면 여러 가지를 종류별로 정리하여 이해하기
쉬워요.

✏️ 꼬마 수업 선사 시대와 역사 시대

인류가 시작되면서 문자가 만들어지기 전까지의 시대를 선사 시대라고
해요. 문자가 만들어지기 전이기 때문에 남겨진 물건(유물)이나 흔적
(유적)으로 선사 시대의 생활 모습을 알 수 있어요. 문자가 만들어진
이후의 시대는 역사 시대라고 해요. 이때부터는 책이나 기록물을 통해
과거의 모습을 알 수 있어요.

🔊 어려운 말이 있어요? 확인해 봐요.

도구
이렇게 사용해요
운동회 때 쓸 응원 도구를 만들자.
청소를 할 때에는 여러 가지 청소 도구를 사용해요.

나눌(나누다)
이렇게 사용해요
동물을 사는 곳에 따라 나누어 볼까요?
민요는 지역에 따라 경기 민요, 남도 민요, 서도
민요, 동부 민요, 제주 민요로 나눌 수 있어요.

묶는(묶다)
이렇게 사용해요
하늘에 사는 동물끼리 묶어 보세요.
같은 모양끼리 묶고, 발표해 보세요.

2. 다음 내용을 참고하여 설명하는 글을 써 봅시다.

악기의 종류

소리 내는 방법에 따라

타악기	현악기	관악기
두드리거나 때려서 소리 내는 악기 예) 장구, 큰북	줄을 사용하여 소리 내는 악기 예) 가야금, 바이올린	입으로 불어서 소리 내는 악기 예) 단소, 리코더

어휘 지식

나누다	여러 가지가 섞인 것을 어떤 기준에 따라 둘 이상의 부류가 되게 구분하거나 분류하다. 예 동물들을 먹이에 따라 둘로 나누어 보세요. 안경을 쓴 친구와 쓰지 않은 친구로 나누었어요.

5) 본문에 제시된 주요한 활동을 수행하도록 한다.

🔵 글의 내용을 분류하여 정리해 보겠습니다. 빈칸에 들어갈
말을 찾아 쓰고, 책 뒤의 붙임 딱지에서 유물 사진을 찾아
분류하여 붙여 보세요.

🔵 분류한 내용을 발표해 보세요.

어휘 지식

정리	종류에 따라 체계적으로 나누거나 모음. 예 공부한 내용을 공책에 정리해 보자. 방학 때 할 계획을 정리했다.

🟠 익힘책 55쪽 4번의 ②를 쓰게 한다.

③ 주요 활동 Ⅱ – 15분

1) '부엉이 선생님'의 설명을 함께 읽고 '분류'의 뜻을 이해
하도록 한다.

🔵 분류란 무엇이에요?

🔵 분류의 방법으로 설명하면 어떤 점이 좋아요?

🟠 익힘책 56쪽 6번을 수행하도록 한다.

2) '어려운 말이 있어요? 확인해 봐요.'에서 빨간색으로
표시된 어휘 '묶다'를 확인하고 쓰임을 설명한다.

어휘 지식

묶다 [묵따]	여럿을 한곳으로 모으거나 합하다. 예 모양에 따라 묶었는지 확인해 볼까요?

🟠 실제로 묶어 보는 활동을 통해 '묶다'의 뜻을 직관적으로 이
해할 수 있도록 한다. 필요한 경우 끈이나 줄을 묶는 것과 혼
동하지 않도록 안내한다.

🟠 '도구', '나누다' 어휘를 다시 한번 살펴보며 익힘책 54쪽의
1번, 2번을 수행하도록 한다.

3) '꼬마 수업'의 설명을 읽고 '선사 시대와 역사 시대'에
대하여 간단히 살펴보도록 한다.

🔵 선사 시대란 언제를 말해요?

🔵 역사 시대는 언제부터예요?

🔵 유물과 유적은 어떤 차이가 있어요?

🟠 초등학교 5~6학년 사회 교과에서 가장 많은 부분을 차지하
는 부분이 역사이다. 내용이 다소 어려울 수 있지만 학생들
이 사회 교과에 흥미를 가질 수 있도록 배경지식을 만들어
주는 데 의의가 있다.

4) 본문에 제시된 주요한 활동을 수행하도록 한다.

🔵 2번의 표를 보세요. 무엇에 대하여 정리한 내용이에요?

🔵 악기의 종류에는 무엇무엇이 있어요?

🔵 정리된 내용을 보고 102쪽 1번처럼 설명하는 글을 써 보
겠습니다.

🟠 학생의 수준에 따라 글 전체를 쓰지 않고, 빈칸이 있는 글을
주어 빈칸을 채우게 할 수 있다.

④ 정리 – 5분

1) 2번에 쓴 글을 발표해 보도록 한다.

2) 차시 예고를 한다.

1. '분류 판을 채워라' 놀이를 해 봅시다.

'먹이'에 따라
동물을 분류했어.

사자는 육식 동물이야.

초식 동물에는 토끼, 사슴,
코끼리가 있어요.

2. '분류 판을 채워라' 놀이를 하며 내가 말한 문장을 3가지 적어 봅시다.

3차시

1 도입 - 5분

1) 칠판에 101쪽의 동물들을 다리의 개수에 따라 나누어 적어 놓고, 분류 내용을 설명해 볼 수 있도록 한다.

- 🔵 선생님이 동물들을 분류했어요. 무엇에 따라 분류했어요?
- 🔵 네, 선생님이 다리가 2개인 동물과 다리가 4개인 동물로 나누어 분류했어요. 닭, 오리, 타조는 어떤 동물들인가요?
- 🟡 한국어 어휘와 표현에 초점을 두도록 유도한다.

2) 오늘 배울 내용을 안내한다.

- 🔵 오늘은 분류하기를 활용하여 '분류 판을 채워라' 놀이를 해 보겠습니다.

2 놀이 설명 - 10분

1) 교실 형태를 모둠으로 구성하고, 106쪽의 그림을 함께 살펴본다.

- 🔵 장위의 모둠 친구들이 무엇을 하고 있어요?
- 🔵 장위의 말풍선을 소리 내어 읽어 볼까요?
- 🔵 유키의 말풍선을 소리 내어 읽어 보세요.

2) 놀이 방법을 설명한다.

'분류 판을 채워라' 놀이 설명

1. 책상 위에 선생님이 나누어 주신 종이를 올려놓는다.
2. 교사는 분류 판 문제를 모니터나 칠판에 제시한다.
3. 선생님이 보여 주신 분류 판을 종이에 옮겨 적고, 빈칸을 채워 본다.
4. 가장 먼저 분류 판을 완성한 모둠이 나와서 발표한다.

3) 익힘책 57쪽의 1번을 수행하도록 한다.

- 🟡 익힘책 활동을 통해 학생들이 놀이 방법을 잘 이해하고 있는지 확인한다.

3 놀이하기(활동하기) - 20분

1) 모둠원들과 '분류 판을 채워라' 놀이를 하도록 지도한다.

- 🟡 학급의 여건에 따라 모둠 활동이 아닌 개인 활동으로 진행할 수 있다. 이 경우 익힘책 57쪽의 2번을 활용한다.

2) 놀이를 하면서 내가 말한 문장을 107쪽에 3가지 써 보도록 한다.

- 🟡 106~107쪽의 말풍선을 참고하여 쓸 수 있도록 한다.

4 정리 - 5분

1) 놀이 중 재미있었던 점을 발표해 보도록 한다.

2) 차시 예고를 한다.

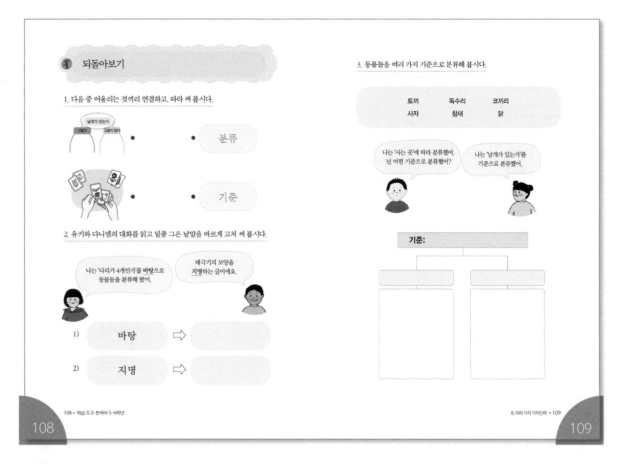

4차시

1 도입 – 5분

1) 되돌아보기 차시의 성격을 설명하고 복습 활동의 대상이 되는 내용을 간략히 설명한다.

> 선 '분류 판을 채워라' 놀이를 하며 쓴 문장을 다시 한번 읽어 보세요.

2) 1~2차시의 내용을 다시 살펴보며 배운 낱말을 떠올리도록 한다.

> 선 이번 단원에서 우리는 '분류'하기를 공부해 보았어요. 배운 낱말에는 무엇이 있었어요?

2 되돌아보기 I – 15분

1) 그림에 어울리는 낱말을 연결하고 따라 써 보도록 한다.

> 선 1번 그림을 잘 보고 어울리는 낱말을 찾아 연결해 보세요.
> 선 모두 연결했으면 오른쪽에 흐린 글씨를 따라 써 보세요.

2) 1번의 낱말들을 이용하여 짧은 문장을 만들어 써 보도록 한다.

> 선 '분류'와 '기준'이 들어가는 짧은 문장을 만들어 발표해 볼까요?

3) 2번의 대화를 보고 밑줄 그은 낱말을 바르게 고쳐 써 보도록 한다.

> 선 유키와 다니엘의 말풍선을 읽어 보세요. 이상한 부분이 있어요?

> 선 밑줄 그은 낱말이 무엇이에요? 문장에 어울리는 낱말로 바꾸어 써 보세요.

4) 답을 확인한다.

> 선 바꾼 낱말을 넣어 유키와 다니엘의 말풍선을 다시 한번 읽어 보세요.

3 되돌아보기 II – 15분

1) 3번에 제시된 여러 가지 동물들을 소리 내어 읽어 보도록 한다.

> 선 처음 들어 본 동물이 있어요? 모르는 동물이 있어요?
> 유 학생들이 잘 모르는 동물이 있다면 검색을 통해 사진으로 생김새를 설명한다.

2) 3번의 말풍선을 읽고, 동물을 직접 분류해 보도록 한다.

> 선 오딜과 장위의 대화를 읽어 보세요.
> 선 아래 표에 직접 동물들을 분류해 보세요.
> 유 새로운 기준을 생각하기 어려운 학생들은 말풍선에 제시된 '날개가 있는가' 혹은 1차시에서 배웠던 '다리가 2개인가'의 기준을 사용할 수 있도록 안내한다.

3) 분류한 내용을 발표해 보도록 한다.

4 정리 – 5분

1) 배운 낱말들을 다시 한번 복습해 본다.

2) 단원을 공부하며 든 느낌이나 생각을 이야기하며 마무리한다.

분류판 문제 예시 1

( )	( )	( )
딸기 토마토 소방차	개나리 참외 해바라기	나팔꽃 포도 가지

분류판 문제 예시 2

( )	( )	( )	( )
벚꽃 따뜻함	더움 수영장	시원함 낙엽	추움 눈사람

분류판 문제 예시 3

( )	( )	( )
사자 코끼리 ☐☐☐	독수리 참새 ☐☐	상어 돌고래 ☐☐

분류판 문제 예시 4

( )	( )	( )

9단원 • 관찰 보고서

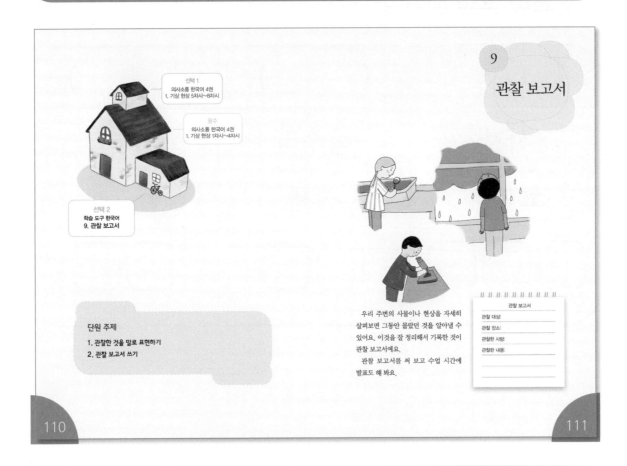

9

관찰 보고서

선택 1
의사소통 한국어 4권
1. 기상 현상 5차시~8차시

필수
의사소통 한국어 4권
1. 기상 현상 1차시~4차시

선택 2
학습 도구 한국어
9. 관찰 보고서

단원 주제
1. 관찰한 것을 말로 표현하기
2. 관찰 보고서 쓰기

우리 주변의 사물이나 현상을 자세히 살펴보면 그동안 몰랐던 것을 알아낼 수 있어요. 이것을 잘 정리해서 기록한 것이 관찰 보고서예요.
관찰 보고서를 써 보고 수업 시간에 발표도 해 봐요.

관찰 보고서
관찰 대상:
관찰 장소:
관찰한 사항:
관찰한 내용:

110
111

단원의 개관

'관찰 보고서' 단원은 초등학교 5학년이나 6학년 학생들이 교과 학습에 바탕이 되는 '관찰하기'를 중심으로 한국어 어휘와 표현을 배울 수 있도록 구성했다. 이를 위해 '관찰한 것을 말로 표현하기', '관찰 보고서 쓰기'를 단원의 주제로 설정했고 '같은 동작 만들기'를 놀이 활동으로서 제시했다. 단원 주제는 5~6학년군의 국어, 사회, 수학, 과학 교과 학습과 관련된 사고 활동 및 읽거나 쓰는 문식 활동의 주제가 된다. 주제별 학습은 1차시와 2차시에 주로 이루어지며 개념 및 지식을 다루거나 용례를 제시하는 어휘 내용을 포함하고 있다. 이러한 어휘 내용은 '한국어 교육과정'의 5~6학년군 어휘 목록에서 선별된 것이다. 단원마다 주제와 관련된 놀이/협동 활동을 3차시에 제시하도록 했으며 4차시는 배운 내용을 복습하는 활동으로 마무리하도록 했다.

이 단원은 생활 한국어 능력 중급(3급)의 학습자가 선택할 수 있는 활동과 어휘 내용으로 구성되었다. 따라서 〈의사소통 한국어〉 교재 4권 1단원('기상 현상') 필수 차시를 모두 배운 학생을 대상으로 하는 선택 차시로 운영될 수 있다. 학습자의 숙달도에 맞는 어휘 및 쓰기 연습 활동은 익힘책 활동을 병행하여 수행할 수 있도록 했다.

단원의 목표와 내용

1) 단원의 목표
◆ 대상을 관찰하고 말로 표현할 수 있다.
◆ 관찰한 것을 관찰 보고서로 쓸 수 있다.

2) 단원의 주요 내용

주제	1. 관찰한 것을 말로 표현하기 2. 관찰 보고서 쓰기		
	교재 활동	**어휘 내용**	**교수 · 학습 특성**
학습 도구 어휘	🦉 부엉이 선생님	관찰 보고서	개념 이해 (교과 연계 및 익힘책 활용)
	✏️ 꼬마 수업	현미경	개념 이해 (교과 연계)
	💬 어려운 말이 있어요? 확인해 봐요.	표면, 확대, 대상, 작성, 변화, 탐색	용례 학습 어휘 연습 (익힘책 활용)
	선택 어휘 (파란색 표시)	도구, 실행, 완성	어휘 연습 (익힘책 활용)

● 차시 전개 과정

1) 차시의 흐름

차시	주제	학습 내용	교재 쪽수	익힘책 쪽수
1	관찰한 것을 말로 표현하기	1. 도구를 이용해서 관찰하고 설명하는 모습을 살펴봅시다.	112~113	58~59
2	관찰 보고서 쓰기	1. 다음 그림을 살펴보고 관찰하는 과정을 알아봅시다. 2. 다니엘이 여러 날 동안 달을 관찰하고 있습니다. 〈보기〉와 같이 달의 모양을 나타내는 낱말을 써 넣어 봅시다. 3. 다니엘이 여러 날 동안 달의 모습을 관찰한 후 작성한 관찰 보고서를 읽어 봅시다. 4. 리암과 엠마가 학교 화단에서 솔방울과 개미를 관찰하고 있습니다. 그림을 잘 살펴보고 리암과 엠마 대신 관찰 보고서를 완성해 봅시다.	114~117	60~62
3	놀이/협동 학습	1. '같은 동작 만들기' 놀이를 해 봅시다. 2. '같은 동작 만들기' 놀이에서 들은 설명 중 가장 기억에 남는 표현을 써 봅시다.	118~119	63
4	정리 학습	1. 아래는 이번 단원에서 배운 낱말들입니다. 내가 아는 낱말에 ○표 해 봅시다. 2. 위의 낱말 중 중요하다고 생각하는 말 9개를 골라 선생님과 함께 빙고 놀이를 해 봅시다. 3. 다음 〈보기〉에서 하나를 골라 관찰 보고서를 써 봅시다. 4. 두 그림에서 서로 다른 부분을 찾아보고 어떻게 다른지 발표해 봅시다.	120~121	

2) 차시별 교수 · 학습 활동

◆ 1차시 및 2차시: 단원의 주제에 맞는 읽기(특히 소리 내어 읽기)나 쓰기 활동을 제시했다. 또한 생각을 주고받는 말하기나 발표하기 등의 수업 활동을 경험할 수 있도록 과제를 제시했다. 익힘책 활동이 연계된다.

◆ 3차시: 단원의 주제와 관련된 놀이나 협동 활동을 제시했다. 놀이나 협동 과정에서 사용한 어휘, 문장을 활용하는 쓰기와 말하기 활동이 함께 제시되었다. 익힘책 활동이 연계된다.

◆ 4차시: 단원의 어휘 및 주제별 학습 내용을 정리, 복습하는 활동을 제시했다. 복습 활동 위주의 차시로서 익힘책 활동은 따로 연계되지 않는다.

● 단원 지도상의 유의점

◆ 양파 표피 세포 관찰을 간접 경험해 보고 관찰한 것을 말로 표현하는 활동을 함께 수행하게 한다.
◆ 관찰의 과정을 알아보고 관찰 보고서의 형식을 갖추어 쓰는 데 중점을 두는 학습으로 운영한다.
◆ 학습 도구 어휘의 경우 명시적으로 설명하기보다는 활동 과정에서 경험을 통해 익힐 수 있도록 한다.

1차시

1 도입 – 10분

1) 단원 도입 모듈에 제시된 〈의사소통 한국어〉 연계 단원 이름을 본다. 〈의사소통 한국어〉 교재에서 배웠던 내용을 간략히 정리해 주거나, 〈의사소통 한국어〉 주제를 활용하여 생활 한국어 이해 수준을 확인한다.

- 🔵 여러분, 여기 예쁜 집이 있어요.
  여러분이 배워야 할 한국어들이 잘 모이면 이렇게 예쁜 집이 돼요.
- 🟢 도입 모듈에 대한 설명이나 활동은 최대한 간략하게 하며, 경우에 따라 생략할 수 있다.

2) 단원 도입 그림을 보면서 단원의 주제와 학습 목표, 대략적인 단원 학습 내용을 살펴본다.

- 🔵 세 그림은 무슨 그림이에요?
- 🔵 아래의 종이에는 무엇이라고 적혀 있어요?
- 🔵 아래의 글을 다 같이 소리 내어 읽어 보세요.

3) 단원 학습 목표를 소개하고, 주요한 활동들을 간략히 소개한다.

- 🔵 이번 단원에서는 관찰한 것을 말로 표현해 보고 관찰 보고서도 써 볼 거예요.
- 🟢 도입 단계에서 학습자들의 수준을 판별하여 차시 활동이나 추후 익힘책 활동 등을 선택적으로 운영할 수 있도록 한다.

2 주요 활동 I – 25분

1) 그림을 살펴보며 학습 내용을 알아보게 한다.

- 🔵 다음 그림을 살펴보세요. 무슨 그림이에요?
- 🔵 문제를 소리 내어 읽어 보세요.

2) 본문의 내용을 익히도록 안내한다.

- 🔵 본문의 대화를 소리 내어 읽어 보세요.
- 🔵 무슨 내용이에요?
- 🟢 제시된 본문의 내용이 어려운 내용이므로 학생들이 여러 번 소리 내어 읽게 하여 내용에 익숙해지도록 지도한다. 읽고 내용을 익히는 데 시간 배분을 충분히 하도록 한다.

3) 제시된 어휘들 중 빨간색으로 표시된 어휘를 먼저 확인한다.

어휘 지식	
표면	사물의 가장 바깥쪽. 또는 가장 윗부분. 📙 목욕을 하고 나니 피부 표면이 반질반질하다. 달 표면은 울퉁불퉁하다고 한다.

⚪ 관찰한 것을 말로 표현하기

1. 도구를 이용해서 관찰하고 설명하는 모습을 살펴봅시다.

현미경을 이용해서 양파를 자세히 보려면 양파 속껍질의 표면을 아주 얇게 벗겨야 해요. 현미경은 눈에 안 보이는 것을 크게 확대해서 보여 줍니다. 무엇이 보이는지 이야기해 볼까요?

벽돌 모양이 여러 개 이어져 있어요. 벽돌을 쌓아 놓은 것처럼 보여요. 벽돌 모양 안에는 동그란 점이 보여요.

벽돌 하나하나는 양파 표피의 세포예요. 그리고 그 안에 동그란 점은 세포 속의 핵이에요.

양파 껍질 세포

확대 [확때]	넓혀서 크게 함. 📙 농지를 확대하여 쌀을 많이 얻게 되었다. 카메라의 화면 확대 기능을 이용했다.

- 🟢 학습 도구 어휘들 중에는 '확대'와 같이 '-하다'가 붙은 파생어 형태로도 많이 사용되는 어휘들이 있다. 이 경우 "확대, 이 말은 '확대하다'로도 많이 사용돼요.", "확대하다, 이렇게 사용할 때가 더 많아요." 등과 같이 사용의 방법으로 설명을 더해 줄 필요가 있다.
- 🟢 익힘책 58쪽의 1번, 2번을 쓰게 한다. 경우에 따라 과제로 부여할 수 있다.

4) 제시된 어휘들 중 파란색으로 표시된 어휘를 확인한다.

어휘 지식	
도구	어떤 일을 할 때 쓰이는 기구. 또는 연장. 📙 학생들은 운동회 때 다 쓴 페트병을 응원 도구로 사용했다. 체육관을 청소하기 위해 학생들은 청소 도구를 들고 모였다.

- 🟢 파란색으로 표시된 어휘는 모든 경우에 따로 배우기보다는 경우에 따라 선택하여 배우도록 한다. 먼저 학습자들이 파란색 표시 어휘에 집중하도록 유도하고 이해를 확인한 후 익힘

어려운 말이 있어요? 확인해 봐요.

표면

이렇게 사용해요 │ 수박의 표면은 매끌매끌해.
지구 표면에는 산과 강, 바다, 들판 같은 것들이 있습니다.

확대

이렇게 사용해요 │ 모니터에 확대한 글씨가 나타났다.
돋보기를 이용해 개미를 확대하여 살펴보았다.

✎ 꼬마 수업　현미경

현미경은 맨눈으로 볼 수 없는 것을 크게 확대해서 보여 주는 도구예요. 현미경에는 렌즈가 들어 있어서 사물을 자세히 살펴볼 수 있어요.

1) 오딜이 무엇을 하고 있는지 말해 보세요.

2) 오딜의 말을 실제 수업 시간에 발표하는 것처럼 말해 보세요.

현미경으로 관찰한 내용을 친구들 앞에서 발표해 보세요.

9. 관찰 보고서 • 113

113

책 59쪽의 3번, 4번을 쓰게 한다. 익힘책 활동은 과제로 부여할 수 있다.

5) '꼬마 수업' 활동을 통해 '현미경'에 대해 알아본다.

　㉮ '꼬마 수업' 활동에서는 차시 내용에서 다룬 특정한 주요 교과의 학습 개념을 소개한다. 그 교과의 수업 시간을 그대로 재현하며 지도하는 것이 좋다. 되도록 그 교과의 수업 장면을 경험해 볼 수 있도록 실제 교과에서 사용되는 이미지나 예시 등을 가지고 설명해 주도록 한다. 학생의 수준에 따라 진행한다.

6) 제시된 학습 활동에 대해 안내한다.

　㉯ 오딜이 무엇을 하고 있는지 말해 보세요.
　㉯ 오딜의 말을 실제 수업 시간에 발표하는 것처럼 말해 보세요.

❸ 정리 – 5분

1) 이번 시간에 배운 것을 정리한다.

　㉯ 이번 시간에는 관찰하는 활동을 살펴보고 관찰한 것을 말로 표현해 보았어요.

---

2) 다음 차시를 안내한다.

　㉯ 다음 시간에는 자연을 관찰하는 활동을 해 볼 거예요.

● 메모

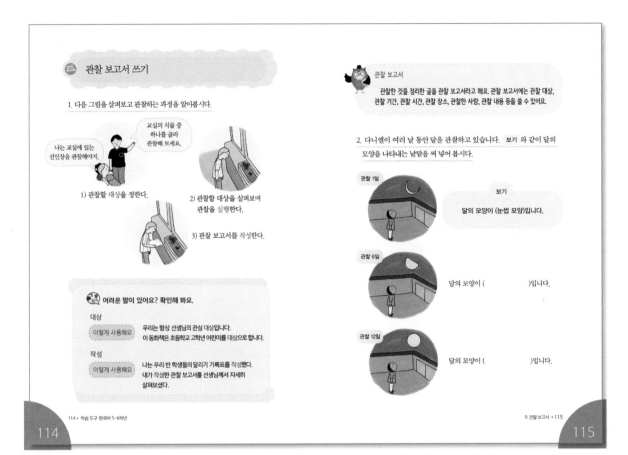

관찰 보고서 쓰기

1. 다음 그림을 살펴보고 관찰하는 과정을 알아봅시다.

나는 교실에 있는 선인장을 관찰해야지.

교실의 식물 중 하나를 골라 관찰해 보세요.

1) 관찰할 대상을 정한다.

2) 관찰할 대상을 살펴보며 관찰을 실행한다.

3) 관찰 보고서를 작성한다.

어려운 말이 있어요? 확인해 봐요.

대상

이렇게 사용해요

우리는 항상 선생님의 관심 대상입니다.
이 동화책은 초등학교 고학년 어린이를 대상으로 합니다.

작성

이렇게 사용해요

나는 우리 반 학생들의 달리기 기록표를 작성했다.
내가 작성한 관찰 보고서를 선생님께서 자세히 살펴보셨다.

관찰 보고서

관찰한 것을 정리한 글을 관찰 보고서라고 해요. 관찰 보고서에는 관찰 대상, 관찰 기간, 관찰 시간, 관찰 장소, 관찰한 사람, 관찰 내용 등을 쓸 수 있어요.

2. 다니엘이 여러 날 동안 달을 관찰하고 있습니다. 보기 와 같이 달의 모양을 나타내는 낱말을 써 넣어 봅시다.

관찰 1일

보기

달의 모양이 (눈썹 모양)입니다.

관찰 6일

달의 모양이 (   )입니다.

관찰 12일

달의 모양이 (   )입니다.

2차시

주제
관찰 보고서 쓰기

주요 활동
1. 다음 그림을 살펴보고 관찰하는 과정을 알아봅시다.
2. 다니엘이 여러 날 동안 달을 관찰하고 있습니다. 〈보기〉와 같이 달의 모양을 나타내는 낱말을 써 넣어 봅시다.
3. 다니엘이 여러 날 동안 달의 모습을 관찰한 후 작성한 관찰 보고서를 읽어 봅시다.
4. 리암과 엠마가 학교 화단에서 솔방울과 개미를 관찰하고 있습니다. 그림을 잘 살펴보고 리암과 엠마 대신 관찰 보고서를 완성해 봅시다

학습 도구 어휘
대상, 실행, 작성, 관찰 보고서, 변화, 탐색, 완성

1 도입 – 2분

1) 1차시와 달라지는 2차시 활동이나 내용에 대하여 간략히 안내한다.

- 📕 이번 시간에는 관찰하는 과정에 대해 알아보고 관찰 보고서도 써 볼 거예요.

2) 1차시 내용에 대한 이해 정도를 확인하며 2차시 내용에 대하여 안내한다.

- 📕 지난 시간에는 관찰이 무엇인지 알아보고 관찰한 것을 말로 표현해 보았어요.

2 주요 활동 I – 10분

1) 2차시 첫 번째 활동인 관찰하는 과정 알아보기에 대하여 안내한다.

- 📕 1)~3)을 소리 내어 읽어 보세요.
- 📕 관찰하는 과정을 하나하나 살펴보세요.

2) 제시된 어휘들 중 빨간색으로 표시된 어휘를 먼저 확인한다.

어휘 지식	
대상 [대:상]	어떤 일이나 행동의 상대나 목표가 되는 사람이나 물건. 예 인기 연예인들은 청소년들의 관심의 대상이 되기도 합니다. 우리 선생님은 존경의 대상이야.
작성 [작썽]	원고나 서류 등을 만듦. 예 선생님께서 원고지 작성 방법을 알려 주셨다. 어머니께서 학교에 낼 서류 작성으로 바쁘시다.

- 📖 교재 116쪽의 '변화, 탐색' 어휘까지 모두 배운 후 익힘책 60쪽의 1번, 2번을 쓰도록 한다.

3) 제시된 어휘들 중 파란색으로 표시된 어휘를 확인한다.

어휘 지식	
실행	실제로 행함. 예 민준이는 목표를 정하고 나서 바로 실행에 옮기더라. 구체적인 실행 방안을 제시해 주세요.

- 📖 파란색으로 표시된 어휘는 모든 경우에 따로 배우기보다는 경우에 따라 선택하여 배우도록 한다.
- 📖 교재 117쪽의 '완성' 어휘까지 모두 배운 후 익힘책 61쪽의 3번, 4번을 쓰도록 한다.

3. 다니엘이 여러 날 동안 달의 모습을 관찰한 후 작성한 관찰 보고서를 읽어 봅시다.

달 관찰 보고서

관찰 대상: 밤하늘의 달
관찰 기간: 20○○년 ○○월 ○○일~ 20○○년 ○○월 ○○일/12일간
관찰 시간: 밤 9시경   관찰 장소: 우리 집 앞마당   관찰한 사람: 다니엘

관찰한 내용: 여러 날 동안 달의 모양을 관찰했습니다. 관찰 1일째 달은 눈썹 모양이었습니다. 관찰 6일째 달은 반달 모양이었습니다. 관찰 12일째 달은 보름달 모양이었습니다. 달의 모양을 여러 날 동안 특정한 시간에 관찰하니 달이 점점 커지는 것을 알 수 있었습니다.

느낀 점: 여러 날 동안 달을 관찰하는 것은 하루 동안 달의 위치 변화를 알아보는 것보다 더 어려운 일이었습니다. 하지만 달을 매일 보면서 달의 모양 변화를 관찰하다 보니 달에 직접 가서 탐색해 보고 싶은 마음까지 생겼습니다.

🦉 어려운 말이 있어요? 확인해 봐요.

변화
| 이렇게 사용해요 | 자연환경이 변화하면 생태계도 바뀐다. 방학을 마치고 오니 교실에 변화가 있었다. |

탐색
| 이렇게 사용해요 | 과학 기술이 발달하면 우주 탐색도 가능해져. 인터넷으로 정보를 탐색하면 알고 싶은 것을 쉽게 찾을 수 있습니다. |

116 • 학습 도구 한국어 5~6학년

4. 리암과 엠마가 학교 화단에서 솔방울과 개미를 관찰하고 있습니다. 그림을 잘 살펴보고 리암과 엠마 대신 관찰 보고서를 완성해 봅시다.

솔방울   개미

솔방울 관찰 보고서

관찰 대상:
관찰 장소:
관찰한 사람: 리암
관찰한 내용: 솔방울은 나무 껍질 조각 같은 것이 겹겹이 붙어 있는 모양이다.

개미 관찰 보고서

관찰 대상: 개미
관찰 장소: 학교 화단
관찰한 사람:
관찰한 내용:

9. 관찰 보고서 • 117

4) '부엉이 선생님'을 보며 '관찰 보고서'에 대해 안내한다.

🔵 관찰 보고서에 대해 좀 더 자세히 알아봐요.

🟡 '부엉이 선생님' 활동은 내용이 다소 어렵거나 추상적일 수 있기 때문에 실제 교과에서 사용되는 이미지나 예시 등을 가지고 되도록 쉽게 설명해 주도록 한다.

🟡 '부엉이 선생님' 내용을 충분히 설명한 후에 익힘책 62쪽의 5번을 수행하도록 한다.

3 주요 활동 Ⅱ - 8분

1) 2차시의 두 번째 활동에 대하여 안내한다.

🔵 다니엘은 무엇을 관찰하고 있어요?

2) 보기를 보고 괄호 속에 알맞은 말을 써 넣도록 안내한다.

🔵 관찰 첫날 달의 모양이 눈썹 모양입니다. 관찰 6일째(12일째) 달의 모양은 어떠한지 괄호 속에 써 넣어 보세요.

4 주요 활동 Ⅲ - 10분

1) 2차시의 세 번째 활동에 대하여 안내한다.

🔵 다니엘이 작성한 관찰 보고서를 모두 함께 소리 내어 읽어 보세요.

🔵 다니엘이 작성한 '달 관찰 보고서'에는 어떤 내용이 있어요?

2) 제시된 어휘들 중 빨간색으로 표시된 어휘를 먼저 확인한다.

어휘 지식

| 변화 [변:화] | 무엇의 모양이나 상태, 성질 등이 달라짐. 예 컴퓨터의 발명은 사람들의 생활에 큰 변화를 가져왔다. 사회가 변함에 따라 사람들의 생각에도 변화가 필요하다. |

| 탐색 | 알려지지 않은 사물이나 현상을 찾아내거나 밝히기 위해 살피어 찾음. 예 과학 기술의 발전으로 우주 탐색이 가능해지고 있다. 학교는 학생들의 진로 탐색에 도움이 될 수 있도록 상담실을 운영했다. |

🟡 익힘책 60쪽의 1번, 2번을 쓰게 한다. 익힘책 활동은 과제로 부여할 수 있다.

5 주요 활동 Ⅳ - 8분

1) 2차시의 네 번째 활동에 대하여 안내한다.

🔵 리암과 엠마는 지금 무엇을 하고 있어요?

🔵 리암과 엠마가 작성하고 있는 관찰 보고서를 완성해 보세요.

2) 제시된 어휘들 중 파란색으로 표시된 어휘를 확인한다.

어휘 지식

| 완성 | 완전하게 다 이룸. 예 작품이 완성이 되면 미술관에 전시할 계획이다. 마무리만 하면 되니까 그림을 금방 완성할 수 있을 것이다. |

🟡 파란색으로 표시된 어휘는 경우에 따라 선택하여 배우도록 한다. 먼저 학습자들이 파란색 표시 어휘에 집중하도록 유도하고 이해를 확인한 후 익힘책 61쪽의 3번, 4번을 쓰게 한다. 익힘책 활동은 과제로 부여할 수 있다.

3) 익힘책 62쪽의 6번을 쓰게 한다.

6 정리 - 2분

1) 이번 시간에 배운 것을 정리한다.

🔵 이번 시간에는 관찰하는 과정을 살펴보고 관찰 보고서를 작성해 보았어요.

2) 다음 차시를 안내한다.

함께 해 봐요

1. '같은 동작 만들기' 놀이를 해 봅시다.

선생님이 지금 빈센트에게 사진 한 장을 보여 주고 있어요. 이 사진에 나와 있는 동작을 빈센트는 자세히 관찰한 다음, 여러분에게 말로 설명해 줄 거예요. 그러면 여러분은 그 설명을 듣고 몸으로 그 동작을 표현하면 됩니다.

그런데 중요한 것은 빈센트는 말 이외에 행동이나 몸짓으로 동작을 알려 주셔서는 절대 안 된다는 거예요. 자, 해 봅시다. 시작!

오른쪽 손은 하늘을 가리키고 있어. 두 번째 손가락만 펴고 나머지는 쥐고 있어. 오른쪽 다리는 들고 있는데 교실 앞을 향해 들고 있어. 발끝은 땅을 향하게 내리고 있어야 해.

다른 사람이 하는 동작을 보고 따라하면 안 됩니다. 빈센트가 설명하는 말에 집중하세요. 다른 사람을 따라하면 동작이나 몸짓이 설명과 다를 수 있어요. 그림 잠시 후 선생님이 동작 사진을 공개하겠습니다. 하나, 둘, 셋!

2. '같은 동작 만들기' 놀이에서 들은 설명 중 가장 기억에 남는 표현을 써 봅시다.

3차시

1 도입 – 5분

1) 이번 시간에 할 활동을 그림을 미리 보고 생각해 보게 한다.
   - 🔵 이번 시간에는 무엇을 할까요?
2) 이번 시간 활동을 안내한다.
   - 🔵 이번 시간에는 '같은 동작 만들기' 놀이를 해 볼 거예요.

2 놀이 설명 – 5분

1) 활동 방법을 확인한다.
   - 🔵 본문의 내용을 다 같이 소리 내어 읽어 보세요.
   - 🔵 이해가 잘 안 되는 부분이 있어요?

3 놀이하기(활동하기) – 25분

- 🟡 설명을 하는 학생이 그림 관찰을 통해 나머지 학생들에게 동작을 설명하는 활동이다. 좁게는 설명을 하는 학생만 관찰을 경험한다고 생각할 수 있으나 동작을 수행하는 학생들끼리 서로를 비교하며 수정해 가는 과정도 관찰 활동의 하나로 볼 수 있다.
- 🟡 일반 교과 활동에서 사용되는 그림이나 사진, 혹은 인터넷에서 찾을 수 있는 그림이나 사진을 사용하여 진행한다. 체육 교과의 체조 활동 그림이나 사진을 사용해도 좋다. 두 명이 짝을 지어 동작을 만들 수도 있다.

1) 교사는 설명하는 학생을 뽑아 그림을 보여 준다.
2) 그림을 본 학생은 친구들에게 그림을 보며 동작을 말로만 설명해 준다.
3) 설명을 듣고 나머지 학생들은 동작을 만든다.
4) 교사는 모니터로 동작 사진을 보여 준다.

- 🟡 그림을 보고 말로 잘 전달해야 하는 활동이다. 내용을 듣고 동작을 만든 모습을 사진을 찍어 비교해 보여 줄 수도 있다. 아무래도 학생들이 동작을 그만 만들라고 해도 동작 그림을 보고는 자세를 바꿀 수 있기 때문이다. 동작 만들기 활동 자체에 초점이 있기보다는 동작을 설명하는 데 중점을 두고 있는 활동이므로 여러 학생이 그림을 보고 말로 동작을 설명할 기회를 갖게 하는 것이 중요하다.

4 정리 – 5분

1) 상호 평가의 기회를 제공한다.
   - 🔵 어떤 친구가 동작을 말로 잘 설명해 주었어요?
2) '같은 동작 만들기' 활동을 하며 기억에 남는 표현을 발표하게 한다.
   - 🔵 동작 만들기를 하며 기억에 남는 표현을 발표해 보세요.

- 🟡 정리 활동으로서 익힘책 63쪽의 1번, 2번 활동을 이어서 수행하도록 하거나 과제로 부여할 수 있다. 이때 낱말의 뜻을 알고 있는지 미리 확인하는 것이 좋다.

되돌아보기

1. 아래는 이번 단원에서 배운 낱말들입니다. 내가 아는 낱말에 ○표 해 봅시다.

2. 위의 낱말 중 중요하다고 생각하는 말 9개를 골라 선생님과 함께 빙고 놀이를 해 봅시다.

3. 다음 보기 에서 하나를 골라 관찰 보고서를 써 봅시다.

보기

교실에서 기르는 식물   친구의 모습   선생님의 얼굴

( ) 관찰 보고서
관찰 일시:
관찰 장소:
관찰 대상:
관찰 내용:

4. 두 그림에서 서로 다른 부분을 찾아보고 어떻게 다른지 발표해 봅시다.

그림 ①   그림 ②

4차시

1 도입 – 2분

1) 되돌아보기 차시의 성격을 설명한다.

> 선 되돌아보기는 이번 단원에서 배운 것을 다시 확인해 보는 활동이에요.

2) 3차시까지 배운 내용을 확인한다.

> 선 이번 단원에는 관찰 보고서를 써 보았어요.

2 되돌아보기 I – 5분

1) 아는 낱말과 모르는 낱말을 구분해 보는 활동을 하도록 한다.

> 선 아는 낱말을 찾아 동그라미로 표시해 보세요.

3 되돌아보기 II – 11분

1) 낱말 빙고 놀이를 안내한다.

> 선 1번 문제의 〈보기〉에 있는 낱말들 중 중요하다고 생각하는 낱말을 빈칸에 써 넣어 보세요. 빙고 놀이를 할 거예요.

> 유 빙고 놀이를 모르는 학생을 위해 연습 놀이를 해 볼 수 있다.

4 되돌아보기 III – 10분

1) 〈보기〉에 제시된 주제 중 하나를 골라 관찰 보고서를 쓰도록 한다.

> 선 〈보기〉에 있는 주제 중 하나를 골라서 관찰 보고서를 써 보세요. 〈보기〉의 주제가 마음에 들지 않으면 다른 주제로도 관찰 보고서를 쓸 수 있어요.

5 되돌아보기 IV – 10분

1) 그림에서 서로 다른 부분을 찾을 수 있도록 안내한다.

> 선 그림을 잘 관찰하고 서로 다른 부분을 찾아보세요.

6 정리 – 2분

1) 단원을 공부하며 든 생각이나 느낌을 이야기한다.

> 선 이번 단원을 공부하며 알게 된 점이나 느낀 점을 발표해 보세요.

2) 단원에서 공부한 것을 교사가 간단히 정리한다.

> 선 이번 단원에서는 관찰이 무엇인지 알아보고 관찰의 과정도 살펴보았어요. 그리고 관찰 보고서에 대해 알아보고 관찰 보고서도 써 보았어요.

10단원 • 예상할 수 있는 일

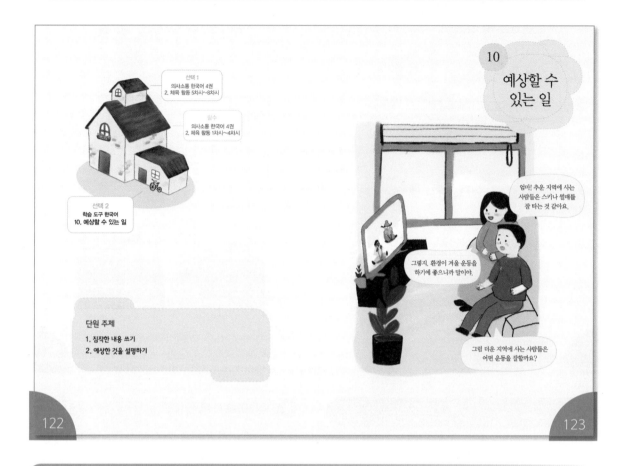

● 단원의 개관

'예상할 수 있는 일' 단원은 초등학교 5학년이나 6학년 학생들이 교과 학습에 바탕이 되는 '추론하기'를 중심으로 한국어 어휘와 표현을 배울 수 있도록 구성했다. 이를 위해 '짐작한 내용 쓰기', '예상한 것을 설명하기'를 단원의 주제로 설정했고 '탐정 놀이'를 놀이 활동으로서 제시했다. 단원 주제는 5~6학년군의 국어, 사회, 수학, 과학 교과 학습과 관련된 사고 활동 및 읽거나 쓰는 문식 활동의 주제가 된다. 주제별 학습은 1차시와 2차시에 주로 이루어지며 개념 및 지식을 다루거나 용례를 제시하는 어휘 내용을 포함하고 있다. 이러한 어휘 내용은 '한국어 교육과정'의 5~6학년군 어휘 목록에서 선별된 것이다. 단원마다 주제와 관련된 놀이/협동 활동을 3차시에 제시했으며 4차시는 배운 내용을 복습하는 활동으로 마무리하도록 했다.

이 단원은 생활 한국어 능력 중급(3급)의 학습자가 선택할 수 있는 활동과 어휘 내용으로 구성되었다. 따라서 〈의사소통 한국어〉 교재 4권 2단원('체육 활동') 필수 차시를 모두 배운 학생을 대상으로 하는 선택 차시로 운영될 수 있다. 학습자의 숙달도에 맞는 어휘 및 쓰기 연습 활동은 익힘책 활동을 병행하여 수행할 수 있도록 했다.

● 단원의 목표와 내용

1) 단원의 목표

◆ 짐작한 내용을 글로 쓸 수 있다.
◆ 예상한 것을 말로 설명할 수 있다.

2) 단원의 주요 내용

주제	1. 짐작한 내용 쓰기 2. 예상한 것을 설명하기		
	교재 활동	어휘 내용	교수·학습 특성
학습 도구 어휘	부엉이 선생님	예상하기	개념 이해 (교과 연계 및 익힘책 활용)
	꼬마 수업	기후, 지시약	개념 이해 (교과 연계)
	어려운 말이 있어요? 확인해 봐요.	참고, 예상, 결과, 평균	용례 학습 어휘 연습 (익힘책 활용)
	선택 어휘 (파란색 표시)	이용, 환경, 의생활, 식생활, 주생활	어휘 연습 (익힘책 활용)

● 차시 전개 과정

1) 차시의 흐름

차시	주제	학습 내용	교재 쪽수	익힘책 쪽수
1	짐작한 내용 쓰기	1. 다음 그림을 살펴보고 무엇을 나타내는지 이야기해 봅시다. 2. 오딜, 엠마, 유키가 위의 그림을 살펴보고 더운 지역에 사는 사람들의 생활 모습을 짐작하여 말한 것을 소리 내어 읽어 봅시다. 3. 오딜, 엠마, 유키가 말한 것을 참고하여 더운 기후 지역에 사는 사람들의 생활 모습을 짐작하는 글을 써 봅시다.	124~125	64~65
2	예상한 것을 설명하기	1. 다음 글을 읽고 질문에 답해 봅시다. 2. 다음의 대화를 살펴보고 물음에 답해 봅시다.	126~129	66~68
3	놀이/협동 학습	1. 탐정 놀이를 해 봅시다. 2. 쪽지의 글을 읽고 예상한 것을 써 봅시다.	130~131	69
4	정리 학습	1. 설명과 관련 있는 낱말을 〈보기〉에서 골라 ( ) 안에 써 봅시다. 2. ( ) 안에 알맞은 낱말을 〈보기〉에서 골라 써 봅시다. 3. 다음은 추운 지역의 기후와 환경을 나타낸 그림입니다. 추운 지역에 사는 사람들의 생활 모습을 예상해서 글로 써 봅시다.	132~133	

2) 차시별 교수·학습 활동

◆ 1차시 및 2차시: 단원의 주제에 맞는 읽기(특히 소리 내어 읽기)나 쓰기 활동을 제시했다. 또한 생각을 주고받는 말하기나 발표하기 등의 수업 활동을 경험할 수 있도록 과제를 제시했다. 익힘책 활동이 연계된다.

◆ 3차시: 단원의 주제와 관련된 놀이나 협동 활동을 제시했다. 놀이나 협동 과정에서 사용한 어휘, 문장을 활용하는 쓰기와 말하기 활동이 함께 제시되었다. 익힘책 활동이 연계된다.

◆ 4차시: 단원의 어휘 및 주제별 학습 내용을 정리, 복습하는 활동을 제시했다. 복습 활동 위주의 차시로서 익힘책 활동은 따로 연계되지 않는다.

● 단원 지도상의 유의점

◆ 학습에 필요한 어휘를 배우는 활동과 문식력 강화 활동이 이루어지도록 운영한다.

◆ 그림을 보고 짐작할 수 있는 내용을 글로 쓰는 활동으로 구성했다. 기후에 따른 생활 모습을 알아보는 사회과 활동에 기반을 두고 있다.

◆ 글을 읽고 예상한 것을 말로 설명하는 활동으로 구성했다. 산과 염기, 계절에 따른 낮밤 길이의 변화 등을 알아보는 과학과 활동에 기반을 두고 있다.

◆ 탐정 놀이는 제시된 문장을 읽고 여러 가지 상황을 추론해 보는 연습을 하는 활동이다. 여러 가지 추론을 자유롭게 말로 표현하는 기회를 제공하는 데 중점을 두고 있다.

◆ 학습 도구 어휘의 경우 추상성이 강하므로 명시적으로 설명하기보다는 활동 과정에서 경험을 통해 익힐 수 있도록 한다.

주제

짐작한 내용 쓰기

주요 활동

1. 다음 그림을 살펴보고 무엇을 나타내는지 이야기해 봅시다.
2. 오딜, 엠마, 유키가 위의 그림을 살펴보고 더운 지역에 사는 사람들의 생활 모습을 짐작하여 말한 것을 소리 내어 읽어 봅시다.
3. 오딜, 엠마, 유키가 말한 것을 참고하여 더운 기후 지역에 사는 사람들의 생활 모습을 짐작하는 글을 써 봅시다.

학습 도구 어휘

이용, 환경, 의생활, 식생활, 주생활, 참고, 기후

① 도입 – 5분

1) 단원 도입 모듈에 제시된 〈의사소통 한국어〉 연계 단원 이름을 본다. 〈의사소통 한국어〉 교재에서 배웠던 내용을 간략히 정리해 주거나, 〈의사소통 한국어〉 주제를 활용하여 생활 한국어 이해 수준을 확인한다.

- 🔵 여러분, 여기 예쁜 집이 있어요.

  여러분이 배워야 할 한국어들이 잘 모이면 이렇게 예쁜 집이 돼요.

- 🔵 여러분은 어떤 체육 활동을 좋아하나요?

- 🟡 도입 모듈에 대한 설명이나 활동은 최대한 간략하게 하며, 경우에 따라 생략할 수 있다.

2) 단원 도입 그림을 보면서 단원의 주제와 학습 목표, 대략적인 단원 학습 내용을 살펴본다.

- 🔵 무슨 그림이에요?
- 🔵 대화를 소리 내어 읽어 보세요.
- 🔵 이번 단원에서 무엇을 배울 것 같아요?

3) 단원 학습 목표를 소개하고, 주요한 활동들을 간략히 소개한다.

- 🔵 이번 단원에서는 그림을 보고 짐작하는 글을 써 볼 거예요. 그리고 글을 읽고 글의 내용을 바탕으로 과학 실험이나 자연 관찰 결과를 예상해 볼 거예요.

- 🟡 도입 단계에서 학습자들의 수준을 판별하여 차시 활동이나 추후 익힘책 활동 등을 선택적으로 운영할 수 있도록 한다.

② 주요 활동 I, II – 15분

1) 그림의 내용 살펴보기 활동에 대하여 안내한다.

- 🔵 무슨 그림이에요?
- 🔵 이런 곳에 사는 사람들은 어떻게 살까요?

2) 본문에 제시된 활동을 수행하게 한다.

- 🔵 오딜, 엠마, 유키의 대화를 소리 내어 읽어 보세요.
- 🔵 모둠에서 역할을 나누어 오딜, 엠마, 유키의 대화를 소리 내어 읽어 보세요.

3) 지시문에 제시된 어휘들 중 파란색으로 표시된 어휘를 확인한다.

◎ 짐작한 내용 쓰기

1. 다음 그림을 살펴보고 무엇을 나타내는지 이야기해 봅시다.

2. 오딜, 엠마, 유키가 위의 그림을 살펴보고 더운 지역에 사는 사람들의 생활 모습을 짐작하여 말한 것을 소리 내어 읽어 봅시다.

더운 지역 사람들은 옷을 얇게 입고 다닐 것 같아. 그리고 주변의 나뭇잎을 이용해 옷을 만들 수도 있을 것 같아.

더운 지역 사람들은 바나나 야자열매 같은 열대 과일을 따 먹을 것 같아. 환경을 이용해서 먹을 것을 찾을 것...

더운 지역 사람들은 주변에 있는 나무나 나뭇잎을 이용해서 집을 지을 것 같아. 그리고 비가 많이 오기 때문에 집에 물이 들어오지 않도록 땅에서 높은 곳에 집을 지을 것 같아.

어휘 지식	
이용 [이:용]	대상을 필요에 따라 이롭거나 쓸모가 있게 씀. 📙 할머니께서는 휴대폰 이용 방식을 잘 모르셔서 늘 집 전화를 쓰신다. 효율적인 시간 이용 방법에 대해 선생님께서 설명해 주셨다.
환경	생물이 살아가는 데 영향을 주는 자연 상태나 조건. 📙 쓰레기를 많이 버리면 자연환경이 오염된다. 환경을 보호하려면 재활용을 철저히 해야지.
의생활	사람이 입는 일이나 입는 옷에 관한 생활. 📙 사람들이 많은 옷을 입고 버리면서 의생활에서 나오는 쓰레기가 많아졌다. 김 선생님께서는 검소한 의생활을 하신다.
식생활	음식을 먹는 일이나 음식과 관련된 생활. 📙 우리의 식생활이 점점 서양식으로 변하고 있다. 하루에 세끼를 다 챙겨 먹는 식생활을 하는 것이 좋다.
주생활	사람이 사는 집이나 사는 곳에 관한 생활. 📙 아파트가 대량 공급되면서 주생활은 급격한 변화를 보였다. 한국의 주생활은 온돌을 빼놓고는 얘기할 수 없다.

🟡 파란색으로 표시된 어휘는 모든 경우에 따로 배우기보다는 경우에 따라 선택하여 배우도록 한다. 먼저 학습자들에게 파란색 표시 어휘에 집중하도록 유도하고 이해를 확인한 후 익힘책 65쪽의 3번, 4번과 66쪽의 5번을 쓰게 한다. 3번의 듣고

3. 오딜, 엠마, 유키가 말한 것을 참고하여 더운 기후 지역에 사는 사람들의 생활 모습을 짐작하는 글을 써 봅시다.

더운 기후 지역에 사는 사람들의 생활 모습

더운 기후 지역에 사는 사람들은 어떻게 살지 예상해 보았다. 그곳에 사는 사람들의 생활 모습을 의생활, 식생활, 주생활로 나누어 살펴보았다.

첫째, 더운 지역에 사는 사람들의 옷차림을 보면

둘째, 더운 지역에 사는 사람들의 음식을 보면

셋째, 더운 지역에 사는 사람들의 집을 보면

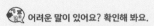 어려운 말이 있어요? 확인해 봐요.

참고

| 이렇게 사용해요 | 참고 자료를 찾아서 보고서에 붙였다.
선생님께서 보여 주신 그림을 참고하였다. |

✏️ 꼬마 수업 기후

기후란 어떤 지역에서 여러 해에 걸쳐 나타나는 평균적인 날씨를 말해요. 열대 기후, 온대 기후, 냉대 기후, 한대 기후가 있어요.

쓰는 낱말은 교사가 읽어 주거나 짝 활동 등을 통해 서로 읽어 줄 수 있도록 한다. 익힘책 활동은 과제로 부여할 수 있다.

❸ 주요 활동 Ⅲ – 15분

1) 그림을 보고 짐작하는 글을 쓰는 활동을 안내하도록 한다.

선 오딜, 엠마, 유키의 대화를 참고하여 '더운 기후 지역에 사는 사람들의 생활 모습'에 대한 글을 써 보세요.

선 글을 다 쓴 후 발표해 보세요.

유 제시된 형식에 맞게 글쓰기를 어려워하는 학생은 교사가 예시 답안을 제시해서 안내된 글쓰기 활동을 하게 할 수 있다.

2) 지시문에 제시된 어휘들 중 빨간색으로 표시된 어휘를 확인한다.

어휘 지식

| 참고 | 살펴 생각하여 도움을 얻음.
예 참고로 말씀드리면 이것은 어제 숙제입니다.
참고 문헌을 읽어 보았다. |

유 학습 도구 어휘들 중에는 '참고'와 같이 '–하다'가 붙은 파생어 형태로도 많이 사용되는 어휘들이 있다. 이 경우 "참고,

---

이 말은 '참고하다'로도 많이 사용돼요.", "참고하다, 이렇게 사용할 때가 더 많아요." 등과 같이 사용의 방법으로 설명을 더해 줄 필요가 있다.

유 익힘책 64쪽의 1번, 2번을 쓰게 한다. 경우에 따라 과제로 부여할 수 있다.

3) 익힘책 66쪽의 6번을 쓰게 한다.

4) '꼬마 수업' 활동을 통해 '기후'에 대해 더 알아보도록 안내한다.

선 기후에 대해 좀 더 알아보도록 할까요?

유 '꼬마 수업' 활동에서는 차시 내용에서 다룬 특정한 주요 교과의 학습 개념을 소개한다. 그 교과의 수업 시간을 그대로 재현하며 지도하는 것이 좋다. 되도록 그 교과의 수업 장면을 경험해 볼 수 있도록 실제 교과에서 사용되는 이미지나 예시 등을 가지고 설명해 주도록 한다. 학생의 수준에 따라 진행한다.

❹ 정리 – 5분

1) 이번 시간에 배운 것을 정리한다.

선 이번 시간에는 그림을 보고 짐작한 내용을 글로 써 보았어요.

2) 다음 차시를 안내한다.

선 다음 시간에는 과학에 관한 글을 읽고 예상하는 활동을 해 볼 거예요.

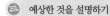

예상한 것을 설명하기

1. 다음 글을 읽고 질문에 답해 봅시다.

산성과 염기성

리트머스 종이는 어떤 용액(물질이 녹아 있는 액체)이 산성인지 염기성인지 구별할 때 사용하는 지시약이다. 리트머스 종이는 붉은색과 푸른색이 있다. 붉은색 리트머스 종이에 어떤 용액을 떨어뜨린 후 그 색이 푸르게 변하면 그 용액을 염기성 용액이라고 한다. 그리고 푸른색 리트머스 종이에 어떤 용액을 떨어뜨린 후 그 색이 붉게 변하면 그 용액을 산성 용액이라고 한다.

염기성 용액에는 비눗물, 세정제, 석회수, 묽은 수산화 나트륨 용액 등이 있고 산성 용액에는 식초, 레몬즙, 사이다, 묽은 염산 등이 있다.

✏ **꼬마 수업   지시약**

용액의 성질을 알아내고자 할 때 쓰는 물질이에요. 용액의 성질에 따라 눈에 띄는 변화가 나타나요. 리트머스 종이나 페놀프탈레인 용액 같은 것이 지시약이에요.

1) 푸른색 리트머스 종이에 스포이트로 식초를 떨어뜨리면 어떤 색으로 변할지 예상해서 맞는 내용에 ○표 하고 말로 설명해 보세요.

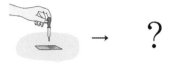

식초를 푸른색 리트머스 종이에 떨어뜨리면 그 색깔이 (붉은색, 푸른색)으로 변할 것 같습니다. 왜냐하면 식초는 (염기성, 산성) 용액이기 때문입니다.

2) 어떤 용액을 붉은색 리트머스 종이에 떨어뜨렸더니 종이가 푸른색으로 변했어요. 이 용액의 성질이 산성인지 염기성인지 설명해 보세요.

이 용액은 (   ) 용액일 것 같습니다. 왜냐하면 붉은색 리트머스 종이가 (   )으로 변했기 때문입니다.

🔍 **어려운 말이 있어요? 확인해 봐요.**

예상

| 이렇게 사용해요 | 축구 대표 팀의 경기 결과를 예상해 보세요. 하늘을 보면 비가 올지 안 올지 예상할 수 있어요. |

2차시

주제
예상한 것을 설명하기

주요 활동
1. 다음 글을 읽고 질문에 답해 봅시다.
2. 다음의 대화를 살펴보고 물음에 답해 봅시다.

학습 도구 어휘
지시약, 예상, 결과, 평균, 예상하기

1 도입 – 3분

1) 1차시와 달라지는 2차시 활동이나 내용에 대하여 간략히 안내한다.

🔵 이번 시간에는 과학에 관련된 글을 읽고 예상하는 활동을 해 볼 거예요.

2) 1차시 내용에 대한 이해 정도를 확인하며 2차시 내용에 대하여 안내한다.

🔵 지난 시간에는 사람들이 사는 기후에 따라 생활 모습이 어떻게 달라질지에 대해 글을 써 보았어요.

2 주요 활동 I – 12분

1) 제재 글 아래의 그림을 살펴보게 한다.

🔵 무슨 그림이에요? 그림에 무엇이 있어요?

🔵 어떤 내용을 공부하게 될까요?

2) 제재 글 읽기 활동을 안내한다.

🔵 선생님이 먼저 '산성과 염기성'이라는 글에 대해 읽어 보겠으니 잘 들어 보세요.

🔵 다 같이 소리 내어 글 '산성과 염기성'을 읽어 보세요.

🟡 제재 글을 바로 읽어 보게 할 수도 있으나 글의 내용이 어려울 수 있기 때문에 교사가 먼저 모범독을 할 수 있다.

3) '꼬마 수업'의 '지시약'에 대해 더 공부해 보도록 한다.

🔵 '지시약'에 대해 좀 더 알아볼까요?

🟡 '꼬마 수업' 활동에서는 차시 내용에서 다룬 특정한 주요 교과의 학습 개념을 소개한다. 그 교과의 수업 시간을 그대로 재현하며 지도하는 것이 좋다. 되도록 그 교과의 수업 장면을 경험해 볼 수 있도록 실제 교과에서 사용되는 이미지나 예시 등을 가지고 설명해 주도록 한다. 학생의 수준에 따라 진행한다.

4) 문제 1)을 푸는 활동을 안내한다.

🔵 푸른색 리트머스 종이에 식초를 떨어뜨리면 푸른색 리트머스 종이가 어떤 색으로 변할지 알아보세요. 왜 그럴지 생각해 보세요. 이 문제의 답이 바로 1)번 문제의 답이에요. 맞는 것에 동그라미로 표시해 보세요.

5) 지시문에 제시된 어휘들 중 빨간색으로 표시된 어휘를 확인한다.

어휘 지식	
예상 [예:상]	앞으로 있을 일이나 상황을 짐작함. 또는 그런 내용. ⑩ 항상 이어달리기에서 일등을 하던 반이 예상 외로 이번에는 삼등을 차지했다. 엎치락뒤치락하는 경기 점수로 인해 우승 팀 예상을 할 수가 없었다.

🟡 교재 129쪽의 '결과', '평균' 어휘까지 모두 배운 후 익힘책 67쪽의 1번, 2번을 쓰도록 한다.

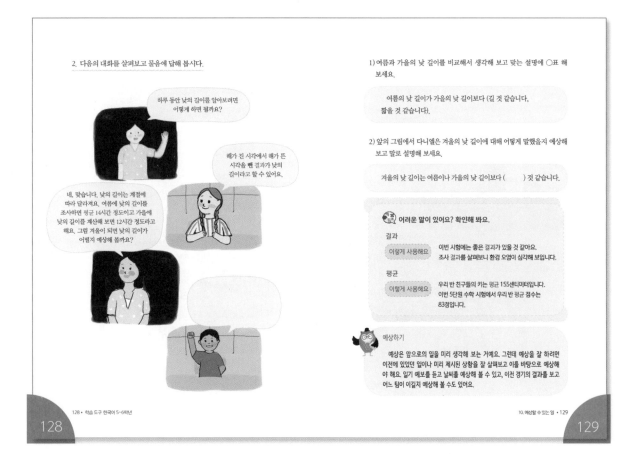

6) 문제 2)를 푸는 활동을 안내한다.

- 🔴 이번에는 어떤 용액을 붉은색 리트머스 종이에 떨어뜨렸더니 종이가 푸른색으로 변했어요. 이 용액의 성질이 산성인지 염기성인지 말로 설명해 보세요.
- 🔵 학생들이 직접 실험을 하지는 않더라도 교사가 실험에 필요한 자료(산성 용액, 염기성 용액 여러 가지), 실험 도구인 스포이트와 붉은색 리트머스 종이, 푸른색 리트머스 종이를 준비해 실험하는 모습을 보여 줄 수도 있다.

❸ 주요 활동 II – 20분

1) 학생들의 대화를 살펴보는 활동을 안내한다.

- 🔴 선생님과 엠마, 다니엘의 대화를 소리 내어 읽어 보세요.
- 🔴 무엇에 대한 대화인지 이야기해 보세요.

2) 문제 1)을 푸는 활동을 안내한다.

- 🔴 여름과 가을의 낮 길이를 비교해서 맞는 것에 동그라미 표시를 하고 말로 설명해 보세요.

3) 지시문에 제시된 어휘들 중 빨간색으로 표시된 어휘를 확인한다.

어휘 지식	
결과	어떤 일이나 과정이 끝난 후의 상태나 현상. 예 시험 결과가 내일 나오는데 너무 떨린다. 밥을 천천히 먹는 사람이 건강하게 산다는 연구 결과가 나왔다.
평균	수나 양, 정도의 중간값을 갖는 수. 예 반 학생들의 시험 점수 평균을 내 보니 70점이었다. 우리나라 6학년 남자 학생들의 평균 키가 얼마인지 궁금했다.

- 🔵 익힘책 67쪽의 1번, 2번을 쓰게 한다. 익힘책 활동은 과제로 부여할 수 있다.

4) 문제 2)를 푸는 활동을 안내한다.

- 🔴 다니엘이 겨울의 낮 길이에 대해 어떻게 말했을지 생각해 보고 발표해 보세요.

5) '부엉이 선생님'의 어휘를 학습하도록 한다.

- 🔴 '부엉이 선생님'에 나오는 '예상하기'에 대해 공부해 볼까요?
- 🔵 '부엉이 선생님' 활동에서는 차시 주제와 관련된 주요한 언어 기능이나 개념을 소개한다. 부엉이 선생님에 제시된 내용은 다소 어렵거나 추상적일 수 있기 때문에, 되도록 쉽게 설명해 주고, 실제 교과에서 사용되는 이미지나 예시 등을 가지고 설명해 주도록 한다.
- 🔵 '앞으로의 일'을 '미리' 생각해 보는 것이 예상이며, 추측은 반드시 미래 상황을 미루어 짐작하는 것은 아니라는 차이점이 있다.
- 🔵 '부엉이 선생님' 내용을 충분히 설명한 후에 익힘책 68쪽의 3번, 4번을 수행하도록 한다. 과제로 부여할 수 있다.

❹ 정리 – 5분

1) 지시문을 읽고 그림을 살펴보도록 한다.

- 🔴 이번 시간에는 산성과 염기성에 대해 알아보고, 계절에 따른 낮 길이에 대해 비교하며 예상한 것을 설명해 보았어요.

2) 다음 차시를 안내한다.

- 🔴 다음 시간에는 재미있는 놀이를 해 볼 거예요.

3차시

1 도입 – 5분

1) 이번 시간에 할 활동을 그림을 미리 보고 생각해 보게 한다.

- 🔵 이번 시간에는 무엇을 할까요?

2) 이번 시간 활동을 안내한다.

- 🔵 이번 시간에는 '탐정 놀이'를 할 거예요.

2 놀이 설명 – 5분

1) 활동 방법을 안내한다.

- 🔵 놀이하는 과정을 모두 소리 내어 읽어 보세요.
- 🔵 그림에서 선생님의 설명을 다시 읽어 보세요.

3 놀이하기(활동하기) – 25분

1) 연습 놀이를 해 본다.

- 🔵 자, 연습 놀이를 해 볼 거예요. 연습 놀이를 위한 문장은 "학교를 마치고 집으로 가 보니 엄마는 화가 나셔서 아무 말씀도 안 하시고 동생은 울고 있었다."예요. 이 문장을 보고 여러분이 예상할 수 있는 것을 말해 보세요.

2) 모둠을 나누어 학생들끼리 '탐정 놀이'를 하게 한다.

- 🔵 자, 이제 모둠별로 놀이를 시작할까요?
  모둠 친구들끼리 순서를 정해 놀이를 해 보세요.

3) 모둠별로 발화를 많이 한 학생과 기발한 아이디어를 생각한 학생을 뽑게 하여 상호 평가의 기회를 준다.

- 🔵 누가 가장 예상하는 문장을 많이 말했어요? 또 누구의 예상이 제일 재미있었어요?

4 정리 – 5분

1) 학생들이 예상한 것을 정리해서 쓰게 한다.

- 🔵 여러분이 예상한 것을 빈칸에 써 보세요.

2) '탐정 놀이'를 하며 생각한 것을 발표하게 한다.

- 🔵 놀이를 하면서 재미있었던 점을 발표해 보세요.
- 🟡 정리 활동으로서 익힘책 69쪽의 1번, 2번 활동을 이어서 수행하도록 하거나 과제로 부여할 수 있다.

되돌아보기

1. 설명과 관련 있는 낱말을 보기 에서 골라 ( ) 안에 써 봅시다.

보기

의생활	식생활	주생활	기후	환경

1) 사람들의 먹는 것에 관한 여러 생활 ( )
2) 사람들의 입는 것에 관한 여러 생활 ( )
3) 사람들의 사는 곳에 관한 여러 생활 ( )
4) 인간이나 동식물이 살아가는 데 영향을 주는 조건 ( )
5) 어떤 지역의 평균적인 날씨 ( )

2. ( ) 안에 알맞은 낱말을 보기 에서 골라 써 봅시다.

보기

결과	이용	참고	평균

1) 보고서에 (ㅊㄱ) 자료도 함께 기록했다.
2) 이번 단원 평가의 (ㄱㄱ)를 알려 주겠습니다.
3) 우리 반 친구들 키의 (ㅍㄱ)은 151센티미터입니다.
4) 버리는 상자를 (ㅇㅇ)해서 미술 작품을 만들 수 있습니다.

3. 다음은 추운 지역의 기후와 환경을 나타낸 그림입니다. 추운 지역에 사는 사람들의 생활 모습을 예상해서 글로 써 봅시다.

추운 기후 지역에 사는 사람들의 생활 모습

추운 기후의 지역에 사는 사람들은

먼저 추운 지역에 사는 사람들의 옷차림을 생각해 보면

다음으로 추운 지역에 사는 사람들의 음식을 생각해 보면

끝으로 추운 지역에 사는 사람들의 집을 생각해 보면

4차시

① 도입 – 5분

1) 되돌아보기 차시의 성격을 설명한다.
   - 🔵 되돌아보기는 이번 단원에서 배운 것을 다시 확인해 보는 활동이에요.

2) 3차시까지 배운 내용을 확인한다.
   - 🔵 이번 단원에서는 그림을 보고 짐작한 내용을 글로 써 보기도 하고 글을 읽고 질문에 알맞은 답을 예상해서 발표도 해 보았어요.

② 되돌아보기 Ⅰ, Ⅱ – 15분

1) 설명에 맞는 낱말을 찾아 쓰는 활동을 안내한다.
   - 🔵 보기의 낱말을 살펴보고 설명에 맞는 낱말을 찾아 괄호 속에 써 넣어 보세요.

2) 문장의 빈칸에 알맞은 낱말을 〈보기〉에서 찾아 쓰는 활동을 안내한다.
   - 🔵 빈칸에 알맞은 낱말을 〈보기〉에서 찾아 써 보세요. 알맞은 낱말의 초성이 제시되어 있으니 답을 예상하는 데 도움이 될 거예요.

③ 되돌아보기 Ⅲ – 15분

1) 그림을 잘 살펴보도록 한다.
   - 🔵 그림을 잘 살펴보세요. 무슨 그림이지요?

2) 그림을 보고 예상한 내용을 글로 쓰는 활동을 안내한다.
   - 🔵 '추운 기후 지역에 사는 사람들의 생활 모습'이라는 글을 완성해 보세요.

④ 정리 – 5분

1) 단원을 공부하며 든 생각이나 느낌을 이야기한다.
   - 🔵 이번 단원을 공부하며 알게 된 점이나 느낀 점을 발표해 보세요.

2) 단원에서 공부한 것을 교사가 간단히 정리한다.
   - 🔵 이번 단원에서는 글과 그림을 보고 예상하는 활동을 다양하게 해 보았어요.

운동장에서 점심시간에 친구들과 술래잡기를 했어요. 집에 와서 보니 옷이 찢어져 있었어요.

놀이터에 가 보니 두 아이가 울고 있었어요. 놀이터 바닥에 안 먹은 아이스크림이 통째로 떨어져 있었어요.

내 실내화 가방에 동생 실내화가 들어 있어요.

거실 창문이 열려 있어요. 창문이 있는 쪽 거실 바닥에 물기가 많이 있어요.

내가 아끼던 인형이 사라졌어요. 엄마는 청소를 하고 계시고 동생은 혼자 자기 방에서 놀고 있어요.

놀이터에서 친구들과 놀았어요. 집에 오니 다리가 많이 아파요.

잠에서 깨어 일어나 시계를 보니 오전 열 시였어요. 옆에 보니 가족들이 모두 곤히 자고 있어요.

학교에서 집으로 돌아오니 집에서 자장면 냄새가 났어요.

● 메모

11단원 • 요약과 기록

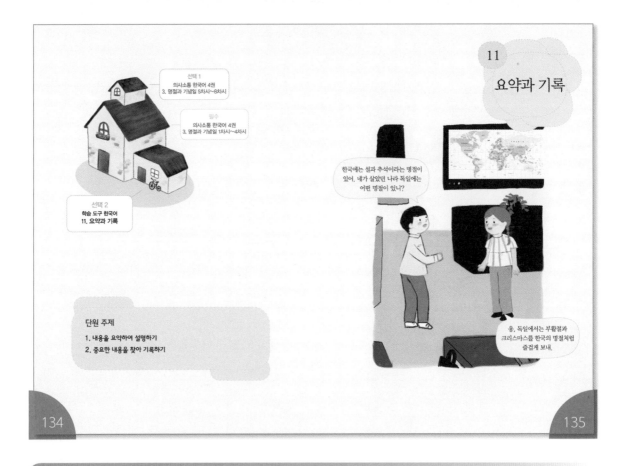

단원의 개관

　'요약과 기록' 단원은 초등학교 5학년이나 6학년 학생들이 교과 학습에 바탕이 되는 '조사하기'를 중심으로 한국어 어휘와 표현을 배울 수 있도록 구성했다. 이를 위해 '내용을 요약하여 설명하기', '중요한 내용을 찾아 기록하기'를 단원의 주제로 설정했고 '나누어 요약하기'를 협동 학습 활동으로서 제시했다. 단원 주제는 5~6학년군의 국어, 사회, 수학, 과학 교과 학습과 관련된 사고 활동 및 읽거나 쓰는 문식 활동의 주제가 된다. 주제별 학습은 1차시와 2차시에 주로 이루어지며 개념 및 지식을 다루거나 용례를 제시하는 어휘 내용을 포함하고 있다. 이러한 어휘 내용은 '한국어 교육과정'의 5~6학년군 어휘 목록에서 선별된 것이다. 단원마다 주제와 관련된 놀이/협동 활동을 3차시에 제시했으며 4차시는 배운 내용을 복습하는 활동으로 마무리하도록 했다.

　이 단원은 생활 한국어 능력 중급(3급)의 학습자가 선택할 수 있는 활동과 어휘 내용으로 구성되었다. 따라서 〈의사소통 한국어〉 교재 4권 3단원('명절과 기념일') 필수 차시를 모두 배운 학생을 대상으로 하는 선택 차시로 운영될 수 있다. 학습자의 숙달도에 맞는 어휘 및 쓰기 연습 활동은 익힘책 활동을 병행하여 수행할 수 있도록 했다.

단원의 목표와 내용

1) 단원의 목표
◆ 내용을 요약하여 설명할 수 있다.
◆ 중요한 내용을 찾아 기록할 수 있다.

2) 단원의 주요 내용

주제	1. 내용을 요약하여 설명하기 2. 중요한 내용을 찾아 기록하기		
	교재 활동	**어휘 내용**	**교수·학습 특성**
학습 도구 어휘	부엉이 선생님	요약, 기록하기	개념 이해 (교과 연계 및 익힘책 활용)
	꼬마 수업	양력과 음력	개념 이해 (교과 연계)
	어려운 말이 있어요? 확인해 봐요.	단순, 구조, 불가능, 수단, 대부분	용례 학습 어휘 연습 (익힘책 활용)
	선택 어휘 (파란색 표시)	특징, 기록, 적당하다, 성질	어휘 연습 (익힘책 활용)

● 차시 전개 과정

1) 차시의 흐름

차시	주제	학습 내용	교재 쪽수	익힘책 쪽수
1	내용을 요약하여 설명하기	1. 중국과 베트남의 명절에 대한 글을 소리 내어 읽어 봅시다. 2. 앞의 글 '중국의 중추절'을 요약하여 쓴 글을 살펴보고 '베트남의 뗏'을 요약하여 써 봅시다. 3. 앞에서 요약한 글을 참고하여 친구들 앞에서 '중국의 중추절'과 '베트남의 뗏'에 대해 말로 설명해 봅시다.	136~137	70~71
2	중요한 내용을 찾아 기록하기	1. 중요한 부분에 밑줄을 그으며 다음 글을 읽어 봅시다. 2. 지민이가 인터넷에서 검색한 '세균의 특징'을 출력해서 중요한 내용을 찾아 밑줄을 그은 것을 살펴봅시다. 3. 지민이가 밑줄 그은 내용을 중심으로 요약해서 기록한 것을 살펴봅시다. 4. 다음 글에서 중요한 내용을 찾아 밑줄을 긋고 그 내용을 기록하여 봅시다.	138~141	72~74
3	놀이/협동 학습	1. '나누어 요약하기' 활동을 해 봅시다. 2. 활동을 모두 마친 후 접착 메모지에 요약한 내용을 여기에 붙여 봅시다.	142~143	75
4	정리 학습	1. 〈보기〉의 낱말들을 아래 글자들에서 찾아서 ○표 해 봅시다. 2. 내가 조사하고 싶은 나라를 인터넷을 이용하여 찾아보고 중요한 내용을 기록해 봅시다.	144~145	

2) 차시별 교수·학습 활동

◆ 1차시 및 2차시: 단원의 주제에 맞는 읽기(특히 소리 내어 읽기)나 쓰기 활동을 제시했다. 또한 생각을 주고받는 말하기나 발표하기 등의 수업 활동을 경험할 수 있도록 과제를 제시했다. 익힘책 활동이 연계된다.

◆ 3차시: 단원의 주제와 관련된 놀이나 협동 활동을 제시했다. 놀이나 협동 과정에서 사용한 어휘, 문장을 활용하는 쓰기와 말하기 활동이 함께 제시되었다. 익힘책 활동이 연계된다.

◆ 4차시: 단원의 어휘 및 주제별 학습 내용을 정리, 복습하는 활동을 제시했다. 복습 활동 위주의 차시로서 익힘책 활동은 따로 연계되지 않는다.

● 단원 지도상의 유의점

◆ 학습에 필요한 어휘를 배우는 활동과 문식력 강화 활동이 이루어지도록 운영한다.
◆ 자신에게 필요한 내용이나 중요한 내용을 찾아 요약하기를 학습할 수 있도록 활동 중심으로 운영한다.
◆ '나누어 요약하기'는 긴 글을 문단별로 나누고 한 문단씩 모둠원들이 맡아서 요약한 다음 요약한 내용을 모아 긴 글 요약하기를 완성하는 활동이다. 요약하기 학습의 부담감을 모둠 활동을 통해 덜 수 있도록 한다.
◆ 학습 도구 어휘의 경우 추상성이 강하므로 명시적으로 설명하기보다는 활동 과정에서 경험을 통해 익힐 수 있도록 한다.

1차시

주제

내용을 요약하여 설명하기

주요 활동

1. 중국과 베트남의 명절에 대한 글을 소리 내어 읽어 봅시다.
2. 앞의 글 '중국의 중추절'을 요약하여 쓴 글을 살펴보고 '베트남의 뗏'을 요약하여 써 봅시다.
3. 앞에서 요약한 글을 참고하여 친구들 앞에서 '중국의 중추절'과 '베트남의 뗏'에 대해 말로 설명해 봅시다.

학습 도구 어휘

양력과 음력, 요약

1 도입 – 5분

1) 단원 도입 모듈에 제시된 〈의사소통 한국어〉 연계 단원 이름을 본다. 〈의사소통 한국어〉 교재에서 배웠던 내용을 간략히 정리해 주거나, 〈의사소통 한국어〉 주제를 활용하여 생활 한국어 이해 수준을 확인한다.

> 🔵 여러분, 여기 예쁜 집이 있어요.
> 여러분이 배워야 할 한국어들이 잘 모이면 이렇게 예쁜 집이 돼요.

> 🔵 여러분은 무엇인가에 대해 조사해서 알아본 적이 있어요?

> 🟢 도입 모듈에 대한 설명이나 활동은 최대한 간략하게 하며, 경우에 따라 생략할 수 있다.

2) 단원 도입 그림을 보면서 단원의 주제와 학습 목표, 대략적인 단원 학습 내용을 살펴본다.

> 🔵 그림을 보고 준서와 엠마의 대화를 살펴보세요.

> 🔵 무엇에 대해 이야기 나누고 있어요?

3) 단원 학습 목표를 소개하고, 주요한 활동들을 간략히 소개한다.

> 🔵 이번 단원에서는 중요한 내용을 찾아 요약하는 활동을 해 볼 거예요.

> 🟢 도입 단계에서 학습자들의 수준을 판별하여 차시 활동이나 추후 익힘책 활동 등을 선택적으로 운영할 수 있도록 한다.

2 주요 활동 I – 5분

1) 명절에 대해 알아보는 글을 읽어 보도록 안내한다.

> 🔵 중국과 베트남의 명절에 대한 글이에요. 다 같이 소리 내어 읽어 보세요.

2) 제재 글 내용 이해를 확인한다.

> 🔵 무엇에 대한 글인가요?
> 🔵 중국의 중추절은 한국의 무엇과 비슷한 명절이에요?
> 🔵 베트남의 뗏은 어떤 명절이에요?

3) '꼬마 수업' 활동을 수행한다.

> 🔵 '양력과 음력'에 대해 알아보아요?

> 🟢 '꼬마 수업' 활동에서는 차시 내용에서 다룬 특정 주요 교과의 학습 개념을 소개한다. 그 교과의 수업 시간을 그대로 재현하며 지도하는 것이 좋다. 되도록 그 교과의 수업 장면

🔵 내용을 요약하여 설명하기

1. 중국과 베트남의 명절에 대한 글을 소리 내어 읽어 봅시다.

중국의 중추절

중국의 중추절은 음력 8월 15일이다. 한국에 추석이 있다면 중국에는 중추절이 있다. 춘절, 청명절, 단오절과 함께 중국의 4대 명절 중 하나라고 한다. 우리의 추석에 해당한다. 중추절이란 가을의 중간에 있다는 뜻이라고 한다. 중추절에는 달맞이를 간다. 달을 보고 소원도 빌고 향을 피우고 제사도 지낸다. 중추절에 먹는 대표적인 음식은 월병이다. 월병은 달 모양의 떡을 말한다.

베트남의 뗏

베트남의 뗏은 음력 1월 1일이다. 한국의 설날과 같은 날로 베트남의 대표적인 명절이다. 이날은 친척과 이웃을 방문해 서로 좋은 말을 나누고 아이들에게 용돈도 준다. 사람들은 뗏 하루 전날 대청소를 하고 새해를 맞는다. 이날은 제사도 지낸다. 또 '반뗏'이라는 떡도 먹는다. 반뗏은 밥 사이에 바나나를 넣고 바나나 잎으로 겉을 싼 음식이다.

월병

반뗏

> ✏️ **꼬마 수업 양력과 음력**
>
> 우리가 보통 쓰는 날짜는 양력이고, 달력에 보면 작은 글씨로 되어 있는 날짜가 음력이에요.

136

을 경험해 볼 수 있도록 실제 교과에서 사용되는 이미지나 예시 등을 가지고 설명해 주도록 한다. 학생의 수준에 따라 진행한다.

3 주요 활동 II, III – 20분

> 🟢 중요한 내용을 찾아 요약하여 써 보도록 하는 데 중점을 두고 운영한다. 조사를 할 때 가장 많이 하는 활동 중 하나인 중요한 내용 찾기, 중요한 내용 요약하기를 학습할 수 있도록 한다.

1) 요약한 글을 보고 원래의 글과 요약한 글을 비교하도록 안내한다.

> 🔵 1번 문제의 제재 글 '중국의 중추절'을 보고 요약한 글을 읽어 보세요.

> 🔵 두 글은 어떻게 다른가요? 어떻게 요약했어요?

2) '베트남의 뗏'을 요약하도록 안내한다.

> 🔵 '중국의 중추절'을 요약한 글을 참고하여 '베트남의 뗏'을 요약해 보세요.

3) '부엉이 선생님'에서 '요약'에 대해 알아보도록 안내한다.

> 🔵 요약이 무엇인지 '부엉이 선생님'을 통해 더 자세히 알아

2. 앞의 글 '중국의 중추절'을 요약하여 쓴 글을 살펴보고 '베트남의 뗏'을 요약하여 써 봅시다.

중국의 중추절

• 중추절의 시기: 음력 8월 15일
• 중국의 다른 명절: 춘절, 청명절, 단오절
• 중추절의 뜻: 가을의 중간에 있음
• 중추절에 하는 일: 달맞이, 제사 지내기
• 중추절에 먹는 대표적인 음식: 월병(달을 닮은 떡)

베트남의 뗏

• 뗏의 시기:
• 뗏에 하는 일:
• 뗏에 먹는 음식:

---

3. 앞에서 요약한 글을 참고하여 친구들 앞에서 '중국의 중추절'과 '베트남의 뗏'에 대해 말로 설명해 봅시다.

요약

　요약은 긴 글을 짧게 줄여서 내용을 간추리는 것이에요. 요약을 할 때는 글에서 중요한 부분을 중심으로 간추려야 해요.

볼까요?

㊂ '부엉이 선생님' 활동에서는 차시 주제와 관련된 주요한 언어 기능이나 개념을 소개한다. 부엉이 선생님에 제시된 내용은 다소 어렵거나 추상적일 수 있기 때문에, 되도록 쉽게 설명해 주고, 실제 교과에서 사용되는 이미지나 예시 등을 가지고 설명해 주도록 한다.

㊂ '부엉이 선생님' 내용을 충분히 설명한 후에 익힘책 70쪽의 1번, 2번을 수행하도록 한다. 과제로 부여할 수 있다.

4) 요약한 글을 바탕으로 설명하는 발표를 해 보도록 한다.

㉓ 요약한 글을 바탕으로 '베트남의 뗏'에 대해 친구들에게 설명해 보세요.

㉓ 요약한 것을 바탕으로 설명하려면 자세히 풀어서 알려 주어야 해요. 요약한 것을 그대로 따라 읽는 것이 아니에요. 친구에게 자세하게 알려 주듯이 말해 보세요.

5) 익힘책 71쪽의 3번을 쓰게 한다.

㊂ 질문에 대답을 하는 과정을 따라 자연스럽게 중요한 내용을 요약하게 하고, 그것을 다시 요약문으로 쓰는 활동이다. 교과서의 말하기 활동에 쓰기 활동을 더해 표현 영역을 모두 학습할 수 있게 한다. 경우에 따라 과제로 부여할 수 있다.

---

④ 정리 – 5분

1) 이번 시간에 배운 것을 정리한다.

㉓ 이번 시간에는 중요한 내용을 요약하는 것에 대해 알아보았어요.

2) 다음 차시를 안내한다.

㉓ 다음 시간에는 중요한 내용을 찾아서 기록하는 활동을 해 볼 거예요.

● 메모

중요한 내용을 찾아 기록하기

1. 중요한 부분에 밑줄을 그으며 다음 글을 읽어 봅시다.

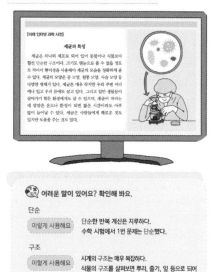

어려운 말이 있어요? 확인해 봐요.

단순

이렇게 사용해요
단순한 반복 계산은 지루하다.
수학 시험에서 1번 문제는 단순했다.

구조

이렇게 사용해요
시계의 구조는 매우 복잡하다.
식물의 구조를 살펴보면 뿌리, 줄기, 잎 등으로 되어 있다.

2. 지민이가 인터넷에서 검색한 '세균의 특징'을 출력해서 중요한 내용을 찾아 밑줄을 그은 것을 살펴봅시다.

세균의 특징

세균은 하나의 세포로 되어 있어 동물이나 식물보다 훨씬 <u>단순한 구조</u>이다. 크기도 맨눈으로 볼 수 없을 정도로 작아서 현미경을 사용해야 세균의 모습을 정확하게 볼 수 있다. <u>세균의 모양은 공 모양, 원통 모양, 사슬 모양 등 다양한 형태가 있다. 세균은 매우 작지만 우리 주변 어디에나 있고 우리 몸에도 살고 있다.</u> 그리고 일반 생물들이 살아가기 힘든 환경에서도 살 수 있으며, <u>세균이 자라는 데 알맞은 온도나 환경이 되면 짧은 시간이라도 아주 많이 늘어날 수 있다.</u> <u>세균은 사람들에게 해로운 것도 있지만 도움을 주는 것도 있다.</u>

3. 지민이가 밑줄 그은 내용을 중심으로 요약해서 기록한 것을 살펴봅시다.

세균의 특징

- 세균은 하나의 세포로 되어 있어 단순한 구조이다.
- 세균의 모양은 공 모양, 원통 모양, 사슬 모양 등 다양한 형태이다.
- 세균은 매우 작지만 우리 주변 어디에나 살고 있다.
- 세균이 자라는 데 알맞은 온도나 환경이 되면 짧은 시간이라도 세균은 아주 많이 늘어날 수 있다.
- 세균은 해로운 것도 있고 도움을 주는 것도 있다.

2차시

주제
중요한 내용을 찾아 기록하기

주요 활동
1. 중요한 부분에 밑줄을 그으며 다음 글을 읽어 봅시다.
2. 지민이가 인터넷에서 검색한 '세균의 특징'을 출력해서 중요한 내용을 찾아 밑줄을 그은 것을 살펴봅시다.
3. 지민이가 밑줄 그은 내용을 중심으로 요약해서 기록한 것을 살펴봅시다.
4. 다음 글에서 중요한 내용을 찾아 밑줄을 긋고 그 내용을 기록하여 봅시다.

학습 도구 어휘
단순, 구조, 불가능, 수단, 대부분, 기록, 특징, 적당하다, 성질

1 도입 – 5분

1) 1차시와 달라지는 2차시 활동이나 내용에 대하여 간략히 안내한다.

　㉑ 이번 시간에는 세포와 바이러스에 대한 글을 읽으며 중요한 내용을 찾아 기록하는 활동을 해 볼 거예요.

2) 1차시 내용에 대한 이해 정도를 확인하며 2차시 내용에 대하여 안내한다.

　㉑ 지난 시간에는 중국과 베트남의 명절에 대한 글을 읽고 요약해 보았어요. 이번 시간에는 글에서 중요한 내용을 찾아보고 그것을 기록해 볼 거예요.

2 주요 활동 I – 5분

1) 제재 글을 읽는 활동을 안내한다.

　㉑ 아래 모니터 그림에는 무엇에 대한 글이 적혀 있어요?

　㉑ 모니터 그림에 있는 글을 소리 내어 읽어 보세요.

2) 제시된 어휘들 중 빨간색으로 표시된 어휘를 먼저 확인한다.

어휘 지식	
단순	복잡하지 않고 간단한 것. ㉑ 상황이나 환경이 각기 다르기 때문에 사람을 단순 비교할 수는 없다. 수학을 공부하다 보면 단순 반복하는 계산 문제가 나올 때도 있다.
구조 [구:조]	여러 부분이나 요소들이 서로 어울려 전체를 이룸. 또는 그 짜임새. ㉑ 세포의 구조에 대해 배웠다. 남자와 여자가 서로 다른 신체 구조를 가지고 있다.

　㉺ 교재 141쪽의 '불가능', '수단', '대부분' 어휘까지 모두 배운 후 익힘책 72쪽의 1번, 2번을 쓰도록 한다.

3 주요 활동 II – 10분

1) 지민이가 밑줄 그은 내용을 중심으로 요약해서 기록한 것을 살펴보도록 한다.

　㉑ 지민이가 밑줄 그은 내용을 중심으로 요약한 내용을 위의 글과 비교하며 읽어 보세요.

2) 지시문에 제시된 어휘들 중 파란색으로 표시된 어휘를 확인한다.

4. 다음 글에서 중요한 내용을 찾아 밑줄을 긋고 그 내용을 기록하여 봅시다.

세균과 바이러스

세균은 아주 작은 생물로, 살기에 적당한 환경에서는 그 수를 빠르게 늘리며 퍼진다. 우리가 먹는 유산균 음료에 들어 있는 유산균을 생각해 보면 되는데 우유에 유산균을 넣고 한나절 정도 지나면 우유가 모두 유산균 음료로 변하는 것을 볼 수 있다. 세균은 이와 같이 수를 늘리는 증식을 한다.

바이러스는 증식이 불가능하고 세포 속에 들어가서 세포의 성질을 바꾸어 버린다. 세포를 바이러스 자신이 사는 수단으로 만든다. 그리고 세균은 유익한 것과 해로운 것이 있는 반면에, 바이러스는 해로운 것이 대부분이다. 바이러스는 세균보다 그 구조가 더 단순하고 크기도 훨씬 작아서 특별한 현미경으로만 관찰할 수 있다.

• 현미경으로 관찰한 세균과 바이러스

세균   바이러스

세균과 바이러스

·
·
·
·

👀 어려운 말이 있어요? 확인해 봐요.

불가능
이렇게 사용해요
어떤 사람들은 불가능한 일에 도전하기도 한다.
옛날에는 사람들이 하늘을 나는 것이 불가능하다고 생각했다.

수단
이렇게 사용해요
운송 수단으로는 차, 기차, 배 등이 있다.
사람들에게 말은 편리한 의사소통 수단이다.

대부분
이렇게 사용해요
학교 화단에 핀 꽃은 코스모스가 대부분이다.
점심시간에는 우리 반 친구들 대부분이 운동장에서 뛰어논다.

🦉 기록하기
어떤 사실이나 생각을 글로 적어 남기는 것이 기록이에요. 일기를 쓰는 것도 오늘 있었던 일이나 생각을 기록하는 거예요. 관찰한 것을 기록한 것을 관찰 기록문이라고 하지요. 그리고 여행을 하며 생각하고 느끼고 본 것을 기록하기도 해요.

어휘 지식	
기록	주로 후일에 남길 목적으로 어떤 사실이나 생각을 적거나 영상으로 남김. 또는 그런 글이나 영상. 예 나는 하루하루의 일상을 일기장에 기록으로 남겨 놓는다. 부모님은 내가 커 온 과정을 영상 기록으로 남겨 두셨다.
특징	다른 것에 비해 특별히 달라 눈에 띄는 점. 예 우리나라의 계절은 사계절이 뚜렷하다는 특징을 갖는다. 요약한 글의 특징을 살펴보았다.

🔈 교재 140쪽의 '적당한', '성질' 어휘까지 모두 배운 후 익힘책 73쪽의 3번, 4번을 쓰도록 한다.

4 주요 활동 Ⅲ - 7분

1) 제재 글을 읽는 활동을 안내한다.

🔵 세균과 바이러스에 대한 글이에요. 읽어 보세요.

🔵 글에서 중요한 내용에 밑줄을 그어 보세요.

2) 제시된 어휘들 중 빨간색으로 표시된 어휘를 확인한다.

어휘 지식	
불가능	할 수 없거나 될 수 없음. 예 보지도 듣지도 못했던 헬렌 켈러는 모두가 불가능이라고 여겼던 일들을 훌륭하게 해냈다. 불가능한 상황이라는 이야기를 전해 들었다.
수단	어떤 목적을 이루기 위하여 쓰는 방법이나 도구. 예 차와 기차는 운송 수단이다. 좋은 일을 하기 위해서는 그 수단도 정당해야 한다.
대부분 [대:부분]	절반이 훨씬 넘어 전체에 가까운 수나 양. 예 대부분의 사람들이 다른 사람을 배려한다. 이번 시험은 대부분 계산 문제로 되어 있었다.

🔈 익힘책 72쪽의 1번, 2번을 쓰도록 한다.

3) 제시된 어휘들 중 파란색으로 표시된 어휘를 확인한다.

어휘 지식	
적당하다	기준, 조건, 정도에 알맞다. 예 식물마다 살기에 적당한 온도가 다르다. 오늘 날씨는 바깥에서 놀기에 적당하다.
성질 [성:질]	사물이나 현상이 가지고 있는 고유의 특징. 예 섭씨 0도에서 어는 것은 물의 성질이다. 같은 성질의 자석을 가까이 댔더니 서로 밀어냈다.

🔈 먼저 학습자들에게 파란색 표시 어휘에 집중하도록 유도하고 이해를 확인한 후 익힘책 73쪽의 3번, 4번을 쓰도록 한다.

5 주요 활동 Ⅳ - 8분

1) 중요한 내용을 찾아 밑줄 그은 부분을 중심으로 요약하기를 안내한다.

🔵 글 '세균과 바이러스'를 밑줄 그은 부분을 중심으로 요약해서 기록해 보세요.

2) 요약한 글을 발표하게 한다.

3) '부엉이 선생님'에서 '기록하기'에 대해 알아보도록 안내한다.

🔈 '부엉이 선생님' 내용을 충분히 설명한 후에 익힘책 74쪽의 5번, 6번을 수행하도록 한다. 과제로 부여할 수 있다.

6 정리 - 5분

1) 이번 시간에 배운 것을 정리한다.

🔵 이번 시간에는 중요한 내용을 찾아 요약해서 기록하는 과정을 알아보고 긴 글을 요약도 해 보았어요.

2) 다음 차시를 안내한다.

🔵 다음 시간에는 재미있는 놀이를 해 볼 거예요.

3차시

1 도입 – 5분

1) 이번 시간에 할 활동을 그림을 미리 보고 생각해 보게 한다.

🔵 이번 시간에는 무엇을 할까요?

2) 이번 시간 활동을 안내한다.

🔵 이번 시간에는 '나누어 요약하기'를 할 거예요.

2 놀이 설명 – 5분

1) 활동 방법을 확인한다.

🔵 선생님이 글 하나를 여러분에게 보여 줄 거예요. 그 글을 모둠원이 다 같이 읽어 보세요. 그다음 선생님에게 글을 가지고 오면 선생님이 적당히 그 글을 잘라서 나누어 줄 거예요. 그러면 자기가 가지고 있는 글에서 중요한 내용을 찾아 밑줄을 그어 요약하세요. 그리고 그것을 선생님이 나눠 주는 접착 메모지에 쓰세요. 다 쓰면 모두 모으세요. 그리고 그것을 읽고 발표해 보세요.

🟢 학생들이 활동을 어려워할 경우를 대비하여 원래의 글을 하나 더 나누어 줄 수 있다. 교사는 모둠별로 같은 글을 두 장씩 준비해 줄 수 있다. 각 모둠이 서로 다른 글을 요약할 수도 있고 전체 모둠이 모두 같은 글을 요약해 볼 수도 있다. 요약할 글은 국어 교과서에서 가지고 올 수 있으며 학습자의 수준을 고려하여 교사가 선택한다.

3 놀이하기(활동하기) – 20분

1) '나누어 요약하기' 활동을 하도록 안내한다.

🔵 이제 자기가 가지고 있는 글을 요약해 보세요. 모르거나 어려운 부분이 있으면 선생님에게 물어보세요.

2) 나누어 요약한 글을 발표하는 활동을 안내한다.

🔵 접착 메모지를 모으세요. 그리고 요약한 글을 친구들 앞에서 소리 내어 읽어 보세요.

4 정리 – 10분

1) 요약한 글을 게시하고 상호 평가의 기회를 가진다.

🟢 정리 활동으로서 익힘책 75쪽의 1번, 2번 활동을 이어서 수행하도록 하거나 과제로 부여할 수 있다. '나누어 요약하기' 활동을 학생 혼자서도 경험할 수 있도록 구성한 활동이다.

🌀 되돌아보기

1. 보기 의 낱말들을 아래 글자들에서 찾아서 ○표 해 봅시다.

보기

구조   기록   단순   대부분   바이러스
불가능   세균   수단   양력   음력

나	관	즐	거	인	기	록
자	료	구	내	불	접	상
세	법	조	중	가	수	단
균	바	사	보	능	행	순
감	은	이	단	세	양	님
대	부	분	러	음	력	친
용	행	복	명	스	자	신

2. 내가 조사하고 싶은 나라를 인터넷을 이용하여 찾아보고 중요한 내용을 기록해 봅시다.

나라 이름	
국기 이름과 모양	
인구	
위치와 크기	
명절이나 축제	
대표적인 음식	

4차시

1 도입 – 5분

1) 되돌아보기 차시의 성격을 설명한다.

🔵 되돌아보기는 이번 단원에서 배운 것을 다시 확인해 보는 활동이에요.

2) 3차시까지 배운 내용을 확인한다.

🔵 이번 단원에서 우리는 요약하기에 대해 알아보고 긴 글을 요약한 것을 기록해 보았어요.

2 되돌아보기 I – 15분

1) 낱자 표에서 〈보기〉의 낱말들을 찾도록 안내한다.

🔵 낱자 표에서 〈보기〉의 낱말들을 찾아 동그랗게 색연필로 표시해 보세요.

2) 찾은 낱말들을 이용하여 쓰기 연습을 하도록 한다.

🟡 학생들이 낱자 표에서 찾은 낱말을 사용하여 자유롭게 문장을 만들어 보게 한다. 학생의 수준에 따라 익힘책의 문장을 따라 쓰게 하거나 문장의 구조는 그대로 둔 채 낱말만 바꿔 보게 해도 좋다.

3 되돌아보기 II – 15분

1) 자신이 조사하고 싶은 나라를 골라 조사하고 그 내용을 요약해서 기록하는 활동을 안내한다.

🔵 조사하고 싶은 나라가 있어요? 조사하고 싶은 나라를 골

라 조사해 보세요. 그리고 그 내용을 요약해서 기록해 보세요.

4 정리 – 5분

1) 단원을 공부하며 든 생각이나 느낌을 이야기하도록 한다.

🔵 이번 단원을 공부하며 알게 된 점이나 느낀 점을 발표해 보세요.

2) 단원에서 공부한 것을 교사가 간단히 정리한다.

🔵 이번 단원에서는 긴 글을 요약하는 방법을 알아보고 요약하며 기록하는 활동도 해 보았어요.

12단원 • 여러 가지 비교 활동

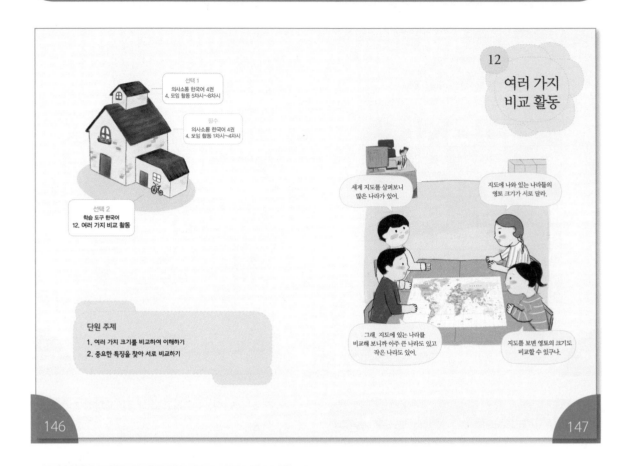

단원의 개관

'여러 가지 비교 활동' 단원은 초등학교 5학년이나 6학년 학생들이 교과 학습에 바탕이 되는 '비교하기'를 중심으로 한국어 어휘와 표현을 배울 수 있도록 구성했다. 이를 위해 '여러 가지 크기를 비교하여 이해하기', '중요한 특징을 찾아 서로 비교하기'를 단원의 주제로 설정했고 '같아요, 달라요 놀이'를 놀이 학습으로서 제시했다. 단원 주제는 5~6학년군의 국어, 수학, 과학, 사회 교과 학습과 관련된 사고 활동 및 읽거나 쓰는 문식 활동의 주제가 된다. 주제별 학습은 1차시와 2차시에 주로 이루어지며 개념과 지식을 다루거나 용례를 제시하는 어휘 내용을 포함하고 있다. 이러한 어휘 내용은 '한국어 교육과정'의 5~6학년군 학습 도구 어휘 목록에서 단원 주제에 맞게 선별된 것이다. 단원마다 주제와 관련된 놀이/협동 활동을 3차시에 제시했으며 4차시는 배운 내용을 복습하는 활동으로 마무리하도록 했다.

이 단원은 생활 한국어 능력 중급(3급)의 학습자가 선택할 수 있는 활동과 어휘 내용으로 구성되었다. 따라서 〈의사소통 한국어〉 교재 4권 4단원('모임 활동') 필수 차시를 모두 배운 학생을 대상으로 하는 선택 차시로 운영될 수 있다. 학습자의 숙달도에 맞는 어휘 및 쓰기 연습 활동은 익힘책 활동을 병행하여 수행할 수 있도록 했다.

단원의 목표와 내용

1) 단원의 목표

◆ 여러 가지 사물의 크기를 비교하여 쓸 수 있다.

◆ 사물을 살펴보고 중요한 특징을 찾아 서로 비교할 수 있다.

2) 단원의 주요 내용

주제	1. 여러 가지 크기를 비교하여 이해하기 2. 중요한 특징을 찾아 서로 비교하기		
	교재 활동	어휘 내용	교수·학습 특성
학습 도구 어휘	🦉 부엉이 선생님	비교	개념 이해 (교과 연계 및 익힘책 활용)
	✏️ 꼬마 수업	영토	개념 이해 (교과 연계)
	💬 어려운 말이 있어요? 확인해 봐요.	정확히, 비슷하다, 특징, 반면, 형태	용례 학습 어휘 연습 (익힘책 활용)
	선택 어휘 (파란색 표시)	크기, 결과, 요약, 모두, 다르다, 모습	어휘 연습 (익힘책 활용)

● 차시 전개 과정

1) 차시의 흐름

차시	주제	학습 내용	교재 쪽수	익힘책 쪽수
1	여러 가지 크기를 비교하여 이해하기	1. 여러 나라의 크기를 비교하여 쓴 글을 읽고 물음에 답해 봅시다. 2. 그림을 보고 〈보기〉에서 알맞은 표현을 찾아 ( ) 안에 써 봅시다.	148~149	76~77
2	중요한 특징을 찾아 서로 비교하기	1. 볼록 렌즈와 오목 렌즈를 관찰하는 활동을 살펴보고 물음에 답해 봅시다. 2. 볼록 렌즈와 오목 렌즈를 통해 본 물체의 모습입니다. ( ) 안에 알맞은 말을 넣어 비교하여 말해 보세요. 3. 실험을 통해 알게 된 산소와 이산화탄소의 특징을 비교해 봅시다.	150~153	78~80
3	놀이/협동 학습	1. '같아요, 달라요' 놀이를 해 봅시다. 2. 내가 낸 문제와 그 답을 써 봅시다.	154~155	81
4	정리 학습	1. 같은 모양을 연결하여 낱말을 만들어 써 봅시다. 2. 위 낱말에서 뜻을 알고 있는 것을 골라 ○표 하고 문장을 만들어 써 봅시다. 3. 자료를 살펴보고 동물의 특징을 비교하여 봅시다.	156~157	

2) 차시별 교수·학습 활동

◆ 1차시 및 2차시: 단원의 주제에 맞는 읽기(특히 소리 내어 읽기)나 쓰기 활동을 제시했다. 또한 생각을 주고받는 말하기나 발표하기 등의 수업 활동을 경험할 수 있도록 과제를 제시했다. 익힘책 활동이 연계된다.

◆ 3차시: 단원의 주제와 관련된 놀이나 협동 활동을 제시했다. 놀이나 협동 과정에서 사용한 어휘, 문장을 활용하는 쓰기와 말하기 활동이 함께 제시되었다. 익힘책 활동이 연계된다.

◆ 4차시: 단원의 어휘 및 주제별 학습 내용을 정리, 복습하는 활동을 제시했다. 복습 활동 위주의 차시로서 익힘책 활동은 따로 연계되지 않는다.

● 단원 지도상의 유의점

◆ 학습에 필요한 어휘를 배우는 활동과 문식력 강화 활동이 이루어지도록 운영한다.

◆ 주변에서 자주 접하는 익숙한 두 대상을 비교하며 비교 표현을 연습할 수 있도록 한다.

◆ 과학 도구의 특징을 학습하기보다는 비교 기능을 연습하고 활동 과정에서 배우는 어휘를 익히는 것에 중점을 두어 지도한다.

◆ 놀이의 승패보다는 비교하는 표현을 바르게 사용하며 놀이하는지에 중점을 두어 지도한다.

◆ 학습 도구 어휘의 경우 추상성이 강하므로 명시적으로 설명하기보다는 활동 과정에서 경험을 통해 익힐 수 있도록 한다.

1차시

주제

여러 가지 크기를 비교하여 이해하기

주요 활동

1. 여러 나라의 크기를 비교하여 쓴 글을 읽고 물음에 답해 봅시다.
2. 그림을 보고 〈보기〉에서 알맞은 표현을 찾아 ( ) 안에 써 봅시다.

학습 도구 어휘

크기, 정확히, 결과, 비슷하다, 요약, 영토

1 도입 – 5분

1) 단원 도입 모듈에 제시된 〈의사소통 한국어〉 연계 단원 이름을 본다. 〈의사소통 한국어〉 교재에서 배웠던 내용을 간략히 정리해 주거나, 〈의사소통 한국어〉 주제를 활용하여 생활 한국어 이해 수준을 간략히 확인한다.

- 📢 여러분, 여기 예쁜 집이 있어요.

  여러분이 배워야 할 한국어들이 잘 모이면 이렇게 예쁜 집이 돼요.
- 📢 여러분은 어떤 모임 활동을 해 봤어요? 누가 말해 볼까요?
- 💡 도입 모듈에 대한 설명이나 활동은 최대한 간략하게 하며, 경우에 따라 생략할 수 있다.

2) 단원 도입 그림을 보면서 단원의 주제와 학습 목표, 대략적인 단원 학습 내용을 살펴본다.

- 📢 준서네 모둠은 무엇을 살펴보고 있어요?
- 📢 준서네 모둠이 세계 지도를 살펴보고 알게 된 점은 무엇이에요?
- 📢 무엇을 배울 것 같아요?

3) 단원 학습 목표를 소개하고, 주요한 활동들을 간략히 소개한다.

- 📢 첫 번째 시간에는 여러 가지 사물의 크기를 비교해 볼 거예요.
- 📢 두 번째 시간에는 사물의 중요한 특징을 찾아 서로 비교해 볼 거예요.
- 💡 도입 단계에서 학습자들의 수준을 판별하여 차시 활동이나 추후 익힘책 활동 등을 선택적으로 운영할 수 있도록 한다.

2 주요 활동Ⅰ – 15분

1) 글을 읽고 비교 대상과 크기를 비교하는 표현을 알아본다.

- 📢 지도를 살펴보세요.
- 📢 색깔이 다르게 표시되어 있는 나라는 어디예요?
- 📢 각 나라의 크기는 어느 정도예요?
- 📢 무엇을 비교했는지 살펴보며 글을 읽어 보세요.
- 📢 비교하는 것이 무엇이에요?
- 📢 어떤 나라의 영토를 서로 비교했어요?
- 📢 여러 나라의 영토 크기를 비교한 내용을 소리 내어 읽어 보세요.

🔵 여러 가지 크기를 비교하여 이해하기

1. 여러 나라의 크기를 비교하여 쓴 글을 읽고 물음에 답해 봅시다.

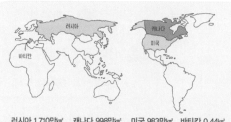

러시아 1,710만㎢   캐나다 998만㎢   미국 983만㎢   바티칸 0.44㎢

오늘 사회 시간에 모둠 친구들과 세계 지도에서 여러 나라의 영토 크기를 살펴보고 비교해 보았다. 지도의 그림만으로는 영토의 크기를 정확히 비교하기 힘들어 〈사회과 부도〉에서 각 나라의 크기를 찾아보았다.

비교 결과 영토의 크기가 1,710만㎢인 러시아가 가장 큰 나라이고, 0.44㎢인 바티칸이 가장 작은 나라이다. 998만㎢인 캐나다와 983만㎢인 미국은 영토의 크기가 비슷하다. 미국은 러시아보다 작지만, 바티칸보다는 크다.

1) 여러 나라의 영토 크기를 비교한 내용을 소리 내어 읽어 보세요.

2) 글의 내용을 요약했어요. 밑줄 그은 부분을 보고 (   ) 안에 알맞은 말을 쓰세요.
① 영토의 크기가 (   ) 큰 나라는 러시아이다.
② 영토의 크기가 (   ) 작은 나라는 바티칸이다.
③ 캐나다와 미국의 영토 크기는 (   ).
④ 미국의 영토 크기는 러시아(   ) 바티칸(   ).

---

2) 알맞은 비교 표현을 사용하여 글의 내용을 요약해 본다.

- 📢 가장 큰 나라는 어디예요?
- 📢 가장 작은 나라는 어디예요?
- 📢 캐나다와 미국의 영토 크기는 어떤가요?
- 📢 미국의 영토 크기는 러시아와 바티칸에 비교하면 어떤가요?
- 📢 괄호 안에 알맞은 말을 넣어 비교 결과를 요약해 써 보세요.

3) '꼬마 수업'의 내용을 설명한다.

- 📢 '꼬마 수업'의 내용을 읽어 보세요.
- 📢 영토란 무엇이에요?
- 📢 영토에 들어가는 것에는 무엇이 있어요?
- 💡 '꼬마 수업' 활동에서는 차시 내용에서 다룬 특정 주요 교과의 학습 개념을 소개한다. 그 교과의 수업 시간(예: 사회 시간)을 그대로 재현하며 지도하는 것이 좋다. 되도록 그 교과의 수업 장면을 경험해 볼 수 있도록 실제 교과에서 사용되는 이미지나 예시 등을 가지고 설명해 주도록 한다. 학생의 수준에 따라 진행한다.

4) '어려운 말이 있어요? 확인해 봐요.' 항목을 확인하고 어휘 학습이 되도록 유도한다.

꼬마 수업 영토

영토란 한 나라의 힘이 미치는 땅의 범위를 말해요. 주변의 섬들도 영토에 들어가요.

😲 **어려운 말이 있어요? 확인해 봐요.**

정확히
[이렇게 사용해요] 전학 간 친구의 이름이 정확히 기억나지 않았다.
시계의 두 바늘이 정확히 12를 가리키면 12시이다.

비슷하다
[이렇게 사용해요] 친구와 나의 수학 실력은 비슷하다.
미술 시간에 짝과 내가 그린 그림이 비슷해 놀랐다.

2. 그림을 보고 보기 에서 알맞은 표현을 찾아 ( ) 안에 써 봅시다.

보기

크다 작다 가장 크다 가장 작다

책가방   필통   지우개

1) 필통은 책가방보다 ( ).   2) 필통은 지우개보다 ( ).
3) 책가방이 ( ).   4) 지우개가 ( ).

12. 여러 가지 비교 활동 • 149

149

🔵 어려운 말이에요. 어떻게 사용하는지 볼까요? 읽어 보세요. 낱말의 뜻을 알아요?

어휘 지식	
정확히 [정:화키]	바르고 확실하게. 예 정확히 두 시간 후에 정문 앞에서 모이자.
비슷하다 [비스타다]	둘 이상의 크기, 모양, 상태, 성질 등이 똑같지는 않지만 많은 부분이 닮아 있다. 예 학교 건물은 모두 비슷하게 짓는 것 같아.

🔵 익힘책 76쪽의 1번, 2번을 쓰게 한다. 경우에 따라 과제로 부여할 수 있다.

5) 교재에서 파란색으로 표시된 어휘를 확인한다.

🔵 파란색 어휘가 있어요. 무엇이에요?

어휘 지식	
크기	사물의 부피, 넓이, 양 등이 큰 정도. 예 옷의 크기가 작아 다른 것으로 바꾸었다. 어머니는 떡을 똑같은 크기로 나누어 주셨다.
결과	어떤 일이나 과정이 끝난 후의 상태나 현상. 예 시험 결과가 내일 나오는데 너무 떨린다. 노력한 만큼 좋은 결과가 있을 거야.

요약	말이나 글에서 중요한 것을 골라 짧게 만듦. 예 책을 읽고 줄거리를 요약했다. 친구에게 들은 내용을 요약해 말했다.

🔵 파란색으로 표시된 어휘는 모든 경우에 따라 배우기보다는 경우에 따라 선택하여 배우도록 한다. 먼저 학습자들에게 파란색 표시 어휘에 집중하도록 유도하고 이해를 확인한 후 익힘책 77쪽의 3번, 4번을 수행하도록 한다. 익힘책 활동은 과제로 부여할 수 있다.

③ 주요 활동 Ⅱ – 15분

1) 사물의 크기를 비교할 때 사용할 수 있는 표현을 알아본다.
- 🔵 사물의 크기를 비교할 때 사용할 수 있는 표현은 무엇이 있어요?
- 🔵 〈보기〉 속 표현을 소리 내어 읽어 보세요.

2) 사물의 크기를 비교하여 써 본다.
- 🔵 크기를 비교할 물건으로 무엇이 있어요?
- 🔵 책가방과 필통 중 어느 것이 더 커요?
- 🔵 책가방, 필통, 지우개 중 가장 큰 것은 무엇이에요?
- 🔵 〈보기〉에서 알맞은 표현을 골라 빈칸을 채워 보세요.
- 🔵 책가방, 필통, 지우개의 크기를 비교한 결과를 말해 보세요.

④ 정리 – 5분

1) 1번 활동으로 돌아가서 주요한 표현을 반복적으로 사용해 보도록 한다.
- 🔵 러시아와 캐나다, 미국, 바티칸의 영토 크기를 비교해서 말해 보세요.

2) 2번 활동으로 돌아가서 주요한 표현을 반복적으로 사용해 보도록 한다.
- 🔵 책가방과 필통, 지우개의 크기를 비교해서 말해 보세요.

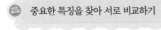

중요한 특징을 찾아 서로 비교하기

1. 볼록 렌즈와 오목 렌즈를 관찰하는 활동을 살펴보고 물음에 답해 봅시다.

볼록 렌즈와 오목 렌즈를 관찰하고 특징을 찾아보세요. 두 렌즈의 같은 점과 다른 점은 무엇일까요?

두 렌즈 모두 투명하고 딱딱해.

볼록 렌즈의 가운데 부분은 가장자리보다 두꺼워.

볼록 렌즈 / 오목 렌즈

볼록 렌즈는 가운데가 두꺼운 반면 오목 렌즈는 가운데가 얇아.

볼록 렌즈와 오목 렌즈는 형태가 다르네.

1) 과학 시간에 무엇을 관찰했어요?

2) 관찰 후 알게 된 내용을 소리 내어 읽어 보세요.

3) 위 그림에서 볼록 렌즈와 오목 렌즈의 같은 점을 찾아 써 보세요.

4) 위 그림에서 볼록 렌즈와 오목 렌즈의 다른 점을 찾아 써 보세요.

어려운 말이 있어요? 확인해 봐요.

특징

이렇게 사용해요
이 집의 특징을 찾아보세요.
코끼리는 긴 코가 특징이에요.

반면

이렇게 사용해요
교실 청소는 힘든 반면 보람이 있다.
그는 운동을 잘하는 반면 공부를 못한다.

형태

이렇게 사용해요
책상의 형태는 여러 가지이다.
친구가 입은 옷의 형태가 특이했다.

2차시

주제
중요한 특징을 찾아 서로 비교하기

주요 활동
1. 볼록 렌즈와 오목 렌즈를 관찰하는 활동을 살펴보고 물음에 답해 봅시다.
2. 볼록 렌즈와 오목 렌즈를 통해 본 물체의 모습입니다. ( ) 안에 알맞은 말을 넣어 비교하여 말해 봅시다.
3. 실험을 통해 알게 된 산소와 이산화탄소의 특징을 비교해 봅시다.

학습 도구 어휘
특징, 모두, 반면, 형태, 다르다, 모습, 비교

1 도입 – 5분

1) 단원의 학습 주제를 다시 설명하고, 1차시에서 배운 내용을 떠올리게 한다.

🔵 무엇을 비교하여 말해 보았어요?

🟢 한국어 어휘와 표현에 초점을 두도록 유도한다.

2) 2차시의 주요한 내용을 소개한다.

🔵 이번 시간에는 사물의 중요한 특징을 찾아 서로 비교해 볼 거예요.

🟢 학습자들의 학습 경험을 확인하고, 한국어 이해 수준과 표현 수준을 확인하여 차시 내용을 운영하도록 한다.

2 주요 활동 I – 15분

1) 활동 모습을 살펴보고 비교 대상과 대상의 특징을 찾아본다.

🔵 준서네 모둠은 무엇을 관찰하고 있어요?

🔵 관찰 후 알게 된 내용을 소리 내어 읽어 보세요.

2) 두 렌즈의 특징을 비교하여 써 본다.

🔵 볼록 렌즈와 오목 렌즈의 같은 점을 써 보세요.

🔵 볼록 렌즈와 오목 렌즈의 다른 점을 써 보세요.

3) '어려운 말이 있어요? 확인해 봐요.' 항목을 확인하고 어휘 학습이 되도록 유도한다.

🔵 어려운 말이에요. 어떻게 사용하는지 볼까요? 읽어 보세요. 낱말의 뜻을 알아요?

어휘 지식	
특징 [특찡]	다른 것에 비해 특별히 달라 눈에 띄는 점. 🟠 동생은 달달한 맛이 특징인 초콜릿을 좋아한다.
반면 [반ː면]	뒤에 오는 말이 앞의 내용과는 반대임. 🟠 지수는 노래를 잘 부르는 반면 춤을 잘 못 춘다.
형태	사물의 생긴 모양. 🟠 요즘은 화면이 크고 자판이 없는 형태의 전화기가 유행이다.

🟢 익힘책 78쪽의 1번, 2번을 수행하도록 한다. 경우에 따라 과제로 부여할 수 있다.

4) 교재에서 파란색으로 표시된 어휘를 확인한다.

🔵 파란색 어휘가 있어요. 무엇이에요?

2. 볼록 렌즈와 오목 렌즈를 통해 본 물체의 모습입니다. ( ) 안에 알맞은 말을 넣어 비교하여 말해 봅시다.

볼록 렌즈와 오목 렌즈는 모두 글씨가 똑바로 보여.

글씨가 ( ) 점이 같아.

볼록 렌즈는 글씨가 크게 보이고, 오목 렌즈는 글씨가 작게 보여.

두 렌즈로 보이는 ( ) 달라.

비교
여러 개의 대상을 살펴보고 같은 점, 다른 점, 비슷한 점을 찾는 것을 비교라고 해요. 비교할 때는 대상의 모양, 쓰임, 성질 등을 다양하게 살펴보는 것이 좋아요.

152 • 학습 도구 한국어 5~6학년

3. 실험을 통해 알게 된 산소와 이산화탄소의 특징을 비교해 봅시다.

과학 시간에 산소와 이산화탄소의 성질을 알아보는 실험을 했다. 먼저 실험 기구를 이용해 산소와 이산화탄소를 병에 모았다. 모은 산소와 이산화탄소의 색깔과 병에 향불을 넣었을 때의 변화를 관찰하고 냄새도 맡아 보았다.
실험 결과 산소는 색깔과 냄새가 없었다. 산소가 담긴 병에 향불을 넣으면 불꽃이 타올랐다. 이산화탄소는 색깔이 없어 눈에 보이지 않고 냄새도 없었다. 이산화탄소가 담긴 병에 향불을 넣으면 불꽃이 꺼졌다.

1) 두 가지 기체의 무엇을 알아보는 실험을 했어요?

2) 밑줄 그은 부분을 보고 산소와 이산화탄소의 특징을 정리해 보세요.

	산소	이산화탄소
같은 점	:	
다른 점		

12. 여러 가지 비교 활동 • 153

어휘 지식

모두	빠짐없이 다. 예 우리 모두 함께 노래를 부릅시다. 병에 담긴 물이 모두 쏟아졌다.
다르다	두 개의 대상이 서로 같지 아니하다. 예 나와 친구는 색깔이 다른 옷을 입었다. 수업 시간마다 공부하는 내용이 다르다.

유 파란색으로 표시된 어휘는 모든 경우에 따로 배우기보다는 경우에 따라 선택하여 배우도록 한다. 먼저 학습자들에게 파란색 표시 어휘에 집중하도록 유도하고 이해를 확인한 후 익힘책 79쪽의 3번 ①, ②, 4번 ②, ③을 수행하도록 한다.

유 경우에 따라서는 교재 152쪽의 '모습' 어휘까지 모두 배운 후 익힘책 79쪽의 3번, 4번을 이어서 할 수 있다.

❸ 주요 활동 II - 5분

1) 그림을 살펴보고 비교 대상과 사물의 특징을 찾아본다.

선 볼록 렌즈의 특징은 무엇이에요? 오목 렌즈의 특징은 무엇이에요?

2) 대화를 살펴보고 볼록 렌즈와 오목 렌즈의 특징을 비교해 말해 본다.

선 괄호에 알맞은 말을 넣어 볼록 렌즈와 오목 렌즈의 특징을 비교해 말해 보세요.

3) 교재에서 파란색으로 표시된 어휘를 확인한다.

선 파란색 어휘가 있어요. 무엇이에요?

어휘 지식

모습	사람이나 사물의 생김새. 예 준서의 지금 모습은 아버지의 어릴 때 모습과 닮아 있다. 농촌의 모습을 살펴보았다.

유 익힘책 79쪽의 3번 ③, 4번 ①을 수행하도록 한다.

4) '부엉이 선생님'의 내용을 확인하고 설명한다. 예시를 통해 접근한다.

선 비교란 무엇이에요? 비교를 할 때 무엇을 살펴봐요?

유 '부엉이 선생님' 내용을 충분히 설명한 후에 익힘책 80쪽의 5번을 수행하도록 한다. 과제로 부여할 수 있다.

❹ 주요 활동 III - 10분

1) 글을 읽고 산소와 이산화탄소의 특징을 찾아본다.

선 어떤 실험을 했는지 살펴보며 글을 읽어 보세요.

선 두 기체의 무엇을 알아보는 실험을 했어요?

선 산소와 이산화탄소의 특징은 무엇이에요?

2) 산소와 이산화탄소의 특징을 비교하여 써 본다.

선 산소와 이산화탄소의 같은 점과 다른 점은 무엇이에요?

선 글의 밑줄 그은 부분을 보고 산소와 이산화탄소의 성질을 비교하여 표에 정리해 써 보세요.

❺ 정리 - 5분

1) 1번 활동으로 돌아가서 주요한 표현을 반복적으로 사용해 보도록 한다.

선 볼록 렌즈와 오목 렌즈를 비교하여 말해 보세요.

2) 3번 활동으로 돌아가서 주요한 표현을 반복적으로 사용해 보도록 한다.

선 산소와 이산화탄소의 특징을 비교하여 말해 보세요.

12단원 여러 가지 비교 활동 • 115

154

155

3차시

① 도입 - 5분

1) 3차시는 놀이 활동임을 환기시킨다. 또한 놀이에 알맞은 자리 배치나 학생 현황을 파악한다.

  🔵 모둠 자리로 앉아 볼까요?

  🟡 놀이 활동을 시작하기 전 학생들의 어휘 수준을 확인하고, 잘 모르는 어휘를 설명해 준다.

2) 놀이 활동과 단원의 주제가 가진 연관성을 설명한다.

  🔵 이번 시간에는 주변 사물을 비교하는 놀이를 해 볼 거예요.

  🟡 놀이 활동과 단원의 주제인 '비교하기'를 연결시켜 설명하되, 학습자의 수준에 따라 추상적인 설명은 생략할 수 있다. 놀이에 흥미를 지니고 관련된 한국어 어휘와 표현을 익히고 사용해 보는 것을 우선 강조하여 지도한다.

② 놀이 설명 - 10분

1) 그림을 보며 어떤 놀이를 할지 생각해 본다.

  🔵 친구들이 무엇을 하고 있는지 그림을 살펴보세요.

  🔵 친구들이 어떤 놀이를 하는 것 같아요?

  🔵 놀이를 하기 위해 필요한 것은 무엇이에요?

2) 놀이 방법을 확인한다.

  🔵 '같아요, 달라요' 놀이를 하는 방법을 잘 들어 보세요.

놀이 방법

1. 가위바위보를 하여 문제를 낼 순서를 정한다.
2. 한 명씩 돌아가며 친구들이 찾아야 할 물건의 같은 점이나 다른 점을 말한다.
3. 친구가 말한 조건에 맞는 물건 2가지를 생각해 종이에 적는다.
4. 선생님의 신호에 맞추어 순서대로 친구들에게 자신이 종이에 적은 물건을 말한다.
5. 문제에 맞는 답이면 1점을 얻는다.
6. 놀이가 끝났을 때 점수가 높은 사람이 이긴다.

🟡 학생들이 문제를 만들기 힘들어할 경우 교사와 함께 문제를 미리 알아보고 놀이를 시작한다.

③ 놀이하기(활동하기) - 20분

1) 놀이 방법에 따라 '같아요, 달라요' 놀이를 한다.

  🟡 정확한 모양이나 색깔 등을 알 수 없는 경우 교사가 판단하여 정답 처리한다.

2) 놀이를 하면서 내가 낸 문제와 답을 적어 본다.

  🔵 놀이를 하면서 내가 낸 문제와 문제에 대해 친구들이 말한 답을 적어 보세요.

  🟡 정리 활동으로서 익힘책 81쪽의 1번, 2번을 이어서 수행하도록 하거나 과제로 부여할 수 있다.

④ 정리 - 5분

1) 놀이 활동을 정리한다.

  🔵 놀이를 하면서 어떤 말을 했어요? 무슨 말이 어려웠어요? 어떤 말이 재미있었어요?

2) 차시 예고를 한다.

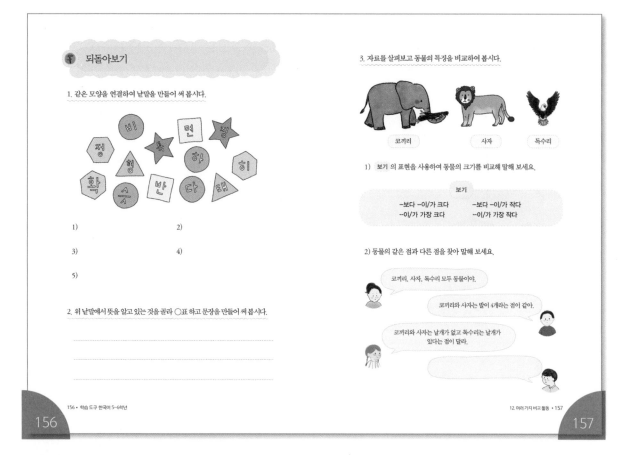

4차시

1 도입 – 5분

1) 되돌아보기 차시의 성격을 설명하고 복습 활동의 대상이 되는 내용을 간략히 설명한다.

  (선) 어떤 낱말을 배웠어요?

  (선) 3번을 보세요. 무엇을 비교할 것 같아요?

2) 3차시까지 배운 내용을 확인한다.

  (선) 12단원에서 무엇을 배웠어요?

  (선) 크기를 비교할 때 사용할 수 있는 표현은 무엇이 있어요?

  (선) 어떤 사물의 특징을 찾아 비교해 보았어요?

2 되돌아보기 I – 15분

1) 낱자를 이용하여 낱말을 만들어 써 본다.

  (선) 여러 가지 모양 속 글자를 소리 내어 읽어 보세요.

  (선) 같은 모양의 글자를 연결하여 만든 낱말을 써 보세요.

  (선) 쓴 낱말을 소리 내어 읽어 보세요.

2) 뜻을 알고 있는 낱말을 찾아 문장을 만들어 본다.

  (선) 1번에서 만든 낱말 중에서 뜻을 알고 있는 낱말에 ○표 해 보세요.

  (선) ○표 한 낱말 중에서 하나를 골라 문장을 만들어 써 보세요.

  (선) 어려운 낱말은 무엇이에요?

  (선) 교재에서 모르는 낱말이 나온 부분을 찾아 읽어 보세요.

3 되돌아보기 II – 15분

1) 자료를 살펴보고 동물의 크기를 비교해서 말해 본다.

  (선) 코끼리, 사자, 독수리의 크기를 살펴보세요.

  (선) 코끼리보다 작은 동물은 무엇이에요?

  (선) 〈보기〉의 표현을 사용해서 동물의 크기를 비교해 말해 보세요.

2) 자료를 살펴보고 동물의 모습을 비교해서 말해 본다.

  (선) 동물의 모습을 자세히 살펴보세요.

  (선) 서영, 오딜, 엠마의 말을 소리 내어 읽어 보세요.

  (선) 서영, 오딜, 엠마처럼 동물의 모습을 비교해서 같은 점과 다른 점을 말해 보세요.

4 정리 – 5분

1) 단원을 공부하며 든 생각이나 느낌을 이야기한다.

2) 한국어 어휘와 표현에 초점을 두어 배운 내용을 떠올릴 수 있도록 유도한다.

13단원 • 자료 분석

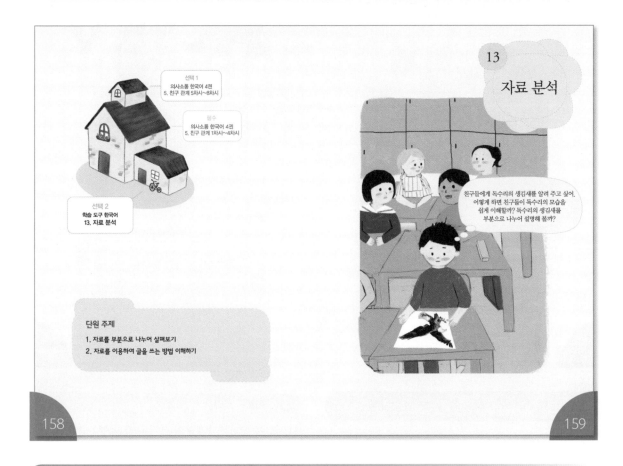

단원의 개관

'자료 분석' 단원은 초등학교 5학년이나 6학년 학생들이 교과 학습에 바탕이 되는 '분석하기'를 중심으로 한국어 어휘와 표현을 배울 수 있도록 구성했다. 이를 위해 '자료를 부분으로 나누어 살펴보기', '자료를 이용하여 글을 쓰는 방법 이해하기'를 단원의 주제로 설정했고 '누구게?' 놀이를 놀이 학습으로서 제시했다. 단원 주제는 5~6학년군의 국어, 수학, 과학, 사회 교과 학습과 관련된 사고 활동 및 읽거나 쓰는 문식 활동의 주제가 된다. 주제별 학습은 1차시와 2차시에 주로 이루어지며 개념과 지식을 다루거나 용례를 제시하는 어휘 내용을 포함하고 있다. 이러한 어휘 내용은 '한국어 교육과정'의 5~6학년군 학습 도구 어휘 목록에서 단원 주제에 맞게 선별된 것이다. 단원마다 주제와 관련된 놀이/협동 활동을 3차시에 제시했으며 4차시는 배운 내용을 복습하는 활동으로 마무리하도록 했다.

이 단원은 생활 한국어 능력 중급(3급)의 학습자가 선택할 수 있는 활동과 어휘 내용으로 구성되었다. 따라서 〈의사소통 한국어〉 교재 4권 5단원('친구 관계') 필수 차시를 모두 배운 학생을 대상으로 하는 선택 차시로 운영될 수 있다. 학습자의 숙달도에 맞는 어휘 및 쓰기 연습 활동은 익힘책 활동을 병행하여 수행할 수 있도록 했다.

단원의 목표와 내용

1) 단원의 목표

◆ 자료를 부분으로 나누어 살펴보고 특징을 찾을 수 있다.
◆ 자료를 이용하여 분석의 방법으로 글을 쓰는 방법을 이해할 수 있다.

2) 단원의 주요 내용

주제	1. 자료를 부분으로 나누어 살펴보기 2. 자료를 이용하여 글을 쓰는 방법 이해하기		
	교재 활동	**어휘 내용**	**교수·학습 특성**
학습 도구 어휘	부엉이 선생님	분석	개념 이해 (교과 연계 및 익힘책 활용)
	꼬마 수업	자료 이용	개념 이해 (교과 연계)
	어려운 말이 있어요? 확인해 봐요.	구별, 연결, 요소, 선택, 간추리다	용례 학습 어휘 연습 (익힘책 활용)
	선택 어휘 (파란색 표시)	부분, 나누다, 구성, 관련 있다	어휘 연습 (익힘책 활용)

● 차시 전개 과정

1) 차시의 흐름

차시	주제	학습 내용	교재 쪽수	익힘책 쪽수
1	자료를 부분으로 나누어 살펴보기	1. 사막여우에 대한 설명을 살펴보고 물음에 답해 봅시다. 2. 선인장을 설명하는 글을 읽고 물음에 답해 봅시다.	160~161	82~84
2	자료를 이용하여 글을 쓰는 방법 이해하기	1. 글을 쓰는 목적을 확인하고 필요한 자료를 찾는 활동을 살펴봅시다. 2. 글을 쓰기 위해 자료를 분석하는 방법을 알아봅시다.	162~165	85~86
3	놀이/협동 학습	1. '누구게?' 놀이를 해 봅시다. 2. 놀이를 통해 알게 된 친구의 특징을 정리해 봅시다.	166~167	87
4	정리 학습	1. 제시된 자음자로 만들 수 있는 낱말을 〈보기〉에서 찾아 써 봅시다. 2. 알맞은 낱말에 ○표 해 문장을 완성해 봅시다. 3. 다음 자료를 분석하여 설명하는 글을 써 봅시다.	168~169	

2) 차시별 교수·학습 활동

◆ 1차시 및 2차시: 단원의 주제에 맞는 읽기(특히 소리 내어 읽기)나 쓰기 활동을 제시했다. 또한 생각을 주고받는 말하기나 발표하기 등의 수업 활동을 경험할 수 있도록 과제를 제시했다. 익힘책 활동이 연계된다.

◆ 3차시: 단원의 주제와 관련된 놀이나 협동 활동을 제시했다. 놀이나 협동 과정에서 사용한 어휘, 문장을 활용하는 쓰기와 말하기 활동이 함께 제시되었다. 익힘책 활동이 연계된다.

◆ 4차시: 단원의 어휘 및 주제별 학습 내용을 정리, 복습하는 활동을 제시했다. 복습 활동 위주의 차시로서 익힘책 활동은 따로 연계되지 않는다.

● 단원 지도상의 유의점

◆ 학습에 필요한 어휘를 배우는 활동과 문식력 강화 활동이 이루어지도록 운영한다.
◆ 동식물의 특징을 학습하기 보다는 분석의 방법과 분석 활동을 할 때 사용되는 어휘를 익히는 데 중점을 두어 지도한다.
◆ 글을 완성도 있게 쓰는 것보다는 자료를 이용하여 글을 쓰는 방법과 활동에서 사용되는 어휘를 익히는 데 중점을 두어 지도한다.
◆ 놀이의 승패보다는 분석의 기능과 표현을 바르게 사용하며 놀이하는지에 중점을 두어 지도한다.
◆ 학습 도구 어휘의 경우 추상성이 강하므로 명시적으로 설명하기보다는 활동 과정에서 경험을 통해 익힐 수 있도록 한다.

주제
자료를 부분으로 나누어 살펴보기
주요 활동
1. 사막여우에 대한 설명을 살펴보고 물음에 답해 봅시다.
2. 선인장을 설명하는 글을 읽고 물음에 답해 봅시다.
학습 도구 어휘
부분, 나누다, 구별, 연결, 분석

1 도입 – 5분

1) 단원 도입 모듈에 제시된 〈의사소통 한국어〉 연계 단원 이름을 본다. 〈의사소통 한국어〉 교재에서 배웠던 내용을 간략히 정리해 주거나, 〈의사소통 한국어〉 주제를 활용하여 생활 한국어 이해 수준을 확인한다.

- 🔵 여러분, 여기 예쁜 집이 있어요.
  여러분이 배워야 할 한국어들이 잘 모이면 이렇게 예쁜 집이 돼요.
- 🔵 여러분은 친구들과 어떤 일을 해 보았어요?
- 🔵 친구들과의 사이에서 일어난 일에 대해 자신의 기분을 어떻게 표현해 보았어요? 도입 모듈에 대한 설명이나 활동은 최대한 간략하게 하며, 경우에 따라 생략할 수 있다.

2) 단원 도입 그림을 보면서 단원의 주제와 학습 목표, 대략적인 단원 학습 내용을 살펴본다.

- 🔵 그림을 살펴보세요. 오딜이 무엇을 보고 있어요?
- 🔵 오딜이 하고 싶어 하는 것은 무엇이에요?
- 🔵 무엇을 배울 것 같아요?

3) 단원 학습 목표를 소개하고, 주요한 활동들을 간략히 소개한다.

- 🟢 첫 번째 시간에는 자료를 부분으로 나누어 살펴볼 거예요.
- 🟢 두 번째 시간에는 자료를 이용하여 글을 쓰는 방법을 알아볼 거예요.
- 🟡 도입 단계에서 학습자들의 수준을 판별하여 차시 활동이나 익힘책 활동 등을 선택적으로 운영할 수 있도록 한다.

2 주요 활동 I – 20분

1) 선생님의 말을 읽어 보게 하고 자료 분석의 방법을 설명한다.

- 🟢 선생님의 말을 소리 내어 읽어 보세요.
- 🟢 선생님께서 무엇을 살펴보라고 하셨어요?
- 🟢 선생님께서 사막여우의 생김새를 어떻게 살펴보라고 하셨어요?
- 🟢 자료를 살펴보고 무엇을 찾아보라고 하셨어요?

2) 그림을 살펴보고 사막여우의 특징을 찾아보도록 한다.

- 🟢 사막여우를 살펴보세요.
- 🟢 사막여우를 몇 개의 부분으로 나누어 살펴보았어요?
- 🟢 어떤 부분으로 나누어 살펴보았어요? 살펴본 부분을 1) 번에 써 보세요.

🔵 자료를 부분으로 나누어 살펴보기

1. 사막여우에 대한 설명을 살펴보고 물음에 답해 봅시다.

> 사막여우의 생김새를 여러 부분으로 나누어 살펴보려고 해요. 각 부분이 다른 부분과 구별되는 특징이 있는지 찾아보세요.

몸
사막여우는 몸이 주황색 털로 덮여 있습니다.

발
사막여우는 발이 4개입니다.

귀
사막여우는 귀가 큽니다.

꼬리
사막여우는 털로 덮인 긴 꼬리를 가지고 있습니다.

1) 사막여우의 어떤 부분을 살펴보았는지 써 보세요.

(.   .   .   )

2) 살펴본 부분과 그 부분을 설명하는 내용을 선으로 연결해 보세요.

160 • 학습 도구 한국어 5~6학년

160

- 🟢 각 부분의 특징을 설명하는 내용을 읽어 보세요.
- 🟢 각 부분과 알맞은 설명 내용을 선으로 연결해 보세요.

3) 본문과 지시문에 제시된 어휘들 중 빨간색으로 표시된 어휘를 확인하고 뜻을 설명하도록 한다.

- 🟢 '구별', '연결'이 사용된 문장을 읽어 보세요.

어휘 지식	
구별	성질이나 종류에 따라 차이가 남. 또는 성질이나 종류에 따라 갈라놓음. 예 어른, 아이 구별 없이 누구나 즐길 수 있는 가족 영화가 개봉되었다.
연결	둘 이상의 사물이나 현상 등이 서로 이어지거나 관계를 맺음. 예 글을 쓰는데 문장이 매끄럽게 연결이 되지 않는다.

🟡 익힘책 82쪽 1번과 83쪽 2번을 수행하도록 한다.

4) 본문에 제시된 어휘들 중 파란색으로 표시된 어휘를 확인하고 뜻을 설명하도록 한다.

- 🟢 '부분', '나누어(나누다)'가 사용된 문장을 읽어 보세요.

어려운 말이 있어요? 확인해 봐요.

구별

이렇게 사용해요 | 내 의견과 친구의 의견은 확실히 구별되었다.
내 친구는 다른 사람과 구별되는 목소리를 가졌다.

연결

이렇게 사용해요 | 질문과 맞는 답을 연결해 보세요.
글의 연결 부분이 자연스럽게 이어졌다.

2. 선인장을 설명하는 글을 읽고 물음에 답해 봅시다.

사막 식물 선인장

사막에 사는 선인장은 물이 별로 없는 환경에서 살기 위해 독특한 생김새를 가졌다. 선인장을 살펴보면 줄기 바깥 부분은 둥근 기둥 모양이고 초록색이다. 줄기를 잘라 보면 선인장의 줄기 안쪽 부분은 미끄럽고 촉촉하다. 잎 부분은 뾰족한 가시로 되어 있다.

1) 글에서 선인장을 세 부분으로 어떻게 나누었는지 밑줄을 그어 보세요.

2) 각 부분을 설명하는 내용을 소리 내어 읽어 보세요.

분석

전체를 여러 개의 부분으로 나누어 살펴보는 것을 분석이라고 해요. 분석할 때는 먼저 전체를 여러 부분으로 나누고 각 부분을 자세히 살펴봐요.

13. 자료 분석 • 161

161

선 선인장을 나누어 살펴본 부분을 글에서 찾아 밑줄을 그어 보세요.

2) 선인장의 각 부분의 특징을 찾아보도록 한다.

선 선인장의 줄기 바깥 부분을 설명하는 내용을 소리 내어 읽어 보세요.

선 선인장의 줄기 안쪽 부분을 설명하는 내용을 소리 내어 읽어 보세요.

선 선인장의 잎 부분을 설명하는 내용을 소리 내어 읽어 보세요.

3) '부엉이 선생님'의 내용을 함께 읽고 '분석'에 대해 설명한다.

선 '부엉이 선생님'의 내용을 읽어 보세요.

선 분석이란 무엇이에요?

선 분석을 할 때 처음 해야 할 일은 무엇이에요?

4) 익힘책 84쪽의 6번, 7번을 수행하도록 한다.

❹ 정리 – 5분

1) 배운 어휘가 쓰인 문장을 다시 읽어 보도록 한다.

2) 차시 예고를 한다.

어휘 지식	
부분	전체를 이루고 있는 작은 범위. 또는 전체를 여러 개로 나눈 것 가운데 하나. 예 수업 내용 중에 이해가 되지 않는 부분이 있었다. 책에서 내가 좋아하는 부분을 계속 읽었다.
나누다	원래 하나였던 것을 둘 이상의 부분이나 조각이 되게 하다. 예 색종이를 네 조각으로 나누었다. 도화지를 세 부분으로 나누어 그림을 그렸다.

📖 익힘책 83쪽의 3번, 4번과 84쪽의 5번을 쓰게 한다. 4번 듣기 문제는 선생님이 아래 문장을 천천히 읽어 주도록 한다.

듣기 자료
사막여우의 생김새를 여러 부분으로 나누어 살펴보세요.

❸ 주요 활동 Ⅱ – 10분

1) 선인장을 설명하는 글을 읽어 보게 한다.

선 글을 읽어 보세요.

선 무엇에 대해 설명한 글이에요?

선 선인장을 몇 개의 부분으로 나누어 살펴봤어요?

선 선인장에서 나누어 살펴본 부분을 말해 보세요.

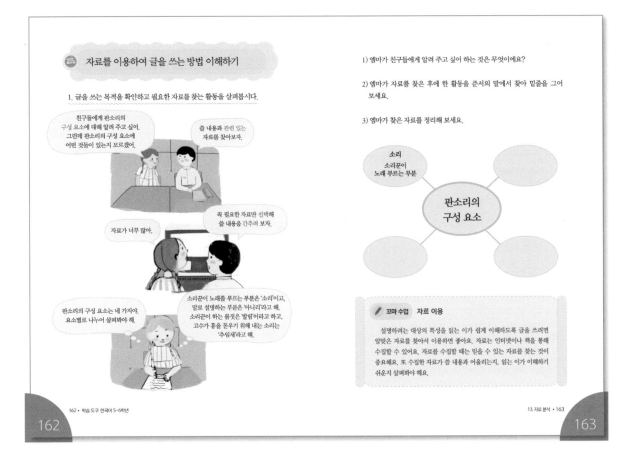

2차시

주제
자료를 이용하여 글을 쓰는 방법 이해하기

주요 활동
1. 글을 쓰는 목적을 확인하고 필요한 자료를 찾는 활동을 살펴봅시다.
2. 글을 쓰기 위해 자료를 분석하는 방법을 알아봅시다.

학습 도구 어휘
구성, 요소, 관련 있다, 선택, 간추리다, 자료 이용

1 도입 - 5분

1) 1차시 내용에 대한 이해 정도를 확인한다.
   - 전 지난 시간에 무엇에 대해 배웠어요?
   - 전 어떤 낱말을 배웠는지 발표해 볼까요?

2) 오늘 배울 내용을 안내한다.
   - 전 이번 시간에는 자료를 이용하여 글을 쓰는 방법을 알아볼 거예요.

2 주요 활동 I - 15분

1) 만화를 읽고 글을 쓰는 목적에 맞게 자료를 이용하는 방법을 찾아보도록 한다.
   - 전 엠마와 준서가 무엇을 하는지 살펴보며 글을 읽어 보세요.
   - 전 엠마가 친구들에게 알려 주고 싶어 하는 것은 무엇이에요?
   - 전 판소리의 구성 요소를 알기 위해 준서는 어떻게 하자고

했어요?
   - 전 자료를 찾은 엠마의 고민은 무엇이에요?
   - 전 자료를 찾은 엠마에게 준서는 무엇을 하자고 했어요?
   - 전 엠마가 자료를 찾은 후에 해야 할 활동을 준서의 말에서 찾아 밑줄을 그어 보세요.

2) 엠마가 찾은 자료를 분석 틀에 정리하게 한다.
   - 전 엠마는 찾은 자료를 어떻게 살펴봤어요?
   - 전 엠마가 찾은 판소리의 구성 요소는 몇 가지예요?
   - 전 엠마가 나누어 살펴본 자료를 1-3)의 틀에 정리해 써 보세요.

3) 164쪽 '어려운 말이 있어요? 확인해 봐요.'에서 빨간색으로 표시된 어휘를 확인하고 뜻을 설명한다.
   - 전 '요소', '선택', '간추려(간추리다)'가 사용된 문장을 읽어 보세요.

어휘 지식

요소	무엇을 이루는 데 반드시 있어야 할 중요한 성분이나 조건. 예 노력과 성실은 성공을 이루는 중요한 요소이다.
선택 [선:택]	여럿 중에서 필요한 것을 골라 뽑음. 예 여러 가지 동아리 활동 중에서 하고 싶은 것을 선택했다.
간추리다	글이나 말에서 중요한 내용만 골라 간단하게 정리하다. 예 준서는 매일 그날의 수업 내용을 간추려 복습한다.

   - 유 익힘책 85쪽 1번과 86쪽 2번을 쓰게 한다.

4) 본문에 제시된 어휘들 중 파란색으로 표시된 어휘를 확인하고 뜻을 설명한다.
   - 전 '구성', '관련 있는(관련 있다)'이 사용된 문장을 읽어 보세요.

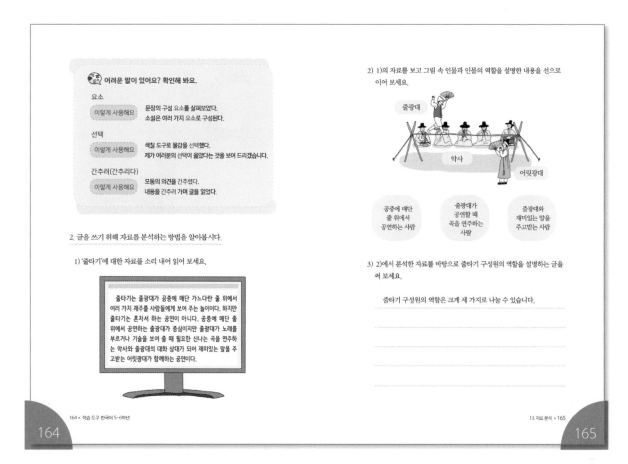

어휘 지식	
구성	몇 가지 부분이나 요소들을 모아서 일정한 전체를 짜 이룸. 또는 그 이룬 결과. 예 수학 교과서는 5개 단원으로 구성되어 있다. 가족 구성이 어떻게 되나요?
관련 있다 [괄련 읻따]	둘 이상의 사람, 사물, 현상 등이 서로 영향을 주고받는 관계에 있다. 예 이번 일이 준서와 관련 있는지 알아보았다. 건강은 운동과 관련 있다.

유 익힘책 86쪽의 3번, 4번을 수행하도록 한다. 경우에 따라 과제로 부여할 수 있다.

5) '꼬마 수업'의 내용을 함께 읽고 '자료 이용'에 대해 설명한다.

- 선 '꼬마 수업'의 내용을 읽어 보세요.
- 선 글을 쓸 때 자료를 이용하면 어떤 점이 좋아요?
- 선 자료를 이용할 때 살펴봐야 할 점은 무엇이에요?

③ 주요 활동 II – 15분

1) 글을 읽고 자료를 분석해 보도록 한다.

- 선 '줄타기'에 대한 자료를 소리 내어 읽어 보세요.
- 선 줄타기란 무엇이에요?
- 선 줄타기는 몇 명이 하는 공연이에요?
- 선 줄광대가 하는 일은 무엇이에요?
- 선 어릿광대가 하는 일은 무엇이에요?
- 선 악사가 하는 일은 무엇이에요?

2) 자료를 이용하여 그림을 분석해 보도록 한다.

- 선 165쪽의 그림을 살펴보세요.
- 선 무엇에 대해 그린 그림이에요?
- 선 그림 속에 누가 나오나요?
- 선 그림 속 인물이 하는 일은 무엇일까요?
- 선 1)번의 자료를 이용하여 그림 속 인물과 인물의 역할로 알맞은 내용을 선으로 이어 보세요.

3) 분석한 자료를 바탕으로 설명하는 글을 써 보게 한다.

- 선 자료를 살펴보았을 때 줄타기 구성원이 하는 일은 몇 가지로 나눌 수 있어요?
- 선 줄타기 구성원은 누가 있었어요?
- 선 줄타기 구성원이 하는 일을 떠올려 보세요.
- 선 분석한 자료를 바탕으로 줄타기 구성원의 역할을 설명하는 글을 써 보세요.
- 유 단순히 분석한 내용을 연결하는 것이 아니라 분석한 내용을 바탕으로 글을 자기의 말로 표현할 수 있도록 지도한다.

4) 친구들과 쓴 글을 바꾸어 읽어 보게 한다.

- 선 친구들과 쓴 글을 바꾸어 읽어 보세요. 친구들의 글에서 나와 다르게 표현한 내용이 있는지 찾아보세요.

④ 정리 – 5분

1) 배운 어휘가 쓰인 문장을 다시 읽어 보도록 한다.

2) 차시 예고를 한다.

3차시

1 도입 – 5분

1) 2차시에 배운 내용을 상기하고 3차시 내용에 대하여 안내한다.

- (선) 지난 시간에 무엇을 나누어 살펴보았어요?
- (선) 이번 시간에는 친구의 특징을 찾는 놀이를 해 볼 거예요.

2 놀이 설명 – 10분

1) 그림을 보며 어떤 놀이를 할지 미리 생각해 보게 한다.

- (선) 친구들이 무엇을 하고 있는지 그림을 살펴보세요.
- (선) 친구들이 어떤 놀이를 하는 것 같아요?
- (선) 놀이를 하기 위해 필요한 것은 무엇이에요?

2) 놀이 방법을 설명한다.

- (선) '누구게?' 놀이를 하는 방법을 잘 들어 보세요.

> **놀이 방법**
>
> 1. 짝을 자세히 살펴보고 짝의 생김새, 좋아하는 것, 성격, 취미 등을 찾아본다.
> 2. 선생님이 나누어 주신 종이에 짝을 설명하는 다섯 고개 문제를 만든다.
> 3. 문제 아래쪽에 짝의 이름을 쓴다.
> 4. 쓴 종이를 접어 모두 모은다.
> 5. 가위바위보로 문제를 낼 순서를 정한다.
> 6. 순서대로 한 명씩 종이를 뽑아 친구의 특징을 하나씩 읽는다.
> 7. 친구가 읽은 내용을 듣고 답을 아는 사람은 손을 들어 친구의 이름을 말한다.
> 8. 답을 맞힌 사람이 문제 종이를 갖는다. 가장 많은 종이를 모은 사람이 승리한다.

3 놀이하기(활동하기) – 20분

1) 놀이 방법에 따라 '누구게?' 놀이를 하도록 지도한다.

- (유) 학생들이 다섯 고개 문제를 내기 힘들어하는 경우 학생들이 찾아야 할 항목을 교사가 정하여 알려 준다. 익힘책 87쪽의 1번을 활용하여 어떤 특징을 써야 할지 배워 볼 수 있다.
- (유) 종이에 적힌 모든 특징을 한꺼번에 읽지 않고 하나씩 읽도록 한다.

2) 놀이를 통해 알게 된 친구의 특징을 써 보게 한다.

- (선) 놀이를 하면서 알게 된 친구의 특징을 써 보세요.
- (유) 짧은 글을 작성할 수 있는 학생들로 구성된 학급에서는 익힘책 87쪽의 2번을 수행하도록 한다. 학급의 상황에 따라 과제로 제시할 수 있다.

4 정리 – 5분

1) 함께 놀이한 친구들에게 고운 말로 칭찬하며 수업을 마무리한다.

2) 차시 예고를 한다.

🔄 되돌아보기

1. 제시된 자음자로 만들 수 있는 낱말을 보기 에서 찾아 써 봅시다.

보기

간추리다   구별   연결   요소   선택

1) ㄱ ㅂ   (   )

2) ㅅ ㅌ   (   )

3) ㅇ ㄱ   (   )

4) ㅇ ㅅ   (   )

5) ㄱ ㅊ ㄹ ㄷ (   )

2. 알맞은 낱말에 ○표 해 문장을 완성해 봅시다.

1) 체육 시간에 하고 싶은 활동을 (선택했다/해결했다).

2) 점과 점을 (연결해/비교해) 그림을 완성했다.

3) 긴 글을 읽고 내용을 (간추렸다/제출했다).

4) 다른 그림과 (구별되는/이해되는) 점을 찾았다.

168 • 학습 도구 한국어 5~6학년

3. 다음 자료를 분석하여 설명하는 글을 써 봅시다.

수탉의 머리에는
수탉의 부리는
수탉의 꼬리는
수탉의 발은

1) 위 사진을 부분으로 나누어 자세히 살펴보세요.

2) 분석한 내용을 바탕으로 수탉의 생김새를 설명하는 글을 써 보세요.

13. 자료 분석 • 169

4차시

1 도입 – 5분

1) 되돌아보기 차시의 성격을 설명하고 복습 활동의 대상이 되는 내용을 간략히 설명한다.
- 🔵 13단원에서 무엇을 배웠어요?
- 🔵 동물과 식물을 어떻게 살펴보았어요?
- 🔵 글을 쓸 때 자료를 이용하는 방법은 무엇이에요?

2 되돌아보기 I – 10분

1) 13단원에서 배운 낱말을 함께 확인한다.
- 🔵 13단원에서 어떤 낱말을 배웠나요?
- 🔵 가장 기억에 남는 낱말을 사용해서 문장을 만들어 말해 보세요.

2) 제시된 자음자로 만들 수 있는 낱말을 〈보기〉에서 찾아 써 보게 한다.
- 🔵 〈보기〉에 있는 낱말을 소리 내어 읽어 보세요.
- 🔵 '보기'라는 낱말에서 자음자를 찾아 ○표 해 보세요.
- 🔵 제시된 자음자로 만들 수 있는 낱말을 〈보기〉에서 찾아 1번의 빈칸에 써 보세요.
- 🟢 학생들이 초성으로 만들 수 있는 낱말을 찾기 힘들어할 경우 교사와 함께 〈보기〉에 주어진 낱말의 초성에 ○표를 한 뒤 만들어 써 보도록 한다.

3) 알맞은 낱말에 ○표 해 문장을 완성하도록 한다.
- 🔵 두 개의 낱말 중 알맞은 낱말에 ○표 해 문장을 완성해 보세요.
- 🔵 만든 문장을 소리 내어 읽어 보세요.

3 되돌아보기 II – 20분

1) 사진을 살펴보고 각 부분의 특징을 찾아 써 보게 한다.
- 🔵 수탉의 사진을 살펴보세요.
- 🔵 어떤 부분으로 나누어 살펴볼 수 있어요?
- 🔵 각 부분의 특징을 찾아 써 보세요.

2) 분석한 자료를 바탕으로 수탉의 생김새를 설명하는 글을 써 보도록 한다.
- 🔵 수탉의 생김새를 설명하는 글을 쓰고 싶어요. 무엇에 대해 쓰면 좋을까요?
- 🔵 여러분이 분석한 내용을 바탕으로 수탉의 생김새를 설명하는 글을 써 보세요.
- 🟢 제시된 내용 이외에도 여러 가지 특징을 더 찾아 쓸 수 있음을 안내한다.

4 정리 – 5분

1) 단원을 공부하며 든 느낌이나 생각을 발표해 보도록 한다.

2) 배운 한국어 어휘와 표현에 초점을 두고 떠올릴 수 있도록 유도한다.

14단원 • 내 생각에는

단원의 개관

　'내 생각에는' 단원은 초등학교 5학년이나 6학년 학생들이 교과 학습에 바탕이 되는 '평가하기'를 중심으로 한국어 어휘와 표현을 배울 수 있도록 구성했다. 이를 위해 '수업 주제에 대한 의견 평가하기', '친구들의 의견에 대해 생각해 보기'를 단원의 주제로 설정했고 '물건이 조건에 맞는지 판단하기'를 놀이 학습으로서 제시했다. 단원 주제는 학년군 별로 국어, 수학, 과학, 사회 교과 학습과 관련된 사고 활동 및 읽거나 쓰는 문식 활동의 주제가 된다. 주제별 학습은 1차시와 2차시에 주로 이루어지며 개념과 지식을 다루거나 용례를 제시하는 어휘 내용을 포함하고 있다. 이러한 어휘 내용은 '한국어 교육과정'의 5~6학년군 학습 도구 어휘 목록에서 단원별 주제에 맞게 선별된 것이다. 단원마다 주제 와 관련된 놀이/협동 활동을 3차시에 제시했으며 4차시는 배운 내용을 복습하는 활동으로 마무리 하도록 했다.

　이 단원은 생활 한국어 능력 중급(3급)의 학습자가 선택할 수 있는 활동과 어휘 내용으로 구성되었다. 따라서 〈의 사소통 한국어〉 교재 4권 6단원('실수와 후회') 필수 차시를 모두 배운 학생을 대상으로 하는 선택 차시로 운영될 수 있다. 학습자의 숙달도에 맞는 어휘 및 쓰기 연습 활동은 익힘책 활동을 병행하여 수행할 수 있도록 했다.

단원의 목표와 내용

1) 단원의 목표

◆ 수업 주제에 대한 의견이 적절한지 평가할 수 있다.

◆ 토의 활동에서 제시된 의견이 적절한지 판단할 수 있다.

2) 단원의 주요 내용

주제	1. 수업 주제에 대한 의견 평가하기 2. 친구들의 의견에 대해 생각해 보기		
	교재 활동	**어휘 내용**	**교수·학습 특성**
학습 도구 어휘	🦉 부엉이 선생님	평가	개념 이해 (교과 연계 및 익힘책 활용)
	✏️ 꼬마 수업	토의	개념 이해 (교과 연계)
	어려운 말이 있어요? 확인해 봐요.	적절하다, 판단, 검토, 고려, 장단점	용례 학습 어휘 연습 (익힘책 활용)
	선택 어휘 (파란색 표시)	환경, 맞다, 주제, 의견	어휘 연습 (익힘책 활용)

● 차시 전개 과정

1) 차시의 흐름

차시	주제	학습 내용	교재 쪽수	익힘책 쪽수
1	수업 주제에 대한 의견 평가하기	1. 그림을 보고 물음에 답해 봅시다. 2. 문제와 그에 맞는 적절한 생태 보물을 선으로 이어 봅시다.	172~173	88~90
2	친구들의 의견에 대해 생각해 보기	1. 토의 활동을 살펴봅시다. 2. 친구들이 제시한 의견을 검토하는 방법에 대해 알아봅시다. 3. 친구들이 제시한 의견을 검토해 봅시다.	174~177	91~92
3	놀이/협동 학습	1. '생활 속 보물찾기' 놀이를 해 봅시다. 2. 놀이를 하면서 카드를 보고 친구들이 한 말을 써 봅시다.	178~179	93
4	정리 학습	1. 글자판에서 〈보기〉의 낱말을 찾아 ○표 해 봅시다. 2. 알맞은 낱말에 ○표 하여 문장을 완성해 봅시다. 3. 토의 활동을 살펴보고 물음에 답해 봅시다.	180~181	

2) 차시별 교수·학습 활동

◆ 1차시 및 2차시: 단원의 주제에 맞는 읽기(특히 소리 내어 읽기)나 쓰기 활동을 제시했다. 또한 생각을 주고받는 말하기나 발표하기 등의 수업 활동을 경험할 수 있도록 과제를 제시했다. 익힘책 활동이 연계된다.

◆ 3차시: 단원의 주제와 관련된 놀이나 협동 활동을 제시했다. 놀이나 협동 과정에서 사용한 어휘, 문장을 활용하는 쓰기와 말하기 활동이 함께 제시되었다. 익힘책 활동이 연계된다.

◆ 4차시: 단원의 어휘 및 주제별 학습 내용을 정리, 복습하는 활동을 제시했다. 복습 활동 위주의 차시로서 익힘책 활동은 따로 연계되지 않는다.

● 단원 지도상의 유의점

◆ 학습에 필요한 어휘를 배우는 활동과 문식력 강화 활동이 이루어지도록 운영한다.
◆ 문제에 대한 정확한 답을 찾기보다는 수업 상황에서 평가를 할 때 사용하는 어휘를 익히는 것에 중점을 두어 지도한다.
◆ 의견을 정확하게 평가하는 것보다는 토의 활동에서 의견을 제시하고 평가할 때 사용하는 어휘를 익히는 것에 중점을 두어 지도한다.
◆ 놀이의 승패보다는 평가의 기능과 표현을 바르게 사용하며 놀이하는지에 중점을 두어 지도한다.
◆ 학습 도구 어휘의 경우 추상성이 강하므로 명시적으로 설명하기보다는 활동 과정에서 경험을 통해 익힐 수 있도록 한다.

주제

수업 주제에 대한 의견 평가하기

주요 활동

1. 그림을 보고 물음에 답해 봅시다.
2. 문제와 그에 맞는 적절한 생태 보물을 선으로 이어 봅시다.

학습 도구 어휘

적절하다, 판단, 환경, 맞다, 평가

① 도입 - 5분

1) 단원 도입 모듈에 제시된 〈의사소통 한국어〉 연계 단원 이름을 본다. 〈의사소통 한국어〉 교재에서 배웠던 내용을 정리해 주거나, 〈의사소통 한국어〉 주제를 활용하여 생활 한국어 이해 수준을 확인한다.

- 🔵 여러분, 여기 예쁜 집이 있어요.

  여러분이 배워야 할 한국어들이 잘 모이면 이렇게 예쁜 집이 돼요.
- 🔵 여러분은 실수나 후회를 해 본 적이 있어요?
- 🟠 도입 모듈에 대한 설명이나 활동은 최대한 간략하게 하며, 경우에 따라 생략할 수 있다.

2) 단원 도입 그림을 보면서 단원의 주제와 학습 목표, 대략적인 단원 학습 내용을 살펴본다.

- 🔵 그림을 살펴보세요. 준서, 엠마, 오딜이 각각 무엇을 하고 있어요?
- 🔵 준서와 엠마의 말을 읽어 보세요.
- 🔵 무엇을 배울 것 같아요?

3) 단원 학습 목표를 소개하고, 주요한 활동들을 소개한다.

- 🔵 첫 번째 시간에는 수업 주제에 대한 의견을 평가해 볼 거예요.
- 🔵 두 번째 시간에는 친구의 의견이 적절한지 생각해 볼 거예요.
- 🟠 도입 단계에서 학습자들의 수준을 판별하여 차시 활동이나 추후 익힘책 활동 등을 선택적으로 운영할 수 있도록 한다.

② 주요 활동 I - 20분

1) 선생님의 말을 살펴보고 친구가 찾은 답을 평가하는 방법을 알아본다.

- 🔵 선생님의 말을 읽어 보세요.
- 🔵 생태 보물이 무엇이에요?
- 🔵 선생님께서 무엇을 하라고 하셨어요?
- 🔵 친구가 찾은 보물이 적절한지 판단하기 위해 무엇을 생각해 보라고 하셨어요? 밑줄 그은 부분을 소리 내어 읽어 보세요.

2) 엠마와 오딜의 대화를 살펴보고 친구가 찾은 보물을 평가하는 표현을 찾아본다.

- 🔵 엠마와 오딜의 말을 소리 내어 읽어 보세요.
- 🔵 엠마가 찾은 생태 보물은 무엇이에요?

⭕ **수업 주제에 대한 의견 평가하기**

1. 그림을 보고 물음에 답해 봅시다.

> 생태 보물이란 우리 주변의 다양한 동식물과 환경을 말해요. 주변을 둘러보고 문제에 맞는 생태 보물을 찾아 왔나요? 친구가 찾은 보물이 적절한지 판단해 보세요. 친구가 찾은 생태 보물의 특징이 문제와 관련 있는지 생각해 보세요.

> 바스락 소리가 나는 생태 보물로 마른 나뭇잎을 찾았어.

> 마른 나뭇잎은 만지 바스락 소리가 나니 적절한 생태 보물을 찾

1) 밑줄 그은 부분을 소리 내어 읽어 보세요.

2) ( ) 안에 알맞은 말을 넣어 오딜의 평가 내용을 정리해 보세요.

> 엠마가 찾은 생태 보물은 ( )고 생각합니다. 왜냐하면
> ( )기 때문입니다.

- 🔵 오딜은 엠마가 찾은 보물에 대해 어떻게 평가했어요?
- 🔵 오딜은 왜 엠마의 답이 적절하다고 생각했어요?
- 🔵 1-2)의 괄호 속에 알맞은 말을 넣어 오딜이 평가한 내용을 정리해 써 보세요.

3) 교재에서 빨간색으로 표시된 어휘를 확인한다.

- 🔵 '적절한(적절하다)', '판단'이 사용된 문장을 읽어 보세요.

어휘 지식	
적절하다 [적쩔하다]	아주 딱 알맞다. 📝 적절한 예를 찾았다.
판단	논리나 기준에 따라 어떠한 것에 대한 생각을 정함. 📝 옳고 그름을 판단했다.

- 🟠 익힘책 88쪽의 1번~2번을 쓰게 한다. 익힘책 활동은 과제로 부여할 수 있다.

4) 교재에서 파란색으로 표시된 어휘를 확인한다.

- 🔵 '환경', '맞는(맞다)'가 사용된 문장을 읽어 보세요.

어려운 말이 있어요? 확인해 봐요.

적절한(적절하다)

이렇게 사용해요

엠마는 선생님의 질문에 적절하게 대답했다.
가을은 날씨가 좋아 체험 학습을 가기에 적절해.

판단

이렇게 사용해요

준서는 누구의 말을 들을지 판단을 내리지 못했다.
늦더라도 힘든 친구를 도와주는 것이 옳다고
판단했다.

평가

사물의 귀중한 정도나 수준을 헤아려 정하는 것을 평가라고 해요. 수업 시간에 하는 평가 활동에는 찾은 답이 적절한지, 여러 가지 의견 중 어느 것이 좋은지, 작품의 잘된 점과 고칠 점은 무엇인지 등을 판단하는 것이 있어요.

2. 문제와 그에 맞는 적절한 생태 보물을 선으로 이어 봅시다.

약간 거친 느낌이
나는 것

•

•

향기가
나는 것

•

•

14. 내 생각에는 • 173

173

---

③ 주요 활동 II – 10분

1) 그림을 살펴보고 문제의 적절한 답을 찾아본다.

- 🔵 쪽지에 적힌 문제를 읽어 보세요.
- 🔵 꽃의 특징은 무엇이에요?
- 🔵 나무껍질의 특징은 무엇이에요?
- 🔵 문제에 맞는 생태 보물을 찾아 선으로 이어 보세요.

2) 친구의 의견에 대해 평가해 말해 본다.

- 🔵 약간 거친 느낌이 나는 것으로 무엇을 찾았어요? 엠마처럼 친구에게 말해 보세요.
- 🔵 친구의 말을 듣고 오딜처럼 적절한지 평가해 말해 보세요.
- 🔵 향기가 나는 것으로 무엇을 찾았어요? 엠마처럼 친구에게 말해 보세요.
- 🔵 친구의 말을 듣고 오딜처럼 적절한지 평가해 말해 보세요.

④ 정리 – 5분

1) 배운 어휘가 쓰인 문장을 다시 읽어 보도록 한다.

2) 차시 예고를 한다.

어휘 지식	
환경	생물이 살아가는 데 영향을 주는 자연 상태나 조건. ⬛ 환경 오염이 심하다. 환경 보호를 위해 분리수거를 철저히 하자.
맞다 [맏따]	문제에 대한 답이 틀리지 않다. ⬛ 이 문제에 맞는 답을 쓰시오. 누구의 답이 맞는지는 아직까지 모른다.

- 📙 익힘책 89~90쪽의 3번~5번 활동을 이어서 수행하게 하거나 과제로 부여할 수 있다.

- 📙 익힘책 90쪽의 5번을 풀 때 낱말의 뜻을 알고 있는지 미리 확인하는 것이 좋다. 교사가 판단하여 필요하지 않을 경우 생략할 수 있다.

5) '부엉이 선생님'의 내용을 읽고 '평가'에 대해 알아본다.

- 🔵 '부엉이 선생님'의 내용을 읽어 보세요.
- 🔵 평가란 무엇이에요?
- 🔵 수업 시간에 하는 평가에는 어떤 것이 있어요?

- 📙 '부엉이 선생님' 내용을 충분히 설명한 후에 익힘책 90쪽의 6번을 수행하도록 한다. 경우에 따라 과제로 부여할 수 있다.

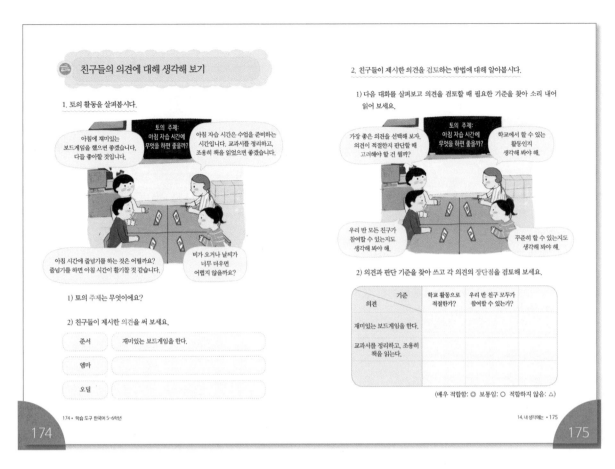

2차시

주제
친구들의 의견에 대해 생각해 보기
주요 활동
1. 토의 활동을 살펴봅시다.
2. 친구들이 제시한 의견을 검토하는 방법에 대해 알아봅시다.
3. 친구들이 제시한 의견을 검토해 봅시다.
학습 도구 어휘
주제, 의견, 검토, 고려, 장단점, 토의

① 도입 – 5분

1) 1차시 내용에 대한 이해 정도를 확인하며 2차시 내용에 대하여 안내한다.
   - 😀 지난 시간 무엇에 대해 배웠어요? 어떤 낱말을 배웠어요?
   - 😀 이번 시간에는 친구들의 의견을 살펴보고 장단점을 검토해 생각해 볼 거예요.

② 주요 활동 I – 10분

1) 토의 활동 모습을 살펴보고 토의 주제를 찾아본다.
   - 😀 그림을 살펴보세요.
   - 😀 친구들이 무엇을 하고 있어요?
   - 😀 친구들이 의논하는 토의 주제는 무엇이에요?

2) 대화를 살펴보고 의견을 찾아 써 본다.
   - 😀 친구들이 말한 의견을 읽어 보세요.

- 😀 준서가 말한 내용을 살펴보세요.
- 😀 준서가 말한 내용 중 준서의 의견을 나타내는 부분을 말해 보세요.
- 😀 준서의 말 중에 "다들 좋아할 것입니다."는 의견일까요?
- 😀 친구들의 말에는 의견과 이유가 함께 있는 경우가 있어요. 의견만 찾아보세요.
- 😀 준서, 엠마, 오딜의 말에서 의견을 찾아 1-2)에 써 보세요.

3) 교재에서 파란색으로 표시된 어휘를 확인한다.
   - 😀 '주제', '의견'이 사용된 문장을 읽어 보세요.

어휘 지식

주제	대화나 연구 등에서 중심이 되는 문제. 📖 친구가 대화의 주제와 관련 없는 이야기를 했다. 오늘의 수업 주제는 환경 문제이다.
의견 [의:견]	어떤 대상이나 현상 등에 대해 나름대로 판단하여 가지는 생각. 📖 하고 싶은 놀이에 대한 친구들의 의견이 서로 달랐다. 학급 규칙을 정하기 위해 친구들이 많은 의견을 말했다.

- ❓ 익힘책 92쪽의 3번을 쓰게 한다. 익힘책 활동은 과제로 부여할 수 있다. 교사가 판단하여 필요하지 않을 경우 생략할 수 있다.

③ 주요 활동 II – 15분

1) 활동 모습을 살펴보고 의견을 검토할 때 필요한 기준을 찾아본다.
   - 😀 친구들이 하는 말을 꼼꼼히 읽으며 그림을 살펴보세요.
   - 😀 친구들이 무엇에 대해 이야기하고 있어요?
   - 😀 토의 활동에서 제시된 의견을 평가할 때 고려할 점을 소리 내어 읽어 보세요.

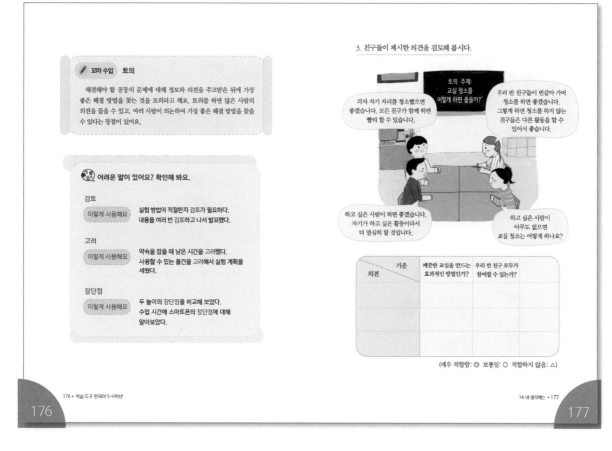

2) 표의 내용을 살펴보고 의견을 평가하는 방법을 알아
본다.

- 🔵 표를 살펴보세요.
- 🔵 표의 빈칸에 적어야 할 내용은 무엇이에요?
- 🔵 서영이가 말한 평가 기준을 2-2)의 기준 칸에 써 보세요.
- 🔵 의견의 빈칸에 적어야 할 내용은 무엇이에요?
- 🔵 오딜이 말한 의견을 2-2)의 의견 칸에 써 보세요.
- 🔵 준서의 의견은 학교 활동으로 적절한가요?
- 🔵 학교 활동으로 매우 적절하다면 ◎, 적절하다면 ○, 적절
  하지 않다면 △ 표시를 하면 돼요.

3) 제시된 의견이 적절한지 평가해 본다.

- 🔵 기준에 따라 각 의견이 적절한지 평가해 보세요.
- 🔵 가장 좋은 의견은 무엇이에요?

4) 교재에서 빨간색으로 표시된 어휘를 확인한다.

- 🔵 '검토', '고려', '장단점'이 사용된 문장을 읽어 보세요.

어휘 지식

검토 [검ː토]	내용을 자세히 따져 봄. 🔴 검토해 보니 준서의 의견이 가장 좋았다.
고려	어떤 일을 하는 데 여러 가지 상황이나 조건을 신중하게 생 각함. 🔴 문제를 풀 때 고려할 점을 생각해 보았다.
장단점 [장단쩜]	좋은 점과 나쁜 점. 🔴 선생님은 우리 반 친구들의 장단점을 모두 알고 계신다.

- 🟡 익힘책 91~92쪽의 1번~2번, 4번 활동을 이어서 수행하게
  하거나 과제로 부여할 수 있다.
- 🟡 91쪽 2번을 풀 때 듣기 문장을 교사가 읽어 주도록 한다.

5) '꼬마 수업'의 내용을 읽고 '토의'에 대해 알아본다.

- 🔵 '꼬마 수업'의 내용을 읽어 보세요.
- 🔵 토의란 무엇이에요? 토의의 장점은 무엇이에요?

4 주요 활동 Ⅲ – 5분

1) 그림을 살펴보고 제시된 의견을 평가해 본다.

- 🔵 토의 활동 모습을 살펴보세요.
- 🔵 토의 주제는 무엇이에요?
- 🔵 토의 주제에 대한 의견을 말한 사람은 누구예요?
- 🔵 서영이는 무엇에 대해 말했어요?
- 🔵 제시된 검토 기준 이외에 필요한 기준은 무엇이 있을까요?
- 🔵 여러분이 말한 기준을 빈칸에 써 보세요.
- 🔵 준서, 엠마, 오딜의 의견을 표에 쓰고 의견이 적절한지 평
  가해 보세요.

5 정리 – 5분

1) 배운 어휘가 쓰인 문장을 다시 읽어 보도록 한다.

2) 차시 예고를 한다.

3차시

1 도입 – 5분

1) 전 시간에 배운 내용을 상기하고 3차시 내용에 대하여 안내한다.

- 🔵 지난 시간 무엇에 대해 평가해 보았어요?
- 🔵 이번 시간에는 물건이 조건에 맞는지 판단하는 놀이를 해 볼 거예요.

2 놀이 설명 – 10분

1) 그림을 보며 어떤 놀이를 할지 생각해 본다.

- 🔵 친구들이 무엇을 하고 있는지 그림을 살펴보세요.
- 🔵 친구들이 어떤 놀이를 하는 것 같아요?
- 🔵 놀이를 하기 위해 필요한 것은 무엇이에요?

2) 놀이 방법을 확인한다.

- 🔵 '생활 속 보물찾기' 놀이를 하는 방법을 잘 들어 보세요.

놀이 방법

1. 가위바위보로 순서를 정한다.
2. 카드를 뒤집어 가운데 펼쳐 놓는다. 문제 카드와 보물 카드를 따로 놓는다.
3. 문제 카드와 보물 카드를 한 장씩 뽑아 적절한지, 적절하지 않은지와 그 이유를 말한다.
4. 적절한지, 적절하지 않은지를 잘 말했다면 보물 카드를 가져가고 문제 카드는 뒤집어 섞어 놓는다.
5. 적절한지, 적절하지 않은지를 잘 못 말했다면 두 카드를 모두 뒤집어 섞어 놓는다.
6. 놀이가 끝났을 때 카드가 많은 사람이 이긴다.

---

3 놀이하기(활동하기) – 20분

1) 놀이 방법에 따라 모둠별로 '생활 속 보물찾기' 놀이를 한다.

- 🟢 놀이의 끝은 교사가 재량껏 정할 수 있다. 예를 들어 카드가 모두 없어졌을 때, 정해진 시간이 끝났을 때, 남은 카드로 모든 친구들이 활동할 수 없을 때 등이 있다.

2) 놀이를 하면서 친구들이 평가한 말을 써 본다.

- 🔵 놀이를 하면서 카드를 보고 친구들이 한 말 중에 기억에 남는 말을 써 보세요.
- 🟢 정리 활동으로서 익힘책 93쪽의 1번~2번 활동을 이어서 수행하게 하거나 과제로 부여할 수 있다.
- 🟢 익힘책 93쪽의 2번 활동을 할 때 〈보기〉를 참고하여 문장을 완성하여 쓸 수 있도록 지도한다.

4 정리 – 5분

1) 함께 놀이한 친구들에게 고운 말로 칭찬하며 수업을 마무리한다.

2) 차시 예고를 한다.

1. 글자판에서 보기 의 낱말을 찾아 ○표 해 봅시다.

보기

검토　고려　장단점　적절하다　판단

검	토	가	리	설	별	장
난	다	사	판	단	희	단
사	회	고	도	명	수	점
구	이	분	려	학	평	여
과	유	탕	부	하	랑	책
황	체	익	자	육	다	택
적	절	하	다	힘	상	관

2. 알맞은 낱말에 ○표 하여 문장을 완성해 봅시다.

1) 잘함과 못함에 대한 (판단은/방법은) 사람마다 다르다.

2) 조사를 할 수 있는 (적절한/비교한) 방법을 찾았다.

3) 실험 계획이 잘 되었는지 (검토가/결과가) 필요하다.

180

3. 토의 활동을 살펴보고 물음에 답해 봅시다.

'급식을 어떤 순서로 먹으면 좋을까?'를 주제로 토의를 시작하겠습니다. 의견을 말해 주세요.

번호 순서대로 돌아가며 먹었으면 좋겠습니다. 누구나 먼저 먹을 수 있습니다.

모둠별로 돌아가며 먹었으면 좋겠습니다. 모둠 친구들과 사이좋게 같이 먹을 수 있습니다.

1) 토의 주제가 무엇이에요?

2) 친구들이 제시한 의견을 써 보세요.

서영	
오딜	

3) 토의 주제에 대한 내 의견을 써 보세요.

나	

4) 아래 기준을 고려하여 가장 좋다고 생각하는 의견과 그 의견을 선택한 이유를 말해 보세요.

모든 친구가 먼저 먹을 기회를 얻을 수 있나요?

질서를 지키며 급식을 받을 수 있나요?

181

4차시

1 도입 – 5분

1) 되돌아보기 차시의 성격을 설명하고, 3차시까지 배운 내용을 확인한다.

- 🔵 14단원에서 배운 낱말과 표현을 복습해 봅시다.
- 🔵 14단원에서 무엇을 배웠어요?
- 🔵 무엇에 대해 평가해 보았어요?

2 되돌아보기 I – 15분

1) 14단원에서 배운 낱말을 확인한다.

- 🔵 14단원에서 어떤 낱말을 배웠어요?
- 🔵 가장 기억에 남는 낱말을 사용해서 문장을 만들어 말해 보세요.

2) 글자판에서 〈보기〉의 낱말을 찾아서 ○표 해 본다.

- 🔵 〈보기〉에 있는 낱말을 소리 내어 읽어 보세요.
- 🔵 〈보기〉에 있는 낱말을 글자판에서 찾아 ○표 해 보세요.

3) 알맞은 낱말에 ○표 해 문장을 완성해 본다.

- 🔵 두 낱말 중에서 문장을 완성할 수 있는 알맞은 낱말에 ○표 해 보세요.
- 🔵 완성된 문장을 소리 내어 읽어 보세요.

3 되돌아보기 II – 15분

1) 토의 내용을 살펴보고 토의 주제와 친구들의 의견을 찾아본다.

- 🔵 친구들의 대화를 읽어 보세요.
- 🔵 친구들이 무엇을 하고 있어요?
- 🔵 토의 주제가 무엇이에요?
- 🔵 친구들이 제시한 의견을 3-2)에 써 보세요.

2) 토의 주제에 어울리는 의견을 제시하고 의견을 평가해 본다.

- 🔵 토의 주제에 대한 나의 의견을 3-3)에 써 보세요.
- 🔵 3-4)의 내용을 살펴보세요. 의견을 검토할 때 고려해야 할 점은 무엇이에요?
- 🔵 서영, 오딜, 내가 제시한 의견을 검토해 보세요.
- 🔵 토의 주제에 대해 가장 좋다고 생각되는 의견과 그 의견을 선택한 이유를 말해 보세요.

4 정리 – 5분

1) 단원을 공부하며 든 느낌이나 생각을 이야기한다.

15단원 • 문제를 해결하려면

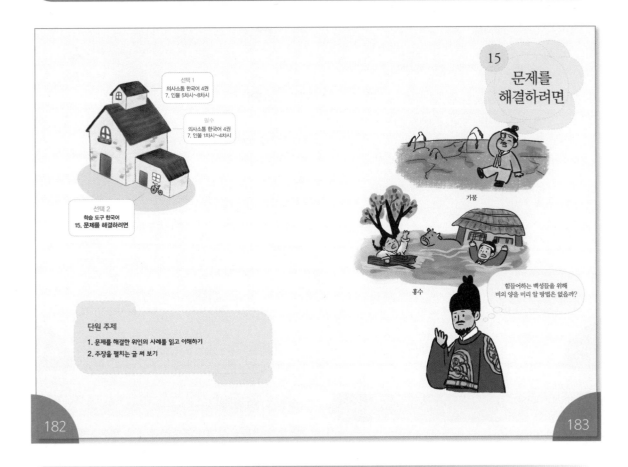

단원의 개관

'문제를 해결하려면' 단원은 초등학교 5학년이나 6학년 학생들이 교과 학습에 바탕이 되는 '문제 해결하기'를 중심으로 한국어 어휘와 표현을 배울 수 있도록 구성했다. 이를 위해 '문제를 해결한 위인의 사례를 읽고 이해하기', '주장을 펼치는 글 써 보기'를 단원의 주제로 설정했고 '문제 상황에 맞는 주장 말하기'를 놀이 학습으로서 제시했다. 단원 주제는 5~6학년군의 국어, 수학, 과학, 사회 교과 학습과 관련된 사고 활동 및 읽거나 쓰는 문식 활동의 주제가 된다. 주제별 학습은 1차시와 2차시에 주로 이루어지며 개념과 지식을 다루거나 용례를 제시하는 어휘 내용을 포함하고 있다. 이러한 어휘 내용은 '한국어 교육과정'의 5~6학년군 학습 도구 어휘 목록에서 단원 주제에 맞게 선별된 것이다. 단원마다 주제와 관련된 놀이/협동 활동을 3차시에 제시하도록 했으며 4차시는 배운 내용을 복습하는 활동으로 마무리하도록 했다.

이 단원은 생활 한국어 능력 중급(3급)의 학습자가 선택할 수 있는 활동과 어휘 내용으로 구성되었다. 따라서 〈의사소통 한국어〉 교재 4권 7단원('인물') 필수 차시를 모두 배운 학생을 대상으로 하는 선택 차시로 운영될 수 있다. 학습자의 숙달도에 맞는 어휘 및 쓰기 연습 활동은 익힘책 활동을 병행하여 수행할 수 있도록 했다.

단원의 목표와 내용

1) 단원의 목표
◆ 문제를 해결한 위인의 사례를 읽고 문제 해결 과정을 정리할 수 있다.
◆ 문제를 해결하기 위한 의견을 주장하는 글을 쓸 수 있다.

2) 단원의 주요 내용

주제	1. 문제를 해결한 위인의 사례를 읽고 이해하기 2. 주장을 펼치는 글 써 보기		
	교재 활동	**어휘 내용**	**교수·학습 특성**
학습 도구 어휘	부엉이 선생님	문제 해결 과정	개념 이해 (교과 연계 및 익힘책 활용)
	꼬마 수업	문제 상황, 주장과 근거	개념 이해 (교과 연계)
	어려운 말이 있어요? 확인해 봐요.	사례, 어렵다, 원인, 효과적, 까닭	용례 학습 어휘 연습 (익힘책 활용)
	선택 어휘 (파란색 표시)	대비, 보고, 떠오르다, 제시	어휘 연습 (익힘책 활용)

● 차시 전개 과정

1) 차시의 흐름

차시	주제	학습 내용	교재 쪽수	익힘책 쪽수
1	문제를 해결한 위인의 사례를 읽고 이해하기	1. 세종대왕의 사례를 읽고 물음에 답해 봅시다. 2. 밑줄 그은 내용을 바탕으로 세종대왕이 문제를 해결한 과정을 정리해 써 봅시다.	184~185	94~96
2	주장을 펼치는 글 써 보기	1. 친구 사이에 있었던 일을 살펴보고 물음에 답해 봅시다. 2. 서영이가 쓴 글을 읽고 물음에 답해 봅시다. 3. 정리된 내용을 보고 주장을 펼치는 글을 써 봅시다.	186~189	97~98
3	놀이/협동 학습	1. '문제 해결 왕' 놀이를 해 봅시다. 2. 놀이를 하면서 기억에 남았던 주장과 근거를 써 봅시다.	190~191	99
4	정리 학습	1. 〈보기〉의 글자를 이용하여 이번 단원에서 배운 낱말을 만들어 봅시다. 2. 위 낱말을 이용하여 문장을 완성해 봅시다. 3. 문제 상황과 그에 어울리는 주장 및 근거를 골라 주장을 펼치는 글을 써 봅시다.	192~193	

2) 차시별 교수·학습 활동

◆ 1차시 및 2차시: 단원의 주제에 맞는 읽기(특히 소리 내어 읽기)나 쓰기 활동을 제시했다. 또한 생각을 주고받는 말하기나 발표하기 등의 수업 활동을 경험할 수 있도록 과제를 제시했다. 익힘책 활동이 연계된다.

◆ 3차시: 단원의 주제와 관련된 놀이나 협동 활동을 제시했다. 놀이나 협동 과정에서 사용한 어휘, 문장을 활용하는 쓰기와 말하기 활동이 함께 제시되었다. 익힘책 활동이 연계된다.

◆ 4차시: 단원의 어휘 및 주제별 학습 내용을 정리, 복습하는 활동을 제시했다. 복습 활동 위주의 차시로서 익힘책 활동은 따로 연계되지 않는다.

● 단원 지도상의 유의점

◆ 학습에 필요한 어휘를 배우는 활동과 문식력 강화 활동이 이루어지도록 운영한다.

◆ 역사적 사실의 학습보다는 문제를 해결하는 과정과 활동 중에 사용되는 어휘를 익히는 데 중점을 두어 지도한다.

◆ 완성도 있는 글을 쓰는 것보다는 주장하는 글을 쓰는 활동 중에 사용되는 어휘를 익히는 데 중점을 두어 지도한다.

◆ 놀이의 승패보다는 문제 해결 기능과 표현을 바르게 사용하며 놀이하는지에 중점을 두어 지도한다.

◆ 학습 도구 어휘의 경우 추상성이 강하므로 명시적으로 설명하기보다는 활동 과정에서 경험을 통해 익힐 수 있도록 한다.

주제

문제를 해결한 위인의 사례를 읽고 이해하기

주요 활동

1. 세종대왕의 사례를 읽고 물음에 답해 봅시다.
2. 밑줄 그은 내용을 바탕으로 세종대왕이 문제를 해결한 과정을 정리해 써 봅시다.

학습 도구 어휘

사례, 대비, 보고, 어렵다, 문제 해결 과정

1 도입 - 5분

1) 단원 도입 모듈에 제시된 〈의사소통 한국어〉 연계 단원 이름을 본다. 〈의사소통 한국어〉 교재에서 배웠던 내용을 간략히 정리해 주거나, 〈의사소통 한국어〉 주제를 활용하여 생활 한국어 이해 수준을 간략히 확인한다.

- 🔵 여러분, 여기 예쁜 집이 있어요.

  여러분이 배워야 할 한국어들이 잘 모이면 이렇게 예쁜 집이 돼요.

- 🔵 여러분이 존경하는 인물은 누구예요?

- 🟢 도입 모듈에 대한 설명이나 활동은 최대한 간략하게 하며, 경우에 따라 생략할 수 있다.

2) 단원 도입 그림을 보면서 단원의 주제와 학습 목표, 대략적인 단원 학습 내용을 살펴본다.

- 🔵 그림을 살펴보세요. 무슨 일이 있어요?
- 🔵 세종대왕이 생각하는 문제는 무엇이에요?
- 🔵 무엇을 배울 것 같아요?

3) 단원 학습 목표를 소개하고, 주요한 활동들을 간략히 소개한다.

- 🔵 첫 번째 시간에는 문제를 해결한 위인의 사례를 통해 문제 해결 과정을 알아볼 거예요.
- 🔵 두 번째 시간에는 주장하는 글을 써 볼 거예요.
- 🟢 도입 단계에서 학습자들의 수준을 판별하여 차시 활동이나 추후 익힘책 활동 등을 선택적으로 운영할 수 있도록 한다.

2 주요 활동 I - 20분

1) 도입 그림의 내용을 떠올려 문제를 찾아본다.

- 🔵 앞에서 살펴본 그림에서 세종대왕이 생각하는 문제는 무엇이에요?

2) 글을 읽고 문제와 문제를 해결하는 과정을 찾아본다.

- 🔵 누가, 어떤 문제를 해결하는지 찾으면서 글을 읽어 보세요.
- 🔵 누구에 대한 이야기인가요?
- 🔵 세종대왕이 해결하고자 하는 문제점은 무엇이에요?
- 🔵 문제를 해결하기 위해 세종대왕이 처음 한 일은 무엇이에요?
- 🔵 문제가 해결되었어요?

◉ 문제를 해결한 위인의 사례를 읽고 이해하기

1. 세종대왕의 사례를 읽고 물음에 답해 봅시다.

측우기의 발명

세종대왕은 가뭄과 홍수로 힘들어하는 백성들을 보며 가슴이 아팠습니다. 세종대왕은 백성들의 문제를 해결하기 위해 비의 양을 예상하여 가뭄과 홍수에 대비할 수 있다면 좋겠다고 생각했습니다.

세종대왕은 여러 해 동안 내린 비의 양을 비교하여 다음 해에 내릴 비의 양을 알아보고자 했습니다. 이를 위해 각 마을에 비의 양을 재어 보고하라고 했습니다. 하지만 땅속으로 스며드는 비의 양을 정확하게 재기가 어려웠습니다.

세종대왕은 여러 기술자를 모아 비의 양을 재는 기구를 만들도록 했습니다. 기술자들은 큰 노력 끝에 비의 양을 정확하게 잴 수 있는 측우기를 만들었습니다.

1) 세종대왕이 해결하고자 하는 문제점을 말해 보세요.

2) 세종대왕이 문제를 해결하기 위하여 누구에게 무엇을 만들라고 하였는지 써 보세요.

누구	
무엇	

- 🔵 처음 방법으로 문제가 해결되지 않자 세종대왕은 어떤 일을 했어요?
- 🔵 1-2)에 세종대왕이 문제를 해결하기 위하여 누구에게 무엇을 만들라고 했는지 써 보세요.
- 🔵 문제를 해결하기 위해 만들어진 것은 무엇이에요?

3) 교재에서 빨간색으로 표시된 어휘를 확인한다.

- 🔵 '사례', '어려웠습니다(어렵다)'가 사용된 문장을 읽어 보세요.

어휘 지식	
사례 [사:례]	이전에 실제로 일어난 예. 🔴 친구가 봉사 활동의 좋은 사례를 소개했다.
어렵다 [어렵따]	하기가 복잡하거나 힘이 들다. 🔴 칸이 너무 작아 색칠하기 어려웠다.

- 🟢 익힘책 94쪽의 1번~2번을 쓰게 한다. 경우에 따라 과제로 부여할 수 있다.

4) 교재에서 파란색으로 표시된 어휘를 확인한다.

- 🔵 '대비', '보고'가 사용된 문장을 읽어 보세요.

2. 밑줄 그은 내용을 바탕으로 세종대왕이 문제를 해결한 과정을 정리해 써 봅시다.

_____

_____

_____

문제 해결 과정

문제를 해결하기 위해서는 먼저 주어진 상황에서 문제가 무엇인지 찾아야 해요. 다음으로 문제 해결을 위한 다양한 방법을 생각해요. 마지막으로 가장 좋다고 생각되는 방법으로 문제를 해결해 봐요. 이때 문제가 해결되지 않으면 다른 방법을 찾아야 해요.

 어려운 말이 있어요? 확인해 봐요.

사례

이렇게 사용해요	구체적인 사례를 들어 설명했다.
	조사해 보니 다양한 환경 문제 사례가 있었다.

어려웠습니다(어렵다)

이렇게 사용해요	계산이 복잡한 문제라 풀기 어려웠다.
	힘을 합쳐 어려운 일을 쉽게 해결할 수 있었다.

15. 문제를 해결하려면 • 185

185

선 1번 글에서 밑줄 그은 내용을 바탕으로 세종대왕의 문제 해결 과정을 정리해 써 보세요.

2) 친구의 글을 읽고 문제 해결 과정을 찾아본다.

선 친구가 쓴 글을 읽어 보세요. 문제 해결 과정이 모두 있는지, 문제 해결과 관련 없는 내용이 있는지 찾아보세요.

3) '부엉이 선생님'의 내용을 읽고 '문제 해결 과정'에 대해 알아본다.

선 '부엉이 선생님'의 내용을 읽어 보세요.

선 문제 해결 과정은 크게 몇 단계로 나눌 수 있어요?

선 어떤 과정을 거쳐 문제를 해결할 수 있어요?

유 '부엉이 선생님' 내용을 충분히 설명한 후에 익힘책 96쪽의 5번~6번을 수행하도록 한다. 경우에 따라 과제로 부여할 수 있다.

4 정리 – 5분

1) 배운 어휘가 쓰인 문장을 다시 읽어 보도록 한다.

2) 차시 예고를 한다.

어휘 지식

대비 [대:비]	앞으로 일어날 수 있는 어려운 상황에 대해 미리 준비함. 또는 그런 준비. 예 홍수 피해를 줄이기 위한 대비로 둑을 높게 쌓았다. 학생들은 시험에 대비해 문제지를 풀었다.
보고 [보:고]	연구하거나 조사한 것의 내용이나 결과를 말이나 글로 알림. 예 조사 결과의 보고를 순서가 맡았다. 휴대 전화 사용 실태를 보고했다.

유 익힘책 95쪽의 3번~4번을 쓰게 한다. 익힘책 활동은 과제로 부여할 수 있다. 교사가 판단하여 필요하지 않을 경우 생략할 수 있다.

3 주요 활동 Ⅱ – 10분

1) 문제 해결 과정을 정리해 본다.

선 세종대왕의 사례에서 찾을 수 있는 문제점은 무엇이에요?

선 세종대왕은 문제를 해결하기 위해 어떤 일을 했어요?

선 문제를 해결하기 위해 만들어진 것은 무엇이에요?

선 측우기가 생겨 어떻게 문제가 해결되었을까요?

주장을 펼치는 글 써 보기

1. 친구 사이에 있었던 일을 살펴보고 물음에 답해 봅시다.

1) 준서와 오딜이 싸운 원인은 무엇이에요?

2) 서영이가 생각하는 문제가 무엇인지 밑줄 그은 부분을 소리 내어 읽어 보세요.

3) 서영이가 의견을 알리는 효과적인 방법으로 생각한 것은 무엇이에요?

2. 서영이가 쓴 글을 읽고 물음에 답해 봅시다.

> 요즘 친구들 사이에서 거친 말을 사용하는 일이 많습니다. 거친 말은 서로의 기분을 상하게 할 수 있습니다. 친구들에게 고운 말을 씁시다. 고운 말을 쓰면 서로에 대해 존중하는 마음을 전할 수 있어 친구와 사이가 좋아집니다. 또 고운 말을 쓰면 편안한 분위기에서 친구들과 이야기를 주고받을 수 있습니다.

1) 서영이가 이 글을 쓴 까닭은 무엇이에요?

2) 문제를 해결하기 위해 서영이가 제시한 의견을 소리 내어 읽어 보세요.

3) ( ) 안에 알맞은 말을 넣어 의견을 뒷받침하는 내용을 정리해 보세요.

뒷받침하는 내용 1	서로에 대해 ( )을/를 전할 수 있어 친구와 사이가 좋아진다.
뒷받침하는 내용 2	( )에서 친구들과 이야기를 주고받을 수 있다.

2차시

주제
주장을 펼치는 글 써 보기

주요 활동
1. 친구 사이에 있었던 일을 살펴보고 물음에 답해 봅시다.
2. 서영이가 쓴 글을 읽고 물음에 답해 봅시다.
3. 정리된 내용을 보고 주장을 펼치는 글을 써 봅시다.

학습 도구 어휘
떠오르다, 원인, 효과적, 까닭, 제시, 문제 상황, 주장과 근거

1 도입 – 5분

1) 1차시 내용에 대한 이해 정도를 확인하며 2차시 내용에 대하여 안내한다.
- 선 지난 시간 무엇에 대해 배웠어요? 어떤 낱말을 배웠어요?
- 선 이번 시간에는 주장하는 글을 써 볼 거예요.

2 주요 활동 I – 10분

1) 그림을 보고 문제와 해결 방법을 찾아본다.
- 선 친구들의 말에 주의하며 만화를 읽어 보세요.
- 선 준서와 오딜에게 무슨 일이 있었어요?
- 선 준서와 오딜이 싸운 원인은 무엇이에요?
- 선 친구들 간의 다툼을 해결하기 위해 서영이가 말한 의견은 무엇이에요?
- 선 서영이의 의견에 준서는 뭐라고 대답했어요?

- 선 서영이가 생각하는 문제가 무엇인지 밑줄 그은 부분을 소리 내어 읽어 보세요.
- 선 서영이가 생각한 의견을 알리는 효과적인 방법은 무엇이에요?

2) 교재에서 빨간색으로 표시된 어휘를 확인한다.
- 선 '원인', '효과적'이 사용된 문장을 읽어 보세요.

어휘 지식	
원인 [워닌]	어떤 일이 일어나게 하거나 어떤 사물의 상태를 바꾸는 근본이 된 일이나 사건. 예 감기의 원인이 무엇인지 궁금했다.
효과적 [효:과적]	어떠한 것을 하여 좋은 결과가 얻어지는 것. 예 우리 팀은 상대 팀의 공격을 효과적으로 막아 냈다.

- 유 익힘책 97쪽의 1번 활동 ②, ③을 수행하도록 한다.
- 유 경우에 따라서는 교재 188쪽의 '까닭' 어휘까지 모두 배운 후 익힘책 97쪽 1번~2번 활동을 이어서 할 수 있다.

3) 교재에서 파란색으로 표시된 어휘를 확인한다.
- 선 '떠올랐어(떠오르다)'가 사용된 문장을 읽어 보세요.

어휘 지식	
떠오르다	기억이 되살아나거나 생각이 나다. 예 체육 시간에 한 놀이가 떠올랐다. 전학 간 친구의 얼굴이 떠올랐다.

- 유 익힘책 98쪽의 4번 활동을 쓰게 한다. 문법 설명을 과하게 하지 않도록 하고 표현 항목으로서 이해하도록 지도한다. 교사가 판단하여 필요하지 않을 경우 생략할 수 있다.

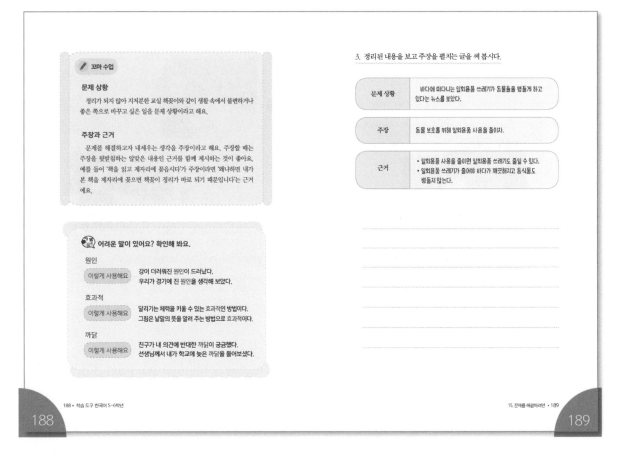

꼬마 수업

문제 상황

정리가 되지 않아 지저분한 교실 책꽂이와 같이 생활 속에서 불편하거나 좋은 쪽으로 바꾸고 싶은 일을 문제 상황이라고 해요.

주장과 근거

문제를 해결하고자 내세우는 생각을 주장이라고 해요. 주장할 때는 주장을 뒷받침하는 알맞은 내용인 근거를 함께 제시하는 것이 좋아요. 예를 들어 '책을 읽고 제자리에 꽂읍시다'가 주장이라면 '왜냐하면 내가 본 책을 제자리에 꽂으면 책꽂이 정리가 바로 되기 때문입니다'는 근거예요.

어려운 말이 있어요? 확인해 봐요.

원인

이렇게 사용해요   강이 더러워진 원인이 드러났다.
우리가 경기에 진 원인을 생각해 보았다.

효과적

이렇게 사용해요   달리기는 체력을 키울 수 있는 효과적인 방법이다.
그림은 낱말의 뜻을 알려 주는 방법으로 효과적이다.

까닭

이렇게 사용해요   친구가 내 의견에 반대한 까닭이 궁금했다.
선생님께서 내가 학교에 늦은 까닭을 물어보셨다.

3. 정리된 내용을 보고 주장을 펼치는 글을 써 봅시다.

문제 상황	바다에 떠다니는 일회용품 쓰레기가 동물들을 병들게 하고 있다는 뉴스를 보았다.
주장	동물 보호를 위해 일회용품 사용을 줄이자.
근거	• 일회용품 사용을 줄이면 일회용품 쓰레기도 줄일 수 있다. • 일회용품 쓰레기가 줄어야 바다가 깨끗해지고 동식물도 병들지 않는다.

3 주요 활동 II - 10분

1) 글을 읽고 문제 상황, 주장, 근거를 찾아본다.

   신 자기의 의견을 알리기 위해 서영이가 쓴 글을 읽어 보세요.

   신 서영이가 생각하는 문제는 무엇이에요?

   신 서영이가 이 글을 쓴 까닭은 무엇이에요?

   신 문제 상황을 해결하기 위해 서영이가 제시한 의견을 소리 내어 읽어 보세요.

   신 서영이가 제시한 의견대로 하면 어떤 점이 좋아지나요?

   활 2-3)의 괄호에 알맞은 말을 넣어 의견을 뒷받침하는 내용을 정리해 보세요.

2) 교재에서 빨간색으로 표시된 어휘를 확인한다.

   신 '까닭'이 사용된 문장을 읽어 보세요.

   어휘 지식

까닭 [까닥]	어떠한 일이 생기거나 어떠한 일을 하게 된 이유나 사정. 예 친구가 웃는 까닭을 모르겠다.

   유 익힘책 97쪽 1번~2번을 쓰게 한다. 경우에 따라 과제로 부여할 수 있다. 교사가 판단하여 필요하지 않을 경우 생략할 수 있다.

3) 교재에서 파란색으로 표시된 어휘를 확인한다.

   신 '제시'가 사용된 문장을 읽어 보세요.

   어휘 지식

제시	무엇을 하고자 하는 생각을 말이나 글로 나타내어 보임. 예 체육 시간에 지켜야 할 규칙을 제시했다. 친구가 제시한 방법으로 문제를 풀었다.

   유 익힘책 98쪽 3번을 풀 때 듣기 단어를 교사가 읽어 주도록 한다. 익힘책 활동은 과제로 부여할 수 있다. 교사가 판단하여 필요하지 않을 경우 생략할 수 있다.

4) '꼬마 수업'의 내용을 읽고 '문제 상황, 주장, 근거'에 대해 알아본다.

   신 '꼬마 수업'의 내용을 읽어 보세요.

   신 문제 상황, 주장, 근거란 무엇이에요?

   신 주변에서 볼 수 있는 문제 상황을 말해 보세요.

4 주요 활동 III - 10분

1) 제시된 문제 상황, 주장, 근거를 살펴보고 주장하는 글을 써 본다.

   신 제시된 내용을 읽어 보세요.

   신 제시된 문제 상황은 무엇이에요?

   신 문제를 해결하기 위해 어떤 주장을 했어요?

   신 주장에 대한 근거로 무엇을 말했어요?

   신 문제 상황, 주장, 근거를 이용하여 주장하는 글을 써 보세요.

   유 단순히 제시된 내용을 연결하는 것이 아니라 자기의 말로 표현할 수 있도록 지도한다. 교재에 제시된 주장과 근거가 아니라 다른 주장과 근거를 사용하여 문제 상황을 해결하는 글을 써도 된다.

2) 친구의 글을 읽고 평가해 본다.

   신 친구가 쓴 글을 읽고 잘된 점과 고칠 점을 찾아 말해 보세요.

5 정리 - 5분

1) 배운 어휘가 쓰인 문장을 다시 읽어 보도록 한다.

2) 차시 예고를 한다.

함께 해 봐요

1. '문제 해결 왕' 놀이를 해 봅시다.

환경 문제를 해결할 수 있는 주장과 근거를 말해 보세요. 근거가 생각나지 않으면 주장만 말해도 돼요.

일회용품 사용을 줄여야 해.

환경 문제

분리수거를 해야 해. 왜냐하면 재활용을 해서 쓰레기의 양이 적어져 환경 오염이 줄어들 수 있기 때문이야.

알맞은 주장과 근거를 모두 말해서 2점이에요.

알맞은 주장을 말해서 1점이에요.

2. 놀이를 하면서 기억에 남았던 주장과 근거를 써 봅시다.

3차시

1 도입 – 5분

1) 전 시간에 배운 내용을 상기하고 3차시 내용에 대하여 안내한다.

⊛ 지난 시간 어떤 문제를 해결해 봤어요?

⊛ 이번 시간에는 문제 상황에 맞는 제안 말하기 놀이를 해 볼 거예요.

2 놀이 설명 – 10분

1) 그림을 보며 어떤 놀이를 할지 생각해 본다.

⊛ 친구들이 무엇을 하고 있는지 그림을 살펴보세요.

⊛ 선생님께서 제시하고 있는 것은 무엇이에요?

⊛ 친구들이 어떤 놀이를 하는 것 같아요?

㊴ 교사는 다양한 문제 상황이 나타나는 장면을 사진 자료나 인터넷 검색 화면 등으로 제시한다.

2) 놀이 방법을 확인한다.

⊛ '문제 해결 왕' 놀이를 하는 방법을 잘 들어 보세요.

놀이 방법
1. 가위바위보로 말할 순서를 정한다.
2. 선생님이 제시하는 문제 상황을 살펴본다.
3. 문제 상황과 관련된 제안과 제안하는 까닭을 돌아가며 한 가지씩 말한다. 제안만 말해도 된다.
4. 알맞은 제안만 말하면 1점, 제안과 제안하는 까닭을 말하면 2점을 얻는다.
5. 놀이가 끝났을 때 점수가 높은 사람이 문제 해결 왕이 된다.

㊴ 학생들에게 제시할 수 있는 문제 상황과 문제 상황 관련 예시

· 환경 문제: 미세 먼지로 뿌연 하늘, 오염된 강, 쓰레기로 덮인 땅 등

· 건강 관련 문제: 이가 아픈 아이, 눈이 나쁜 아이 등

· 친구 관계 문제: 거친 말 때문에 속상해하는 아이, 여러 명이 같이 노는 상황에서 혼자 떨어져 있는 아이, 같은 물건을 서로 가지려고 다투는 아이 등

· 공공 예절 문제: 새치기하는 아이, 도서관에서 떠드는 아이, 복도에서 뛰는 아이 등

3 놀이하기(활동하기) – 20분

1) 놀이 방법에 따라 모둠별로 '문제 해결 왕' 놀이를 한다.

2) 놀이를 하면서 제안과 제안하는 까닭을 써 본다.

⊛ 놀이를 하면서 기억에 남았던 문제 상황, 주장, 근거를 써 보세요.

㊴ 서로 관련 있는 문제 상황, 주장, 근거를 쓰도록 한다.

㊴ 정리 활동으로서 익힘책 99쪽의 1번~2번 활동을 이어서 수행하게 하거나 과제로 부여할 수 있다.

4 정리 – 5분

1) 함께 놀이한 친구들에게 고운 말로 칭찬하며 수업을 마무리한다.

2) 차시 예고를 한다.

되돌아보기

1. 보기 의 글자를 이용하여 이번 단원에서 배운 낱말을 만들어 봅시다.

보기

까	어	닭	효	원	사	립	과
	인	적	례	다			

1)   2)

3)   4)

5)

2. 위 낱말을 이용하여 문장을 완성해 봅시다.

1) 고운 말을 써야 하는 (   )은/는 무엇일까?

2) 나는 친구들과 영어로 묻고 답하는 활동이 (   ).

3) 친구들과 친해질 수 있는 (   )인 방법은 함께 노는 것이다.

4) 주변에서 다양한 환경 문제 (   )을/를 찾아보았다.

3. 문제 상황과 그에 어울리는 주장 및 근거를 골라 주장을 펼치는 글을 써 봅시다.

문제 상황
• 스마트폰을 오래 해서 눈이 나빠지는 친구가 많습니다.
• 교실 바닥에 떨어진 쓰레기가 많아 지저분합니다.

주장
• 내 주변의 쓰레기를 주웁시다.
• 스마트폰을 하는 시간을 정해 놓고 사용합시다.

근거
• 보는 사람이 바로 쓰레기를 주우면 교실이 금방 깨끗해질 것입니다.
• 눈이 쉴 수 있는 시간이 생겨 눈이 나빠지지 않을 것입니다.

4차시

1 도입 – 5분

1) 되돌아보기 차시의 성격을 설명한다.
- (선) 15단원에서 배운 낱말과 표현을 복습해 봅시다.

2) 3차시까지 배운 내용을 확인한다.
- (선) 15단원에서 무엇을 배웠어요?
- (선) 어떤 방법으로 문제를 해결할 수 있어요?

2 되돌아보기 I – 10분

1) 15단원에서 배운 낱말을 확인한다.
- (선) 15단원에서 어떤 낱말을 배웠어요?
- (선) 가장 기억에 남는 낱말을 사용해서 문장을 만들어 말해 보세요.

2) 낱자를 이용하여 낱말을 만들어 본다.
- (선) 〈보기〉에 있는 낱자를 소리 내어 읽어 보세요.
- (선) 낱자를 이용하여 낱말을 만들어 1번에 써 보세요.

3) 알맞은 낱말을 넣어 문장을 완성해 본다.
- (선) 1번에서 만든 낱말 중 문장을 완성할 수 있는 낱말을 2번의 빈칸에 써 보세요.
- (선) 만든 문장을 소리 내어 읽어 보세요.

3 되돌아보기 II – 20분

1) 문제 상황, 주장, 근거를 살펴보고 관련 있는 내용을 찾아본다.
- (선) 주머니 안에 있는 문제 상황, 주장, 근거를 읽어 보세요.
- (선) 스마트폰과 관련된 문제 상황, 주장, 근거는 무엇이에요?
- (선) 교실과 관련된 문제 상황, 주장, 근거는 무엇이에요?

2) 주장하는 글을 써 본다.
- (선) 관심 있는 문제 상황과 그에 알맞은 주장과 근거를 골라 주장하는 글을 써 보세요.
- (유) 단순히 제시된 내용을 연결하는 것이 아니라 자기의 말로 표현할 수 있도록 지도한다.
- (유) 제시된 문제 상황 이외의 문제 상황과 그와 관련된 제안, 제안하는 까닭을 말하는 활동을 추가할 수 있다.

4 정리 – 5분

1) 단원을 공부하며 든 느낌이나 생각을 이야기한다.

16단원 • 미래 사회

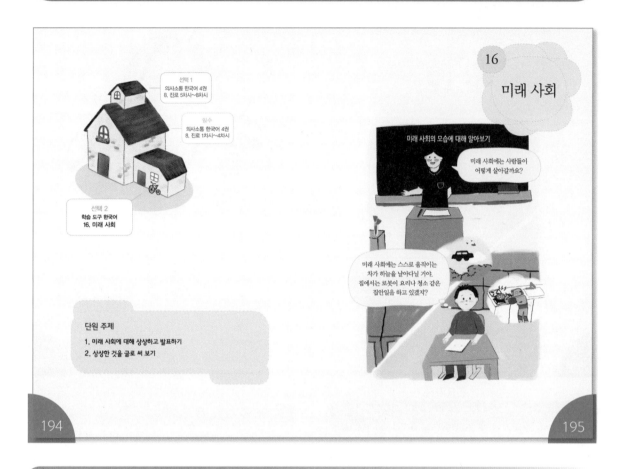

단원의 개관

'미래 사회' 단원은 초등학교 5학년이나 6학년 학생들이 교과 학습에 바탕이 되는 '창의적 사고하기'를 중심으로 한국어 어휘와 표현을 배울 수 있도록 구성했다. 이를 위해 '미래 사회에 대해 상상하고 발표하기', '상상한 것을 글로 써 보기'를 단원의 주제로 설정했고 '과학 상상 협동화 그리기'를 놀이 활동으로서 제시했다. 단원 주제는 5~6학년군의 국어, 사회, 수학, 과학 교과 학습과 관련된 사고 활동 및 읽거나 쓰는 문식 활동의 주제가 된다. 주제별 학습은 1차시와 2차시에 주로 이루어지며 개념 및 지식을 다루거나 용례를 제시하는 어휘 내용을 포함하고 있다. 이러한 어휘 내용은 '한국어 교육과정'의 5~6학년군 어휘 목록에서 선별된 것이다. 단원마다 주제와 관련된 놀이/협동 활동을 3차시에 제시했으며 4차시는 배운 내용을 복습하는 활동으로 마무리하도록 했다.

이 단원은 생활 한국어 능력 중급(3급)의 학습자가 선택할 수 있는 활동과 어휘 내용으로 구성되었다. 따라서 〈의사소통 한국어〉 교재 4권 8단원('진로') 필수 차시를 모두 배운 학생을 대상으로 하는 선택 차시로 운영될 수 있다. 학습자의 숙달도에 맞는 어휘 및 쓰기 연습 활동은 익힘책 활동을 병행하여 수행할 수 있도록 했다.

단원의 목표와 내용

1) 단원의 목표

◆ 미래 사회에 대해 상상하는 글을 써 보고 그 글을 발표할 수 있다.

◆ 상상하는 내용의 글을 쓸 수 있다.

2) 단원의 주요 내용

주제	1. 미래 사회에 대해 상상하고 발표하기 2. 상상한 것을 글로 써 보기		
	교재 활동	**어휘 내용**	**교수·학습 특성**
학습 도구 어휘	🦉 부엉이 선생님	상상	개념 이해 (교과 연계 및 익힘책 활용)
	✏️ 꼬마 수업	여러 가지 일기	개념 이해 (교과 연계)
	💬 어려운 말이 있어요? 확인해 봐요.	역할, 자료, 정하다, 참여, 연구, 기술	용례 학습 어휘 연습 (익힘책 활용)
	선택 어휘 (파란색 표시)	미래, 발달	어휘 연습 (익힘책 활용)

● 차시 전개 과정

1) 차시의 흐름

차시	주제	학습 내용	교재 쪽수	익힘책 쪽수
1	미래 사회에 대해 상상하고 발표하기	1. 오딜이 미래 사회의 모습을 상상하며 쓴 글을 읽어 봅시다. 2. '100년 후, 미래 사회 사람들의 생활 모습'을 상상해서 써 봅시다.	196~197	100~101
2	상상한 것을 글로 써 보기	1. 엠마가 쓴 상상 일기를 읽어 봅시다. 2. 내가 어른이 된다면 무엇을 할지 상상하여 생각 그물에 나타내어 봅시다. 3. 앞에서 상상한 것을 바탕으로 상상 일기를 써 봅시다. 4. 일기 쓰는 차례에 대해 알아봅시다.	198~201	102~104
3	놀이/협동 학습	1. '과학 상상 협동화 그리기'를 해 봅시다. 2. 과학 상상 협동화의 내용을 친구들 앞에서 발표해 봅시다.	202~203	105
4	정리 학습	1. 주어진 낱말을 이용하여 문장을 만들어 봅시다. 2. 일기를 쓰다가 잠이 든 다니엘을 대신하여 일기를 완성해 봅시다.	204~205	

2) 차시별 교수·학습 활동

◆ 1차시 및 2차시: 단원의 주제에 맞는 읽기(특히 소리 내어 읽기)나 쓰기 활동을 제시했다. 또한 생각을 주고받는 말하기나 발표하기 등의 수업 활동을 경험할 수 있도록 과제를 제시했다. 익힘책 활동이 연계된다.

◆ 3차시: 단원의 주제와 관련된 놀이나 협동 활동을 제시했다. 놀이나 협동 과정에서 사용한 어휘, 문장을 활용하는 쓰기와 말하기 활동이 함께 제시되었다. 익힘책 활동이 연계된다.

◆ 4차시: 단원의 어휘 및 주제별 학습 내용을 정리, 복습하는 활동을 제시했다. 복습 활동 위주의 차시로서 익힘책 활동은 따로 연계되지 않는다.

● 단원 지도상의 유의점

◆ 학습에 필요한 어휘를 배우는 활동과 문식력 강화 활동이 이루어지도록 운영한다.

◆ 미래 사회를 상상하는 글을 읽고, 미래 사회를 상상하는 글을 써 봄으로써 창의적 사고를 경험해 볼 수 있도록 한다.

◆ 이 단원(각 학년군별 학습도구 한국어 끝 단원)은 일기 쓰기 특화 단원이기도 하다. 창의적 사고와 일기 쓰기의 연결 고리를 상상 일기를 쓰는 내용으로 다룬다.

◆ '과학 상상 협동화 그리기'는 그리는 활동보다는 그리는 과정의 의사소통 활동에 초점을 두어 운영한다.

◆ 학습 도구 어휘의 경우 추상성이 강하므로 명시적으로 설명하기보다는 활동 과정에서 경험을 통해 익힐 수 있도록 한다.

1차시

주제
미래 사회에 대해 상상하고 발표하기
주요 활동
1. 오딜이 미래 사회의 모습을 상상하며 쓴 글을 읽어 봅시다.
2. '100년 후, 미래 사회 사람들의 생활 모습'을 상상해서 써 봅시다.
학습 도구 어휘
미래, 발달, 역할, 자료, 정하다

1 도입 – 5분

1) 단원 도입 모듈에 제시된 〈의사소통 한국어〉 연계 단원 이름을 본다. 〈의사소통 한국어〉 교재에서 배웠던 내용을 간략히 정리해 주거나, 〈의사소통 한국어〉 주제를 활용하여 생활 한국어 이해 수준을 간략히 확인한다.

- 🔵 여러분, 여기 예쁜 집이 있어요.
  여러분이 배워야 할 한국어들이 잘 모이면 이렇게 예쁜 집이 돼요.
- 🔵 여러분은 무엇인가 발명하고 싶은 것이 있어요? 있다면 이야기 나누어 볼까요?
- 🟡 도입 모듈에 대한 설명이나 활동은 최대한 간략하게 하며, 경우에 따라 생략할 수 있다.

2) 단원 도입 그림을 보면서 단원의 주제와 학습 목표, 대략적인 단원 학습 내용을 살펴본다.

- 🔵 선생님의 말씀을 읽어 보세요.
- 🔵 오딜은 무슨 생각을 하며 글을 쓰고 있어요?
- 🔵 이번 단원에서 무엇을 배울 것 같아요?

3) 단원 학습 목표를 소개하고, 주요한 활동들을 간략히 소개한다.

- 🔵 이번 단원에서는 미래 사회에 대해 상상해 볼 거예요. 그리고 상상한 내용을 일기로 표현해 볼 거예요.
- 🟡 도입 단계에서 학습자들의 수준을 판별하여 차시 활동이나 추후 익힘책 활동 등을 선택적으로 운영할 수 있도록 한다.

2 주요 활동 I – 15분

1) 글을 읽으며 미래 사회를 상상해 보는 활동을 안내한다.

- 🔵 그림에서 오딜이 무엇을 하고 있어요?
- 🔵 오딜이 쓴 글 '미래 사회의 모습'을 소리 내어 읽어 보세요.

2) 글의 내용을 확인하는 활동을 제시한다.

- 🔵 오딜이 미래 사회의 집은 어떨 것 같다고 상상하고 있어요?
- 🔵 오딜이 미래의 아이들은 어떻게 놀 것 같다고 상상하고 있어요?

3) 제시된 어휘들 중 파란색으로 표시된 어휘를 확인한다.

🔵 미래 사회에 대해 상상하고 발표하기

1. 오딜이 미래 사회의 모습을 상상하며 쓴 글을 읽어 봅시다.

미래 사회의 모습

100년 후 미래 사회는 과학 기술의 발달로 사람들이 편리하고 여유롭게 살 수 있을 것이다. 사람들은 어디든지 쉽게 갈 수 있는 이동식 집에 살 것이다. 사람들이 먹을 음식 재료와 필요한 물건들은 모두 배송된다. 그리고 요리와 청소는 가사 도우미 역할을 하는 로봇이 해서 가족들은 집안일에서 자유로울 것이다. 아이들은 학교에 가지 않고 집에서 공부할 것이다. 공부할 자료들을 집에서 컴퓨터로 모두 볼 수 있을 것이기 때문이다. 하지만 아이들이 함께 모일 때가 있는데 놀이를 할 때이다. 놀이 시간에 아이들은 미리 정한 장소에 모여 놀 것이다.

196 • 학습 도구 한국어 5~6학년

196

어휘 지식

미래	앞으로 올 때. 📖 현재 개발 중인 상품은 가까운 미래에 시중에서 판매될 것이다. 공상 과학 영화를 보면 미래에서 쓰일 기계나 미래 사회의 모습이 자주 등장한다.
발달 [발딸]	학문, 기술, 문명, 사회 등의 현상이 보다 높은 수준에 이름. 📖 의학 기술의 발달은 점차 불치병까지도 정복해 나가고 있다. 오늘날은 교통의 발달로 인해 어디든 쉽게 갈 수 있게 되었다.

🟡 파란색으로 표시된 어휘는 모든 경우에 따로 배우기보다는 경우에 따라 선택하여 배우도록 한다. 먼저 학습자들이 파란색 표시 어휘에 집중하도록 유도하고 이해를 확인한 후 익힘책 101쪽의 3번, 4번을 쓰게 한다. 익힘책 활동은 과제로 부여할 수 있다.

4) 제시된 어휘들 중 빨간색으로 표시된 어휘를 확인한다.

어휘 지식

역할	자기가 마땅히 하여야 할 맡은 바 직책이나 임무. 📖 우리는 교실을 예쁘게 꾸미기 위해 역할 분담을 했다. 우리 반 반장은 자신의 역할을 충실히 하고 있다.

---

1) 이번 시간에 배운 것을 정리한다.

> 선 이번 시간에는 미래 사회의 모습에 대해 상상하는 글을 읽어 보고 이에 대해 상상하는 글을 써 보았어요.

2) 다음 차시를 안내한다.

> 선 다음 시간에는 상상한 것을 일기로 써 볼 거예요.

😊 **어려운 말이 있어요? 확인해 봐요.**

역할

이렇게 사용해요	이번 가족 여행에서 나는 동생을 챙기는 역할을 해야 한다.
	과학 시간에 나의 역할은 모둠 친구들에게 실험 도구를 나누어 주는 것이다.

자료

이렇게 사용해요	공부할 자료를 선생님께서 나누어 주셨다.
	조사한 자료가 너무 많아서 정리하기 힘들었다.

정한(정하다)

이렇게 사용해요	친구들과 주말에 만날 장소를 정했다.
	공부할 부분을 미리 정해서 예습했다.

---

2. '100년 후, 미래 사회 사람들의 생활 모습'을 상상해서 써 봅시다.

미래 사회 사람들의 이동 수단	미래 사회 사람들의 이동 수단에 대해 상상해 보았다. _____ _____ _____
미래 사회 사람들의 집과 음식	_____ _____ _____ _____

자료	연구나 조사를 하는 데 기본이 되는 재료. 📝 하루 종일 컴퓨터로 필요한 자료를 찾았다. 이번에 찾은 유물은 역사 연구에 귀중한 자료가 될 것으로 보인다.
정하다	여러 가지 중에서 하나를 고름. 📝 우리는 약속 장소를 학교 앞으로 정했다. 친구는 내일 만나서 무엇을 할지 정하지도 않고 집에 가 버렸다.

> 유 익힘책 100쪽의 1번, 2번을 쓰게 한다. 경우에 따라 과제로 부여할 수 있다.

③ 주요 활동 II – 15분

1) 상상하는 글을 쓰는 활동을 안내한다.

> 선 100년 후 미래 사회의 모습은 어떨지 상상해 보세요.

> 선 상상한 것을 빈칸에 써 보세요.

2) 쓴 글을 발표하게 한다.

> 선 미래 사회의 이동 수단에 대해 상상한 것을 친구들 앞에서 발표해 보세요.

> 선 미래 사회의 집과 음식에 대해 상상한 것을 친구들 앞에서 발표해 보세요.

상상한 것을 글로 써 보기

1. 엠마가 쓴 상상 일기를 읽어 봅시다.

> **2065년 12월 22일 월요일   날씨: 화성은 모래 폭풍이 심함.**
>
> 10년 전 나는 화성으로 이사를 했다. 나는 화성에서 사람들이 살 수 있는 주택을 건설하는 데 참여한 건축가이다. 요즘은 건축가들이 우주 환경에 대해서도 많이 알아야 해서 연구할 것이 많다. 화성의 모래 폭풍이 지구인들이 사는 데 문제가 될 때가 많았다. 이 모래 폭풍을 완벽하게 막는 기술이 20년 전에 개발되었다. 그 이후로는 지구와 거의 비슷한 환경에서 사람들이 살아갈 수 있게 되었다. 나는 화성에서 사람들이 더 잘 살 수 있도록 돕는 일이 즐겁다. 그리고 내가 화성에서 살 수 있는 것도 좋다.

🦉 **상상**

상상은 실제로 있지 않은 것을 머릿속에 그려 보는 것이에요. 실제로 없는 물건일 수도 있고 실제로 일어나지 않은 일일 수도 있어요. 하고 싶은 것, 먹고 싶은 것, 미래에 되고 싶은 것 등을 생각하는 것이 바로 상상하기예요.

198 • 학습 도구 한국어 5~6학년

🦉 **어려운 말이 있어요? 확인해 봐요.**

참여
이렇게 사용해요 — 나는 합창 대회에 반주자로 참여했다.
체육 시간에 우리 반 모두가 참여하는 이어달리기를 했다.

연구
이렇게 사용해요 — 여러 나라 과학자들이 우주 탐사를 위해 연구하고 있다.
사회 문제를 해결하기 위해 학자들이 여러 가지 연구를 하고 있다.

기술
이렇게 사용해요 — 건축 기술의 발달로 사막에도 집을 지을 수 있다.
과학 기술을 이용하여 인공 지능 로봇을 만들었다.

2. 내가 어른이 된다면 무엇을 할지 상상하여 생각 그물에 나타내어 봅시다.

16. 미래 사회 • 199

2차시

주제
상상한 것을 글로 써 보기

주요 활동
1. 엠마가 쓴 상상 일기를 읽어 봅시다.
2. 내가 어른이 된다면 무엇을 할지 상상하여 생각 그물에 나타내어 봅시다.
3. 앞에서 상상한 것을 바탕으로 상상 일기를 써 봅시다.
4. 일기 쓰는 차례에 대해 알아봅시다.

학습 도구 어휘
상상, 참여, 연구, 기술, 여러 가지 일기

1 도입 – 5분

1) 1차시와 달라지는 2차시 활동이나 내용에 대하여 간략히 안내한다.

🔵 이번 시간에는 상상한 것을 일기로 써 보고, 일기 쓰는 법을 확인해 볼 거예요.

2) 1차시 내용에 대한 이해 정도를 확인하며 2차시 내용에 대하여 안내한다.

🔵 지난 시간에는 미래 사회의 모습에 대해 상상해 보았어요.

2 주요 활동 I – 5분

1) 엠마가 쓴 상상 일기를 읽어 보도록 안내한다.

🔵 무슨 그림이에요?

🔵 엠마는 어디에 살고 있어요? 엠마는 무엇을 하며 지내고 있어요? 그곳의 생활은 어떤가요?

2) 지시문에 제시된 어휘들 중 빨간색으로 표시된 어휘를 먼저 확인한다.

어휘 지식	
참여 [차며]	여러 사람이 같이 하는 어떤 일에 끼어들어 함께 일함. 🔵 선생님은 학생들에게 학교 행사 참여를 부탁했다. 쓰레기 분리수거 작업에 주민들의 자발적인 참여가 절실히 요구되고 있다.
연구 [연:구]	어떤 사물이나 일에 관련된 사실을 밝히기 위해 그에 대해 자세히 조사하고 분석하는 일. 🔵 연구원들은 며칠째 밤새도록 실험 연구에 몰두하고 있다. 과학자들의 의학 연구는 많은 환자를 구하는 데에 기여했다.
기술	과학 이론을 실제로 적용하여 인간 생활에 쓸모가 있게 하는 수단. 🔵 공장의 실습생들이 제품을 만드는 주요 기술을 배우고 있다. 이 회사는 최첨단 기술을 사용하여 신제품을 만들어 내었다.

🔵 익힘책 102쪽의 1번, 2번과 103쪽의 3번을 쓰게 한다. 경우에 따라 과제로 부여할 수 있다. 1번의 듣고 쓰는 낱말은 교사가 읽어 주거나 짝 활동 등을 통해 서로 읽어 줄 수 있도록 한다.

3) '부엉이 선생님'에서 '상상'에 대해 더 공부해 보도록 안내한다.

🔵 상상에 대해 좀 더 알아볼까요?

🔵 '부엉이 선생님' 활동에서는 차시 주제와 관련된 주요한 언어 기능이나 개념을 소개한다. '부엉이 선생님'에 제시된 내용은 다소 어렵거나 추상적일 수 있기 때문에, 되도록 쉽게

146 • 학습 도구 한국어 교사용 지도서 5~6학년

3. 앞에서 상상한 것을 바탕으로 상상 일기를 써 봅시다.

20○○년   월   일   요일   날씨:
제목:

📝 **꼬마 수업** 여러 가지 일기

일기는 오늘 나에게 있었던 일 중에서 기억에 남는 것, 특별한 것을 주로 쓰지만, 다른 내용과 형식으로도 쓸 수 있어요. 선생님께서 정해 주시는 주제에 따라 쓰는 주제 일기, 책을 읽은 후 생각하고 느낀 점을 쓰는 독서 일기, 신문의 내용이나 신문의 자료를 이용해서 쓰는 신문 일기, 어떤 일이나 무엇인가에 대해 상상해서 쓰는 상상 일기, 관찰한 것을 쓰는 관찰 일기, 조사한 것을 쓰는 조사 일기, 만화로 표현하는 만화 일기, 동시로 표현하는 동시 일기 등이 있어요.

4. 일기 쓰는 차례에 대해 알아봅시다.

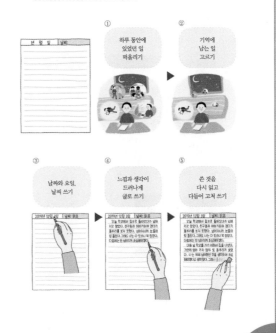

설명해 주고, 실제 교과에서 사용되는 이미지나 예시 등을 가지고 설명해 주도록 한다.

🦉 '부엉이 선생님' 내용을 충분히 설명한 후에 익힘책 104쪽의 5번, 6번을 수행하도록 한다. 과제로 부여할 수 있다.

③ 주요 활동 II – 10분

1) 생각 그물에 상상한 내용을 써 보는 활동을 안내한다.
   🔵 아래의 모양(생각 그물)은 무엇을 나타낼까요?
   🔵 내가 어른이 된다면 어떨지 상상해 보세요. 상상한 것을 생각 그물에 나타내 볼 거예요. 그 전에 먼저 어른이 된다면 어떨지 함께 이야기 나누어 봐요.
   🦉 사전 활동 없이 학생들에게 바로 생각 그물을 채워 넣게 하면 적절한 대답이나 내용이 나오지 않을 경우가 많다. 사전에 충분히 브레인스토밍을 할 수 있도록 편안한 분위기에서 어른이 된 자신의 모습을 상상해 보게 하고 어른이 되면 어떨지 생각해 보게 한다.

2) 생각 그물에 상상해서 쓴 내용을 발표하게 한다.
   🔵 각 그물에 쓴 내용을 친구들 앞에서 발표해 보세요.

④ 주요 활동 III – 10분

1) 앞에서 상상하기 활동으로 한 '어른이 된다면'을 주제로 상상 일기를 써 보도록 안내한다.
   🔵 생각 그물에 쓴 내용을 바탕으로 '어른이 된다면'이라는 주제로 상상 일기를 써 보세요.

2) 상상 일기를 발표하도록 한다.
   🔵 자기가 쓴 일기를 발표해 보세요.

⑤ 주요 활동 IV – 5분

1) 일기 쓰는 차례를 알아보도록 한다.
   🔵 그림을 보고 일기 쓰는 차례를 알아보세요.
   🔵 무슨 그림이에요? 각 단계별로 무엇을 나타내고 있어요?

2) 익힘책 103쪽의 4번을 쓰게 한다.

3) '꼬마 수업'의 어휘를 확인하고 공부한다.
   🔵 오늘 '꼬마 수업'에서는 '여러 가지 일기'에 대해 알아볼 거예요. 먼저 다 같이 읽어 보세요.
   🦉 '꼬마 수업' 활동에서는 차시 내용에서 다룬 특정 주요 교과의 학습 개념을 소개한다. 그 교과의 수업 시간을 그대로 재현하며 지도하는 것이 좋다. 다양한 일기의 모습을 제시해 줄 수 있고 다른 사람의 일기를 예로 들어 읽어 줄 수도 있다.

⑥ 정리 – 5분

1) 이번 시간에 배운 것을 정리한다.
   🔵 이번 시간에는 미래 사회에 대해 상상해 보고 그것을 글로도 써 보았어요. 그리고 일기 쓰는 법도 확인해 보고 일기도 써 보았어요.

2) 다음 차시를 안내한다.
   🔵 다음 시간에는 과학 상상 협동화를 친구들과 함께 그려 볼 거예요.

함께 해 봐요

1. '과학 상상 협동화 그리기'를 해 봅시다.

2. 과학 상상 협동화의 내용을 친구들 앞에서 발표해 봅시다.

202   203

3차시

① 도입 - 2분

1) 이번 시간에 할 활동을 그림을 미리 보고 생각해 보게 한다.

⚫ 이번 시간에는 무엇을 할까요?

2) 이번 시간 활동을 안내한다.

⚫ 이번 시간에는 '과학 상상 협동화 그리기'를 할 거예요.

② 놀이 설명 - 3분

1) 그림을 보며 어떻게 활동할지 생각해 보게 한다.

⚫ 선생님의 말씀을 읽어 보세요.

⚫ 친구들이 한 말을 읽어 보세요.

2) 놀이 방법을 확인한다.

⚫ 다 같이 그림을 그린 다음 선생님께 그 그림을 내면 선생님이 그 그림을 모둠원의 수만큼 잘라서 나누어 줄 거예요. 그러면 여러분들은 그중 한 조각만 색칠하면 돼요. 그리고 모두 완성을 하면 교실 칠판에 모아 같이 감상할 거예요.

🙂 그리기 활동 자체보다 그리는 과정의 의사소통 활동에 초점을 맞추어 활동하도록 안내한다.

③ 놀이 하기(활동하기) - 33분

1) 놀이 방법에 따라 모둠별로 그림을 그리게 한다.

🙂 그리다 보면 시간이 부족할 수 있다. 종이 크기를 조금 작게 하여 시간을 조절할 수 있다.

④ 정리 - 2분

1) 그린 것을 칠판 앞으로 가지고 와서 다른 친구들에게 발표해 보게 한다.

2) 다른 모둠의 작품을 감상하며 평가한다.

🙂 정리 활동으로서 익힘책 105쪽의 1번, 2번 활동을 이어서 수행하도록 하거나 과제로 부여할 수 있다.

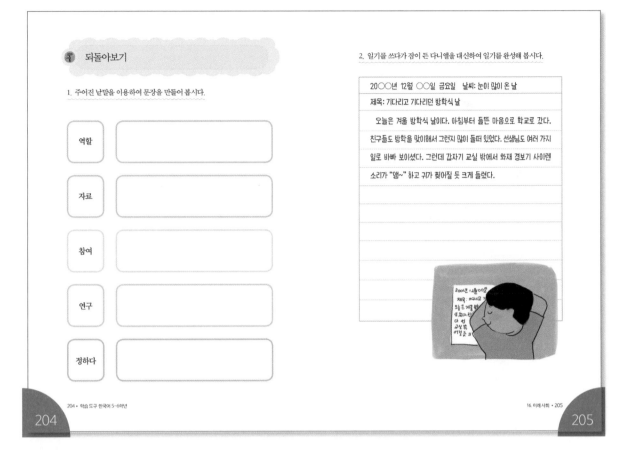

되돌아보기

1. 주어진 낱말을 이용하여 문장을 만들어 봅시다.

역할	
자료	
참여	
연구	
정하다	

2. 일기를 쓰다가 잠이 든 다니엘을 대산하여 일기를 완성해 봅시다.

| 20○○년 12월 ○○일 금요일   날씨: 눈이 많이 온 날 |
| 제목: 기다리고 기다리던 방학식 날 |

오늘은 겨울 방학식 날이다. 아침부터 들뜬 마음으로 학교로 갔다. 친구들도 방학을 맞이해서 그런지 많이 들떠 있었다. 선생님도 여러 가지 일로 바빠 보이셨다. 그런데 갑자기 교실 밖에서 화재 경보기 사이렌 소리가 "앵~" 하고 귀가 찢어질 듯 크게 들렸다.

4차시

1 도입 – 5분

1) 되돌아보기 차시의 성격을 설명한다.
- 🔵 되돌아보기는 이번 단원에서 배운 것을 다시 확인해 보는 활동이에요.

2) 3차시까지 배운 내용을 확인한다.
- 🔵 이번 단원에서 우리는 미래 사회의 모습을 상상해 보고 상상한 것을 글로 써 보았어요. 그리고 상상 일기도 써 보고, 일기 쓰는 법도 확인해 보았어요.

2 되돌아보기 I – 10분

1) 주어진 낱말로 문장 만드는 활동을 설명한다.
- 🔵 주어진 낱말로 문장을 만들어 보세요.
- 🔵 주어진 낱말로 문장을 만들기 어려우면 이번 단원에서 배운 낱말들을 다시 확인해 보세요.

2) 한 문제 정도는 문장을 만들어 보는 과정을 교사와 함께 수행한다.
- 🔵 선생님이 어떻게 만들었는지 하나 보여 줄게요.

3 되돌아보기 II – 20분

1) 상상 일기를 써 보게 한다.
- 🔵 다니엘이 일기를 쓰다가 잠이 들었네요. 일기의 뒷부분을 상상해서 여러분이 완성해 보세요.

2) 완성한 일기를 발표할 기회를 갖게 한다.
- 🔵 상상해서 완성한 일기를 발표해 보세요.

4 정리 – 2분

1) 단원을 공부하며 든 생각이나 느낌을 이야기하도록 한다.
- 🔵 이번 단원을 공부하며 알게 된 점이나 느낀 점을 발표해 보세요.

2) 단원에서 공부한 것을 교사가 간단히 정리한다.
- 🔵 이번 단원에서 우리는 미래 사회의 모습을 상상하는 글도 읽었고, 미래 사회의 모습도 상상해 보았어요. 그리고 상상 일기도 써 보고, 일기 쓰는 법도 확인해 보았어요.

● 메모

● 메모

● 메모

기획·담당 연구원 ──

정혜선 국립국어원 학예연구사
이승지 국립국어원 연구원
박지수 국립국어원 연구원

집필진 ──

책임 집필
이병규 서울교육대학교 국어교육과 교수

공동 집필
박지순 연세대학교 글로벌인재학부 교수
손희연 서울교육대학교 국어교육과 교수
안찬원 서울창도초등학교 교사
오경숙 서강대학교 전인교육원 교수
이효정 국민대학교 교양대학 교수
김세현 서울명신초등학교 교사
김정은 서울가원초등학교 교사
박유현 연세대학교 언어연구교육원 한국어학당 강사
박지현 연세대학교 언어연구교육원 한국어학당 강사
박창균 대구교육대학교 국어교육과 교수

박혜연 서울교대부설초등학교 교사
박효훈 서울원명초등학교 교사
신윤정 서울도림초등학교 교사
신현진 서울강동초등학교 교사
이은경 세종사이버대학교 한국어학과 교수
이현진 서울천일초등학교 교사
조인옥 연세대학교 언어연구교육원 한국어학당 교수
최근애 서울사근초등학교 교사
강수연 서울구로중학교 다문화이중언어 교원

초등학생을 위한
표준 한국어 교사용 지도서
학습 도구 5~6학년

ⓒ 국립국어원 기획 | 이병규 외 집필

초판 1쇄 인쇄 | 2020년 3월 5일
초판 1쇄 발행 | 2020년 3월 10일

기획 | 국립국어원
지은이 | 이병규 외
발행인 | 정은영
책임 편집 | 한미경
디자인 | 디자인붐, 이경진, 정혜미, 박현정
일러스트 | 우민혜, 민효인, 김채원, 고굼씨

펴낸 곳 | 마리북스
출판 등록 | 제2019-000292호
주소 | (04053) 서울특별시 마포구 와우산로29길 37 301호(서교동)
전화 | 02)336-0729   팩스 | 070)7610-2870
이메일 | mari@maribooks.com
인쇄 | (주)현문자현

ISBN 979-11-89943-41-7 (64710)
     979-11-89943-30-1 (set)